붓다와 함께하는
초기불교 산책 2

붓다와 함께하는 초기불교 산책 2

2010년 8월 15일 1판 1쇄 발행
2019년 3월 25일 1판 3쇄 펴냄

지은이 김재성
펴낸이 김철종

펴낸곳 (주)한언
주소 110- 310 서울시 종로구 삼일대로 453(경운동) KAFFE빌딩 2층
전화번호 02)701- 6616 팩스번호 02)701- 4449
전자우편 haneon@haneon.com 홈페이지 www.haneon.com
출판등록 1983년 9월 30일 제1- 128호
ISBN 978- 89- 5596- 582-7   03220

붓다와 함께하는
초기불교 산책 2

한울

나모 따싸 바가와또 아라하또 삼마삼붓다싸

(Namo Tassa Bhagavato Arahato Sammāsambuddhassa)

존귀한 분, 공양 받을 만한 분, 완전한 깨달음을 이루신 부처님께 경배합니다.

들어가기 전에 9

7부_ 괴로움의 소멸에 대한 고귀한 진리, 고멸성제

1. 올바른 지혜로 인한 괴로움의 소멸 12

괴로움이 발생한 자리, 괴로움이 소멸하는 자리 | 지혜로 갈애를 끊어

2. 괴로움의 소멸로 열반에 이르다 16

열반, 5가지 무더기의 소멸 | 유여의열반과 무여의열반

3. 열반에 이른 성인의 경지 25

거센 바람에도 흔들리지 않는 반석처럼 | 열반, 최상의 행복이자 지극한 평온 | 열반의 즐거움은 차원이 다르다 | 먹어본 사람만이 망고 맛을 안다 | 열반으로 가는 뗏목이 하나만은 아니다 | 열반은 현실과 괴리된 것이 아니다

8부_ 괴로움의 소멸에 이르는 길에 대한 고귀한 진리, 고멸도성제

1. 극단적인 길을 떠나 중도로 49

쾌락주의도 고행주의도 고통스럽긴 마찬가지 | 팔정도만이 참 길 | 스스로 검증해야 하는 길 | 여덟 갈래의 성스러운 길

2. 바른 이해 65

악이란 무엇이고 선이란 무엇인가 | 5가지 무더기에 대한 이해 | 존재의 3가지 특성에 대한 이해 | 무상, 고, 무아로 5가지 무더기를 바로 보아 | 아무 도움이 안 되는 질문들 | 성냄의 화살 바로 보기 | 탐욕의 화살 바로 보기 | 어리석음의 화살 바로 보기 | 탐진치, 업과 윤회의 원인 | 탐진치의 소멸은 곧 윤회의 소멸 | 욕계에 묶어두는 5가지 족쇄 | 색계와 무색계에 묶어두는 5가지 족쇄 | 이치에 맞지 않는 사유로부터 바르지 못한 견해가 생겨나 | 수타원, 흐름에 들어선 자 | 사다함, 한 번 되돌아오는 자 | 아나함, 되돌아오지 않는 자 | 아라한, 완전한 성인 | 위대한 복전, 네 부류의 성자 | 자아에 대한 잘못된 견해 | 몸과 마음이 나인가? | 느낌이 나인가? | 자아에 대한 바른 견해 | 일상을 살아가는 나도 없는가? | 지금 이 책을 읽는 당신도 없다 | 연기를 보는 자 여래를 본다 | 괴로움의 발생에 대한 연기 | 괴로움의 소멸에 대한 연기 | 연기법과 사성제의 관계 | 보통 사람의 바른 이해와 성자의 바른 이해 | 바른 이해와 다른 덕목들의 관계 | 바른 이해를 통해 진정한 자유로 | 자유는 스스로 만드는 것

3. 바른 사유 170

자애로운 마음과 연민의 마음 | 보통 사람의 바른 사유와 성자의 바른 사유 | 바른 사유와 다른 덕목들의 관계

4. 바른 언어 181

진실을 말한다 | 이간질하지 않는다 | 거친 말을 삼간다 | 쓸모없는 말을 하지 않는다 | 보통 사람의 바른 언어와 성자의 바른 언어 | 바른 언어와 다른 덕목들의 관계

5. 바른 행위 193

생명을 죽이지 않는다 | 주지 않은 것을 취하지 않는다 | 잘못된 성행위를 하지 않는다 | 보통 사람의 바른 행위와 성자의 바른 행위 | 바른 행위와 다른 덕목들의 관계

6. 바른 생계 198

보통 사람의 바른 생계와 성자의 바른 생계 | 바른 생계와 다른 덕목들의 관계

7. 바른 노력 205

막으려는 노력 | 끊어내려는 노력 | 계발하려는 노력 | 유지하려는 노력

8. 바른 마음챙김 213

지혜와 선정에 이르는 유일한 길 | 몸에 대한 마음챙김 | 느낌에 대한 마음챙김 | 마음에 대한 마음챙김 | 법에 대한 마음챙김 | 마음챙김, 열반의 보증수표

9. 바른 마음집중 246

마음집중의 대상과 조건 | 지혜 수행과 선정 수행은 불가분의 관계 | 첫 번째 선정 | 두 번째 선정 | 세 번째 선정 | 네 번째 선정 | 마음집중 수행의 주제 | 선정을 통한 지혜의 완성

10. 팔정도를 닦는 방법 259

바른 사유 | 바른 행위 | 바른 언어 | 바른 생계 | 바른 노력 | 바른 마음챙김 | 바른 마음집중 | 바른 이해

11. 흔들리지 않는 마음의 자유를 위해 267

주석 269

찾아보기 272

나오며 282

들어가기 전에

우리가 불교를 배우는 이유를 한마디로 이야기하자면, 인생의 온갖 괴로움을 없애고 진정한 행복을 얻기 위해서입니다. 그리고 불교를 알기 위해서는 불교의 창시자이신 부처님께서 어떻게 일생을 보내셨는지 개관할 필요가 있습니다. 부처님의 생애에서 우리는 불교가 지향하는 이상적인 인간의 모습과 인생의 궁극적 목적을 확인할 수 있을 것입니다. 그리고 초기불교를 이해하기 위해서는 무엇보다 초기경전을 보아야 합니다. 초기불교는 초기경전을 통해서 이해할 수 있기 때문입니다.

초기불교의 4가지 고귀한 진리, 사성제라는 가르침은 사실 부처님의 모든 가르침을 다 포섭하는 것입니다. 뭇 짐승들의 발자국이 코끼리 발자국 안에 다 들어오듯, 부처님이 가르치신 진리는 사성제에 모두 포섭됩니다. 따라서 사성제를 이해하는 것은 바로 불교 초기경전에 나타난 부처님의 가르침을 전체적으로 이해하는 것이라고 할 수 있습니다.

초기경전에는 팔리어로 쓰인 디가 니카야, 맛지마 니카야, 상윳타 니카야, 앙굿타라 니카야, 쿳타카 니카야 등 5니카야 및 한역된 아함경(장아함경, 중아함경, 잡아함경, 증일아함경)이 있습니다. 그중 5니카야는 스리랑카, 태국, 미얀마 등지에서 전해져 내려온 것으로, 팔리어라는 인도 고대 언어로 쓰여 있으며 약 2,300년의 역사를 지닙니다. 또 아함경은 우리들에게 친숙한 경전이기도 하지요.

이 책을 통해 우리는 니카야와 아함경, 그중에서도 팔리 문헌에 초점을 맞춰 부처님의 가르침을 살펴보게 됩니다. 말씀드렸다시피 아함경보다 팔리 문헌이 우리에겐 새로운 문헌이라는 이유도 있고 시대적 흐름에 부합한다고 생각하기 때문입니다.

부처님께서는 아주 간단하게 이렇게 말씀하셨습니다.

"내가 가르치는 것은 괴로움과 괴로움의 소멸뿐이다."

부처님은 괴로움이 무엇인지 분명히 밝히셨고, 그 괴로움은 올바른 수행을 통해서 반드시 사라질 수 있음을 강조하십니다. 그래서 이 책 1권에서는 초기경전에 나타난 부처님의 생애를 조명해보았습니다. 그리고 사성제에서 고성제와 고집성제를 중심으로 부처님께서 가르치신 진리에 대해 알아보았지요. 이어서 2권에서는 사성제의 고멸성제와 고멸도성제를 통해 부처님의 가르침을 살펴보도록 하겠습니다.

괴로움의 소멸에 대한 고귀한 진리, 고멸성제

불교의 목적은 괴로움을 제거하는 것입니다. 괴로움의 원인을 제거한다면 괴로움은 사라지기 마련입니다. 불교는 괴로움의 원인을 제거하기 위해 우리 몸과 마음을 새롭게 만들어내는 힘, 형성하는 힘, 즉 업의 의지적인 작용을 다스려서 괴로움의 원인을 제거하여 괴로움의 소멸에 이를 수 있다고 가르칩니다.

우리는 보통 타고난 천성을 극복하기는 어렵다고 말하지요. 하지만 불교에서는 기본적으로 인간은 변화할 수 있다고 가르칩니다. 우리가 현재 경험하는 조건들조차 만들어진 것이기 때문에, 우리는 스스로의 힘으로 그 조건들을 얼마든지 변화시킬 수 있다는 측면에서 괴로움의 소멸을 이야기합니다. 괴로움의 소멸에 대한 고귀한 진리야말로 불교가 궁극적으로 지향하는 것이라고 할 수 있습니다.

1. 올바른 지혜로 인한 괴로움의 소멸

괴로움이 발생한 자리, 괴로움이 소멸하는 자리

〈대념처경〉은 괴로움의 소멸에 대한 진리인 고멸성제(苦滅聖諦)에 대해 이렇게 정의합니다.

"비구들이여! 괴로움의 소멸의 고귀한 진리란 무엇인가? 탐욕을 버림에 의한 저 갈애의 남김 없는 소멸, 3가지 갈애의 남김 없는 소멸, 떠남, 완전한 파기, 해탈, 무집착, 이것을 괴로움의 소멸의 고귀한 진리라고 한다."

괴로움을 소멸했다는 것은 괴로움의 원인을 완전하게 소멸했다는 뜻입니다. 과거 행위의 결과로 생겨난 우리 몸과 마음을 소멸한 것은 아닙니다. 이것은 불교가 고행주의를 취하지 않는 커다란 근거가 됩니다. 예컨대 자이나교 같은 종교에서는 과거 업의 결과로 생겨난 육신에 고통을 줌으로써 괴로움의 소멸에 이를 수 있다고 봅니다. 하지만 불교는 결과로서의 육신이 아니라, 이 몸과 마음을 만들어낸 갈망을 없앰으로써 괴로움을 제거할 수 있다고 가르칩니다. 그래서 불교에는 몸을 괴롭힘으로써 정신이 자유로워진다는 사상은 없습니다. 적당히 입히고 먹이고 아프지 않도록 잘 보호하면서 그 몸으로 수행해 괴로움의 소멸을 이룰 수 있음을 가르치지요. 다시 말해 괴로움의 소멸이란 괴로움의 원인이 되는 갈망을 없애버리는 것입니다.

부처님께서는 또 다시 이렇게 말씀하십니다.

"그러면 비구들이여! 이 갈애는 어디에서 버려지며 어디에서 소멸해버리는가? 이 세상에서 즐거운 대상 또는 매력적인 대상, 즐길 만한 매력이 있는 곳에서 이 갈애는 버려지고 소멸한다. 이 세상에서 눈, 귀, 코, 혀, 몸, 마음, 즉 6가지 감각 기관이 즐겁고 또는 매력 있고 즐길 만한 대상이라면 그곳에서 이 갈애는 버려지고 소멸한다."

앞서 살펴보았듯이, 갈애는 우리의 6가지 감각 기관과 감각 대상 그리고 6가지 의식과 접촉, 느낌, 지각, 의지, 6가지 갈망, 6가지 사유 작용, 6가지 고찰에서 생겨납니다(1권, pp. 250~258 참조). 이처럼 괴로움은 감각 기관과 감각 대상 그리고 의식 등으로 이어지는 육육법에 대한 갈애 때문에 생겨나고, 이 갈애의 소멸이 곧 괴로움의 소멸이라는 뜻입니다. 이는 곧 괴로움은 발생된 자리에서 소멸한다는 뜻이겠지요. 땅에서 넘어진 자는 땅을 짚고 일어난다는 가르침과 같은 맥락이라고 이해할 수 있습니다. 내 마음의 괴로움이 일어난 바로 그곳에서 괴로움이 소멸될 수 있다는 의미입니다.

땅에서 넘어진 자 땅을 짚고 일어난다

"땅에서 넘어진 자 땅을 짚고 일어난다. 땅을 여의고 일어나기를 구하는 것은 옳지 않다(人因地而倒者, 因地而起, 離地求起, 無有是處也)"는 고려시대 정혜결사운동을 일으킨 보조국사 지눌 스님의 권수정혜결사문(勸修定慧結社文) 첫머리에 인용된 말씀입니다. 이 말씀은 대승불교에서 말하는 "번뇌가 바로 깨달음(煩惱卽菩提)"이라는 가르침과 통한다고 해석할 수도 있을 것입니다. 중국 화엄학의 전통에서 독창적인 위치에 있었던 이통현 장자(635~730년)의 《신화엄경론》14권을 보고 보조국사께서 인용했다고 볼 수 있습니다.[주1]

지혜로 갈애를 끊어

우리의 감각 기관에서 괴로움은 발생하며, 매력적이고 즐길 만한 감각 대상에서 갈망(渴愛)은 생겨납니다. 하지만 바로 그 갈망이 일어나는 순간 갈망을 올바른 지혜로 관찰할 때 바로 그곳에서 갈망은 사라집니다. 갈망은 그냥 둔다고 소멸하는 것이 아닙니다. 방치된 갈망은 강한 집착으로 이어집니다. 집착은 새로운 존재를 만들어내는 힘으로 작용하고 태어남과 늙음, 죽음으로 연결되지요. 그러니 갈망이 일어나는 순간이나 갈망이 일어나기 전 단계인 느낌(受)을 알아차릴 때, 갈망이 생겨나지 않게 됩니다.

우리는 앞서 십이연기를 살펴보면서 갈애가 느낌 다음에 일어난다는 사실을 확인했습니다(1권, pp. 159~160 참조). 갈애가 발생하는 순간 갈애를 바로 알아차려서 갈애를 끊어버릴 수 있는 힘은 관찰하는 지혜의 힘에 의해서 가능합니다. 갈애는 올바른 지혜에 의한 관찰을 통해서 소멸됩니다. 경전은 이렇게 설명합니다.

"보이는 것, 들리는 것, 냄새, 맛, 육체의 촉감, 마음속의 현상, 즉 6가지 감각 대상이 즐겁고 매력적이고 즐길 만한 대상이라면 그곳에서 갈애는 생겨나지만, 올바른 지혜에 의한 관찰을 통해서 갈애는 버려지고 소멸한다. 그리고 각각 6가지 의식 작용, 6가지 접촉, 6가지 접촉에서 생긴 느낌, 6가지 지각, 6가지 의지, 6가지 갈애, 6가지 대상을 향하는 생각(尋, 일으킨 생각), 6가지 머무는 생각(伺, 지속적 고찰)이 즐겁고 매력적이고 즐길 만한 대상이라면 그곳에서 갈애는 생겨났다가, 올바른 지혜에 의해서 관찰됨으로써 지혜의 힘에 의해서 버려지고 소멸한다.”

물론 갈애를 끊어버리기란 그리 쉬운 일이 아닙니다. 하지만 갈애가 생겨나는 구조, 갈애가 생겨나는 그 순간을 놓치지 않는 깨어있는 마음을 지닐 수 있다면 갈애를 극복할 수 있습니다. 감각적 갈망과 존재에 대한 갈망 또는 죽음에 대한 갈망이 일어나는 순간에 그 갈망, 즉 갈애를 올바르게 관찰함으로써 우리는 갈망을 끊어버릴 수 있습니다. 하지만 갈애라고 하는 것은 한 번 사라졌다고 해서 더 이상 일어나지 않는 것이 아니지요. 끊임없는 관찰을 통해서 번뇌에 잠재되어 있는 뿌리까지 완전히 소멸시킬 때 점차 갈애의 힘이 약해져서 완전히 없어지는 경지에 이르게 됩니다. 부처님께서는 말씀하십니다.

“비구들이여! 과거의 것이거나 현재의 것이거나 미래의 것이거나, 이 세상에서 즐거운 대상, 매력 있는 대상, 즐길 만한 대상에 대해서 ‘그것은 영원하지 않다, 만족스러운 것이 아니다, 불변하는 실체가 아니다, 질병이다, 두려움이다’라고 보면 저 갈애는 끊어져버린다. 갈애가 끊어져버리면 집착이 끊어져버린다. 집착이 끊어져버리면 괴로움이 끊어져버린다. 괴로움을 끊어버린 사람은 태어남, 늙음, 죽음, 비탄, 슬픔, 고통, 비애, 우수로부터 해탈하게 된다. 이것을 괴로움으로부터의 해탈이라고 나는 말한다.”

올바른 지혜로 보면 우리가 갈애를 일으키는 대상이나 즐길 만한 대상, 매력을 일으킬 만한 대상이 무상하고 고이고 무아이고 질병이고 두려움임을 알게 됩니다. 그것들이 무상, 고, 무아, 질병, 두려움이라고 보는 것은 우리 의식이나 분별 속에서 생각하여 보는 것이 아니라, 있는 그대로 보는 수행을 통해서 지혜로 보는 것을 뜻합니다. 이렇게 지혜로 볼 때 6가지 감각 기관과 감각 대상 그리고 의식, 접촉, 느낌, 지각, 의지, 갈망, 6가지 사유와 고찰들이 모두 다 끊어져버린다는 얘기입니다. 그러한 현상들이 일어난다 하더라도 더 이상 그에 대한 갈애가 일어나지 않습니다. 갈애가 끊어져버리면 갈애 다음에 펼쳐지는 강한 집착도 끊어져버리고 괴로움이 완전히 없어져서 괴로움으로부터 벗어나게 됩니다. 이처럼 지혜가 있어야만 즐길 만한 대상이나 매력 있는 대상에 대한 집착과 갈망이 일어나지 않게 됩니다.

2. 괴로움의 소멸로 열반에 이르다

지혜로 무상, 고, 무아라는 보편적인 특징을 '있는 그대로' 볼 때 우리는 갈망을 벗어버리고 괴로움에서 벗어나 자유로운 해탈을 이룰 수 있습니다. 지혜가 있을 때만 자유, 즉 해탈을 이룰 수 있다는 것은 불교의 핵심이라고 할 수 있습니다.

이런 지혜를 얻는 수행 혹은 지혜 자체를 바로 위빠사나라고 합니다. 위빠사나는 독특한 수행 방법이라기보다 바로 그처럼 갈애를 끊어버리는 지혜의 작용을 말합니다. 위빠사나 수행으로 얻은 앎이 지혜라고 《청정도론》에서 정의하고 있듯이,[주2] 이러한 지혜가 생기는 것은 위빠사나 수행을 통해서입니다. 부처님께서는 말씀하십니다.

"탐욕을 버림에 의한 저 갈애의 남김 없는 소멸에 의해 집착이 소멸한다."

갈애는 3가지 갈망을 말하고, 집착은 강하게 움켜쥐는 것을 뜻합니다. 그리고 그러한 집착의 소멸에 의해서 욕망의 세계(欲界), 섬세한 물질의 세계(色界), 물질이 없는 순수 정신의 세계(無色界)에 태어나는 업의 존재 양식이 소멸됩니다. 존재 양식이 소멸됨으로써 태어남이 소멸하고, 태어남이 소멸함으로써 늙음과 죽음, 슬픔, 비탄, 고통, 우수, 비애가 소멸합니다. 결국 괴로움의 무더기가 모두 소멸하게 됩니다. 앞으로 더 자세히 살펴보겠지만, 이처럼 갈애에서 시작해 집착, 존재 양식, 태어남, 늙음, 죽음으로 이어지는 괴로움의 발생 구조가 궁극적으로 다 끊어져버리는 것을 '괴로움의 소멸에 이르게 하는 연기', 즉 환멸연기(還滅緣起)라고 합니다. 물론 그 전에 무명(無明)에서 행(行), 식(識), 명색(名色), 육입(六入), 촉(觸), 수(受)까지 이어지는 고리들이 있지만, 수에서 갈애로 넘어갈 때, 느낌에서 갈망으로 넘어갈 때 그 고리가 끊어짐으로써 그 뒤에 펼쳐지는 집착과 존재 양식과 태어남 등이 완전히 소멸된다는 뜻입니다.

이런 이야기는 사실 좀 어려운 내용이기도 합니다. 괴로움이 완전히 소멸한 상태인 열반에 대한 경전의 해설이기 때문에, 우리처럼 보통 사람으로서는 이해하기 힘든 면이 있습니다. 그렇다 하더라도 '아, 이러한 것이 가능하구나'라고 생각만 하고 있다면 수행의 목적을 분명히 설정할 수 있습니다. 10가지 반복적인 마음챙김 수행(十隨念) 가운데 열반을 거듭거듭 생각하는 수행(寂止隨念)^{주3)}이 있습니다. 열반의 고요함과 평온함을 계속 생각하면서 열반의 덕을 생각하는 것입니다. 지금 우리가 살펴보고 있는 고멸성제에서는 바로 그러한 열반에 대한 내용들을 다루고 있기 때문에, '나 스스로의 노력을 통해서 열반을 얻는 일이 가능하겠구나' 하는 신심을 일으킨다면 열반을 이해하는 데 많은 도움이 됩니다.

열반은 괴로움을 소멸한 상태입니다. 상윳타 니카야의 〈고경(苦經)〉에서 말하듯이, 괴로움의 소멸이란 갈애를 끊는 일에서부터 시작됩니다. 그렇다면 우리가 늘 일으키는 3가지 갈망이 일어나는 순간이 괴로움을 소멸할 수 있는 바로 그 순간이라는 점을 다시 한 번 확인할 수 있겠지요. 어떠한 느낌이 있더라도 그 느낌 다음에 부정적인 번뇌로 펼쳐지는 갈애의 흐름을 끊어버릴 때, 우리는 결국 괴로움이 발생하는 조건들을 하나씩 끊어버리게 됩니다.

이 내용은 십이연기에서 나오는 갈애, 취, 유, 생, 노사에 대한 이야기입니다. 물론 그 전에 나오는 느낌까지의 연기 지분들도 이해해야 합니다. 하지만 느낌 다음에 갈애가 일어날 때 그 즉시 알아차리는 힘에 의해 탐욕을 소멸할 수 있고, 탐욕이 없어질 때 비로소 갈애도 소멸됩니다. 따라서 연기적인 고리에 의해서 우리는 괴로움이 발생하는 전체적인 흐름을 막아내고 끊어낼 수 있게 됩니다.

진정한 휴식

휴식이란 특별한 곳에 가서 몸을 쉬는 것만을 뜻하지 않습니다. 마음이 쉴 수 있어야 진정한 휴식이라 할 수 있지요. 심리적인 스트레스나 그로 인한 신체적 고통을 극복할 수 있는 길은 현실을 도피해서 찾을 수 있는 것이 아닙니다. 자신의 내면으로 들어가서 내 삶의 흐름들을 있는 그대로 바라볼 수 있는 집중적인 시간을 갖는 편이 더 효과적입니다. 그것 말고는 달리 휴식을 취할 곳이 없습니다. 조용한 곳을 찾아 잠깐 동안 눈과 귀를 막고 있다고 해서 그런 고통의 조건들이 사라지는 것은 아니거든요. 잠시 감추어져 있을 뿐이지요. 진정한 휴식은 자기 마음속에서 끊임없이 생겨났다 사라지는 현상들을 있는 그대로 바라보는 지혜를 갖출 때만 찾을 수 있습니다. 열반의 가르침을 공부하면서 그 사실을 확인할 수 있어야 합니다.

열반, 5가지 무더기의 소멸

부처님은 열반을 이렇게 설명하십니다.

"물질(色)의 소멸 · 적멸 · 종식, 느낌(受)의 소멸 · 적멸 · 종식, 지각(想)의 소멸 · 적멸 · 종식, 형성 또는 의지(行)의 소멸 · 적멸 · 종식, 의식(識)의 소멸 · 적멸 · 종식, 이것을 괴로움의 소멸, 질병의 적멸, 늙음과 죽음의 종식이라고 한다."

다시 말해 인간을 이루고 있는 색, 수, 상, 행, 식의 5가지 무더기가 소멸 또는 적멸하는 것을 괴로움의 소멸이라고 합니다. 부처님은 5가지 무더기에 대한 집착 혹은 5가지 무더기 자체가 괴로움이라고 말씀하셨습니다. 따라서 이 5가지 무더기가 완전히 소멸하는 것이 괴로움의 소멸이라는 말씀은 쉽게 이해할 수 있지요. 하지만 여기서 중요한 것은 우리의 색, 수, 상, 행, 식이 소멸하는 것이 아니라, 그 색, 수, 상, 행, 식을 가능하게 한 원인이 소멸함으로써 더 이상 색, 수, 상, 행, 식이라는 5가지 조건에 의한 현상들이 생겨나지 않는 것을 괴로움의 소멸이라고 한다는 것입니다.

이 내용을 잘못 이해하면 허무주의나 단멸론(斷滅論)에 빠질 수 있습니다. 우리의 몸과 마음의 현상들을 완전히 소멸시킨다고 하는 비존재에 대한 갈망(無有愛)에 빠질 수 있습니다. 따라서 부처님의 이 말씀은 새롭게 형성되는 색, 수, 상, 행, 식의 오온이 더 이상 없는 것이라고 이해해야 합니다. 더 이상 새로운 오온이 만들어지지 않음으로써 업의 힘, 즉 상카라의 힘이 작동하지 않는 상태를 괴로움이 완전히 소멸한 상태라고 받아들여야 합니다. 이는 괴로움이 완전히 소멸한 열반의 경지를 설명한 것이지요. 그러므로 이 가르침은 절대 허무적이고 부정적인 메시지가 아니라, 괴로움의 존재 양식 자체가 더 이상 전개되지 않는다는 뜻으로 이해해야 합니다.

"비구들이여, 실로 땅도 물도 불도 바람(地水火風)도 없는 곳, 공무변처도 없고, 식무변처도 없고, 무소유처도 없고, 비상비비상처도 없는 곳, 이 세상도 아니고 저 세상도 아닌 곳, 해도 달도 없는 곳이 있다. 그곳은 오는 곳도 아니고 가는 곳도 아니며 머무는 곳도 아니고 태어나는 곳도 아니며 죽는 곳도 아니다. 발을 딛고 설 곳도 없고 나아갈 곳도 없으며 대상도 가지고 있지 않다. 이것이야말로 괴로움의 끝이라고 한다.

비구들이여, 태어나지 않은 것, 생겨나지 않은 것, 만들어지지 않은 것, 형성되어지지 않은 것이 있다. 만일 태어나지 않은 것, 생겨나지 않은 것, 만들어지지 않은 것, 형성되어지지 않은 것이 없다면 태어난 것, 생겨난 것, 만들어진 것, 형성되어진 것에서 벗어남은 알려지지 않을 것이다. 하지만 비구들이여, 태어나지 않은 것, 생겨나지 않은 것, 만들어지지 않은 것, 형성되어지지 않은 것이 있기 때문에 태어난 것, 생겨난 것, 만들어진 것, 형성되어진 것에서 벗어남이 알려지는 것이다."

이것은 열반을 가장 신비로우면서도 가장 적극적으로 설명한 부처님의 감흥어입니다. 감흥어는 《우다나》라는 경전에 실려 있는데, 부처님께서 누군가의 질문에 대해 법문하신 것이 아니라 선정의 감흥을 시로 읊으신 것입니다.

지수화풍이 없다는 것은 색계를 벗어나 있다는 뜻입니다. 즉 열반이라는 것은 물질의 세계를 떠나 있다는 말이지요. 또한 열반은 무색계의 영역도 벗어나 있고 공무변처, 식무변처, 무소유처, 비상비비상처도 벗어나 있다고 말씀하십니다. 이렇듯 인간들이 생각할 수 있는 여러 가지 개념적인 조건들을 다 부정한 후, 마지막으로 대상도 없기 때문에 이것이야말로 괴로움의 끝이라고 말씀하십니다.

이렇듯 모든 대상이 끊어진 상태, 마음이 도달할 수도 없고(心行處滅) 언어로도 접근할 수 없는(言語道斷) 상태를 열반이라고 합니다. 또한 태어나지 않고 생겨나지 않고 만들어지지 않고 형성되어지지 않는, 조건에 의해서 구성된 것이 아닌 상태가 열반이라고 말씀하십니다. 이것이 열반에 대한 가장 적극적인 정의입니다. 만약 이런 열반이 없다면 우리는 윤회의 세계, 조건으로 형성된 세계에서 벗어날 수 없습니다.

유여의열반과 무여의열반

《붓다의 말씀》에서 냐나틸로카 스님은 이렇게 말합니다.

"우리들이 파도라고 부르는 물의 움직임, 즉 바람에 의해 생겨나서 커지고 모아진 에너지로 인해 지속적으로 출렁이는 물의 움직임에 대해서, 어리석은 사람은 호수의 표면 위를 하나의 똑같은 물 덩어리가 움직이고 있다고 착각을 일으킨다. 하지만 바람이 멈춘 후 다시 새로운 바람이 호수의 표면 위로 불지 않는다면, 모아진 에너지도 점차 고갈되어 마침내 물의 전체적인 출렁임도 그치게 될 것이다. 마찬가지로 새로운 연료를 공급하지 않으면 남은 연료가 다 타버릴 때 불은 꺼져버리고 만다."

불은 꺼진 후 어디로 가버린 것이 아닙니다. 그냥 꺼지고 만 것이지요.

"이와 똑같은 방식으로, 세상의 어리석은 사람들이 자아라는 실체 관념을 만들어낸 5가지 무더기인 오온의 흐름은 삶에 대한 갈망인 갈애에 의해 생겨나서 그 힘에 의해 커져서 모아진 생명의 에너지에 의해 일정한 기간 동안 지속하게 된다. 생에 대한 갈애와 집착이라고 하는 연료가 끊어지고 더 이상의 갈애가 5가지 무더기의 흐름에 부어지지 않으면 생명은 저장된 생명의 에너지가 있는 동안만 지속하게 될 것이다. 하지만 죽음의 순간에 이 에너지들이 파괴될 때, 5가지 무더기의 흐름은 마지막 소멸에 이르게 될 것이다."

이처럼 불이 꺼져 소멸된 상태인 열반은 2가지 측면에서 고찰할 수 있습니다. 하나는 번뇌가 완전히 소멸한 열반(kilesa parinibbāna)이고, 다른 하나는 5가지 무더기가 완전히 소멸한 열반(khanda parinibbāna)입니다. 전자는 아라한이 깨달음을 얻었을 때를 말하며, 일반적으로 살아있을 때 체험됩니다. 경전에서는 이 상태를 유여의열반(有餘依涅槃) 또는 유여열반이라고 하는데, 아직 5가지 무더기가 남아 있는 열반이라는 뜻이지요. 후자는 5가지 무더기가 완전히 소멸한 경지로, 아라한이 죽음의 순간에 얻는 열반입니다. 경전에서는 무여의열반(無餘依涅槃) 또는 무여열반이라고 하며, 말 그대로 5가지 무더기가 남아 있지 않은 열반이라는 뜻입니다. 따라서 빠리닙빠나(parinibbāna), 즉 완전한 열반은 번뇌의 소멸과 5가지 무더기의 소멸이라는 2가지 차원에서 일어난다는 사실을 알 수 있습니다.

장작에 붙은 불이 다 타버린 후 더 이상 연료가 없어서 불이 꺼지고 난 다음에 불은 어디로 갈까요? 에너지 보존의 법칙에 의한다면 불이 꺼져도 완전히 없어진 것이 아니라 다른 형태의 에너지로 바뀌었다고 말할 수 있겠지요. 그렇다고 하더라도 꺼진 불이 어디 다른 곳으로 갔다고 하기는 어렵습니다. 불이 꺼진 후 다른 장소로 가는 것이 아니기 때문에, 연료가 있으면 타고 연료가 없으면 타지 않는다고 말해야 합니다.

이처럼 열반이라는 것도 다른 어딘가에 있다가 이곳에 오는 것이 아니라, 업을 만들어내는 힘이 다 소진했을 때 본래 있던 자리에서 드러나는 것입니다. 하지만 우리는 이런 경험을 한 번도 해본 적이 없기 때문에 경험세계에서 쓰는 언어로 열반을 설명하려니 어려운 것입니다. 경험하지 않은 것을 경험에 의해 제한된 언어로 사용하다 보니까 문제가 생기고, 설령 열반을 체험했다 하더라도 그 체험을 설명할 수 있는 방법이 마땅하지 않기 때문에 여러 가지 열반에 대한 설명이 우리에게 분명히 와 닿지 않습니다.

부처님은 35살에 번뇌가 완전히 소멸한 열반, 즉 유여의열반을 얻습니다. 번뇌가 완전히 끊어져서 아라한이 되시지요. 또한 아라한이 되는 순간 과거에 닦았던 여러 가지 수행의 공덕(십바라밀을 말함. 1권, pp. 22~23쪽 참조)이 완성되어서 부처님이 되십니다. 아라한이 되지 못했다면 부처님 역시 되지 못했겠지요. 부처님의 제자들도 아라한이 되면서 아라한의 덕망을 갖추게 됩니다. 다시 말해 번뇌를 완전히 소멸하게 됩니다. 하지만 부처님과는 다른 점이 있습니다. 부처님은 이전에 쌓았던 여러 가지 수행의 공덕, 즉 바라밀행을 완성해서 붓다가 지닐 수 있는 다른 덕목들을 완전히 갖추십니다. 부처님은 35살에 이처럼 유여의열반을 체험하신 후 45년 동안 전생의 힘에 의해서 아직 남아 있는 연료인 육신을 태우다가, 마지막 80세를 일기로 오온이 완전히 소멸한 무여의열반에 드십니다.

불교의 수행은 유여의열반을 얻었을 때, 즉 번뇌가 완전히 끊어졌을 때 완성됩니다. 그 후의 일에 대해서는, 과거의 업에 힘에 의해서 연료가 다 타기만을 기다릴 뿐이라고 이야기합니다. 아라한들이 유여의열반을 얻고 나서 고백하는 여러 가지 이야기들이 전해지는데, 그 가운데 하나가 "해야 할 일을 다했다", "내생에 또 다른 생이 없다는 것을 안다"는 말씀입니다. "나는 청정한 행, 범행(梵行), 가장 최상의 행위를 완성했다", "해야 할 일은 다 해서 모두 마쳤다", "더 이상은 배울 것도 닦을 것도 없다"는 뜻입니다.

그렇다면 아라한은 번뇌를 모두 끊어버린 후 어떻게 살았을까요? 할 일을 다 마쳤으니까 한가롭게 세월을 보냈을까요? 아닙니다. 깨달음을 얻은 아라한은 다른 중생들, 즉 아직 깨달음을 얻지 못한 다른 사람들을 위해서 법을 가르치는 봉사의 삶을 살아갑니다. 그것도 봉사한다는 생각조차 없이 다른 존재들의 유익함과 행복을 위해서 법을 설합니다. 우리는 그러한 전법 활동들을 부처님의 생애를 보면서 확인했었지요. 아라한은 깨닫고 나서도 가만히 있는 법이 없습니다. 이곳저곳 세상을 다니면서 자신이 제도할 수 있는 수많은 사람들을 번뇌가 완전히 소멸한 열반의 경지에 도달하도록 이끌어주면서 살아갑니다.

부처님 당시에는 아라한들만 사는 절도 있었다고 합니다. 그런데 그 절에 사는 스님들은 모두 맡은 역할이 각각 있었습니다. 어떤 스님은 승복이나 절에 시주로 들어온 물건을 관리하고, 또 어느 스님은 다른 스님이 묵는 방을 정리하고, 또 다른 스님은 총책임자가 되어서 절의 소임을 맡았겠지요. 이처럼 그분들은 마지막 5가지 무더기가 끊어지는 무여의열반을 기다리며 결과는 남지 않고 오직 행위만 있는 자기의 소임을 하면서, 다른 사람에게 도움이 되는 일을 하면서 살았다고 합니다.

번뇌가 완전히 소멸한 체험을 해서 정말 행복해진다면, 자기가 수행을 통해서 체험한 그 행복을 다른 사람들에게 전해주고 싶은 자비의 마음이 일어납니다. 우리만 해도 그렇지 않습니까? 완전한 번뇌의 소멸까지는 말할 것도 없이, 아주 사소하지만 좋은 경험만 해도 가까운 사람들과 그런 경험을 함께하고 싶어 하지요. 어디서 맛있는 것을 먹을 땐 '아, 우리 어머니도 이 음식 한 번 드셔봤으면' 하고 바라지요? 이럴진대 번뇌의 소멸을 이룩한 가장 행복한 경지, 열반을 얻었을 때는 마음이 어떻겠습니까. '많은 중생이 이러한 행복을 얻었으면 좋겠다' 하고 바라지 않겠어요? 경전에는 아라한이 그러한 의도에 의해서 업이 되지 않는 행위로 사람들을 제도하고 이끌었던 내용들을 전합니다. 아라한은 그처럼 끊임없이 모든 중생들의 행복과 유익함을 위해 활동했던 분들이라는 것을 알 수 있습니다.

3. 열반에 이른 성인의 경지

경전은 열반에 대해 이렇게 설명합니다.

"실로 이것은 평온이며, 뛰어난 것이며, 모든 형성 작용이나 모든 조건의 종식이며, 모든 존재의 의지처(upadhi)의 파기이며, 갈애의 소진이며, 무탐이며, 멸이며, 열반이라고 한다."

여기서 모든 형성 작용이라는 말은 조건에 의해서 만들어진 제행(諸行), 우리가 경험하는 모든 것들을 말합니다. 우리의 몸과 마음을 포함한 세계 전체, 우리가 경험하는 세계 전체를 뜻하지요. 따라서 열반을 얻게 되면 바로 그러한 제행이 더 이상 일어나지 않는 경험을 하게 됩니다.

제행이 종식된 다음에는 우리 마음속에서 더 이상 행을 일으키지 않습니다. 즉 업을 일으키지 않는다는 말입니다. 업을 짓지 않고 어떻게 살아갈 수 있을까 의아하지요? 과거에 지어놓은 행의 힘, 잠재력에 의해서 살아가게 됩니다. 이것은 수동적으로 산다는 의미가 아닙니다. 아라한들은 자기가 익혔던 법, 스스로 수행해서 경험한 법들을 적극적으로 제자들에게 가르치며 살아갑니다.

하지만 그 가르침조차 조건에 얽매어 있지 않습니다. 자신이 가르치는 것을 알아달라는 마음이 있거나, 누가 비난할 때 분노를 일으키는 등의 심리적으로 일어나는 업의 형성력들이 더 이상 발생하지 않습니다. 물론 그렇다 하더라도 자신이 경험한 내용들을 가르치려면 의도가 개입되어야 하겠지요? 어떤 사람에게 무슨 내용을 가르쳐야겠다는 생각이 일어나지 않는다면 가르칠 수조차 없을 테니까요.

부처님께서는 말씀하십니다.

"이 세상에 있는 이런저런 것들을 잘 살펴보아, 세상의 그 어떤 것에 의해서도 동요되지 않고, 평온하며, 성냄의 불길이 꺼져 있고, 슬픔과 바람이 없는 사람, 그는 태어남과 늙음을 벗어났다고 나는 말한다."

불교에서 세상이라고 할 때는 대개 오온을 말합니다. 우리의 몸과 마음을 포함해 조건에 의해서 이루어진 모든 것을 오온이라고 하지요(1권, pp. 185~187). 해탈을 하면 그 모든 것에 의해 동요되는 일이 없습니다. 몸에서 통증이 일어나도 마음이 동요되지 않습니다. 몸에서 평온함을 느껴도 마음이 동요되지 않습니다. 다른 사람의 아름다운 모습을 보아도 추한 얼굴을 보아도 동요되지 않습니다. 마음이 평온하게 가라앉아 있습니다. 그리고 분노의 불길이 꺼져 있어서 어떤 경우에도 화를 내지 않습니다. 또 슬픔을 느끼지 않으며 바라는 것도 없습니다. 따라서 부처님께서는 부족한 것 없는 사람, 그래서 늘 만족과 행복 속에서 사는 사람, 열반이라는 행복을 늘 즐기며 행복하게 사는 사람은 태어남과 늙음에서 벗어나 완전한 해탈을 이뤘다고 말씀하십니다.

또한 완전한 해탈을 이루어 아라한이 된 사람의 마음은 의존할 대상이 없습니다. 밖에 있는 어떤 대상도 내 마음을 안정시켜주는 것이 아니기 때문에 바깥 대상에 의존하지 않습니다. 자신이 본 것, 들은 것, 생각한 것에 의존하지 않습니다. 자기 머릿속에 떠오른 생각이라 하더라도 거기에마저 의존하지 않습니다. 왜냐하면 생겨난 것은 사라지기 마련이므로, 그 사실을 아는 아라한은 의존할 것이 없습니다. 부처님께서는 말씀하십니다.

"모든 형성 작용의 소멸, 모든 윤회의 뿌리를 끊어버리는 것, 갈애의 소멸, 이욕, 멸, 열반을 이해하기란 어렵다."

모든 윤회의 뿌리란 객관적인 의미로 소유물이나 재산을 뜻하며, 주관적인 의미로는 이러한 소유물에 대한 집착, 애착을 뜻합니다. 따라서 윤회의 뿌리란 어떤 소유물이나 재산, 모든 존재의 바탕을 이루는 것이자, 그러한 존재를 가능하게 하는 집착까지 의미하는 말입니다. 존재가 의지하는 것, 존재를 가능하게 하는 집착이라는 힘, 또는 그 집착에 의해서 생겨난 소유물이나 존재 자체를 윤회의 뿌리라고 말한다는 것이지요. 열반은 그러한 것들이 모두 소멸되어버린 상태입니다.

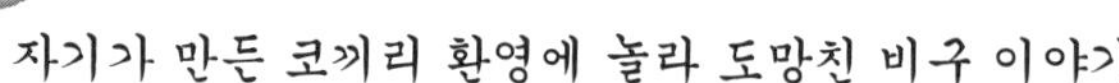

자기가 만든 코끼리 환영에 놀라 도망친 비구 이야기

아라한이 되지 못한 채로 강의를 하던 스님이 있었답니다. 그런데 그분의 제자 가운데 한 분이 수행을 열심히 해서 아라한이 됩니다. 이 제자가 신통력으로 자기 스승을 살펴보니 아라한이 되지 못했음에도 자기가 아라한이 되었다고 착각하더래요. 그래서 스승의 잘못된 견해를 바로잡기 위해 미친 코끼리를 마음으로 만들어보라고 제의합니다. 제자의 제안에 스승은 미친 코끼리를 만들어냈지요. 그런데 이 코끼리가 갑자기 스승에게 달려들더랍니다. 스승은 결국 자기가 만들어낸 코끼리의 환영에 놀라서 도망을 갑니다. 아라한이라면 두려움이 없어야 하지요. 자기 생명에 대한 애착이 없기 때문에 어떤 것에도 두려움을 느끼지 않습니다. 그런데 이 스님은 자기가 만들어낸 코끼리의 환영에 놀라 도망을 쳤던 것입니다. 그러고서는 이렇게 깨닫습니다. '내게 아직 두려움이 남아 있구나. 내가 아직 완전한 깨달음을 이루지 못했구나.' 그 후로 스승은 열심히 수행해서 아라한이 되었다고 합니다.

거센 바람에도 흔들리지 않는 반석처럼

경전에는 이런 말씀도 있습니다.

"바르게 해탈하여 평온한 마음으로 살아가는 수행자에게는 의존할 것도 해야 할 것도 없다. 반석이 어떠한 바람에도 흔들리지 않는 것처럼 보이는 것, 들리는 소리, 냄새, 맛, 몸의 감촉, 그 어떤 것에 의해서도, 또한 바람직한 것에 대해서도 바람직하지 않은 것에 대해서도 이런 사람은 동요되지 않는다. 그의 마음은 굳게 서있고 완전한 해탈을 보았기 때문이다."

이것이 바로 부처님의 가르침으로 아라한이 된 사람들의 기본적인 심리 상태입니다. 아무리 거센 바람이 몰아쳐도 흔들리지 않는 반석처럼 아라한의 마음은 그 어떤 것에도 동요되지 않습니다. 오감에 의해서 경험되는 그 어떤 것에 의해서도 흔들리지 않습니다. 마음에 드는 것에도 마음에 들지 않는 것에도 동요되지 않습니다.

아라한이나 붓다는 남들에게 존경을 받을 때도 마음이 흔들리지 않습니다. 누가 칭찬한다고 해서 마음이 들뜨지 않고 누가 비난한다고 해서 마음이 우울해지지도 않습니다. 칭찬이나 비난에 대한 반응으로서 조건 지어진 마음이 생겨나지 않기 때문입니다. 우리도 이렇게 살 수 있다면 얼마나 자유롭겠습니까? 누가 나를 칭찬하건 비난하건 마치 흔들리지 않는 바위처럼 존재할 수 있다면 얼마나 자유롭겠습니까? 법구경을 보면 부처님께선 "세상에는 칭찬하는 사람도 많고 비난하는 사람도 많으며, 칭찬만 받는 사람도 없고 비난만 받는 사람도 없다(법구경 228게)"고 말씀하셨습니다.

부처님도 잘못된 생각을 가진 사람들에게 비난을 받았다는 이야기가 경전에 여러 차례 나옵니다. 한때는 어떤 바라문이 부처님을 찾아가서는 "당신은 어째서 아무 일도 하지 않고 남에게 빌어먹고 삽니까?"라며 마구 비난을 합니다. 여러 가지 나쁜 말을 써가며 비난을 했겠지요. 하지만 부처님은 가만히 서 계십니다. 대꾸를 해야 더 흥이 나서 욕을 계속 할 텐데 부처님이 가만히 있으니까 욕을 했던 사람도 더 이상 할 말이 없지 않겠습니까? 그 바라문도 제풀에 지쳐서 가만히 있었습니다. 그제야 부처님은 바라문의 흥분한 마음이 가라앉았다는 것을 알고는 이렇게 말씀하십니다. "당신이 어떤 손님을 위해 음식을 차려놓았는데 그 손님이 음식을 하나도 먹지 않고 가버린다면 남은 음식을 어떻게 하겠습니까?" 그러자 바라문이 대답합니다. "제가 다 먹어야지요." 바라문의 말이 끝나자 부처님께서는 이렇게 말씀하십니다. "당신이 내게 수없이 많은 비난의 말을 쏟아 부었지만 나는 한마디도 받아들인 게 없습니다. 그렇다면 그 말들은 다 어디로 갔겠습니까?" 바라문은 그제야 잘못했다고 말하며 부처님께 용서를 빕니다.

누군가로부터 비난하는 말이나 욕지거리를 들을 때 그 행위로 상처를 받는 것은 누구입니까? 우리는 '나'가 상처를 받는다고 생각하지만 실은 그렇게 생각한 '잘못된 자아의식'이 상처를 받습니다. 그것 말고는 상처를 받는 게 없습니다. 귀가 상처받습니까? 몸이 상처받습니까? 아닙니다, 그 말을 듣고서 '나'라고 생각하는 집착의 마음이 상처를 받는 것이지요. 우리와 같은 보통 사람들에겐 강한 자아의식이 있습니다. 그래서 상처를 받기도 하고 상처를 주기도 합니다.

하지만 부처님은 비난이나 칭찬을 받아도, 이익이나 불이익이 생겨도 마음이 흔들리지 않습니다. 부처님은 죽림정사나 기원정사처럼 큰 정사를 보시 받았을 때도 기뻐하거나 흥분한 적이 없습니다. 물론 그런 보시 행위가 훌륭하다고 칭찬은 하십니다. 많은 스님들이 정진할 수 있도록 수행처를 보시한 복덕을 칭찬해주는 정도입니다. 그러니 마음속에서 번뇌가 일어날 리 없지요. 남에게 바라는 것이 아무것도 없으며, 바라는 것이라곤 그 사람들이 행복해지는 것뿐인데 번뇌가 일어날 수 있겠습니까.

그러나 우리는 '나'라는 생각에 집착해서는 매사에 시시비비를 가리며 끊임없이 조건 지어지는 삶을 살아가고 있습니다. 한마디 들으면 두 마디 하고 두 마디 들으면 네 마디 대꾸하면서 끊임없이 마음속에 조건들을 만들어놓고 삽니다. 그러한 조건들이 완전히 사라진 상태, 이것이 바로 갈애가 소멸된 상태이고, 탐욕이 없는 상태이며, 열반이라고 합니다.

이처럼 아라한은 모든 형성 작용이 소멸했다고 해서 식물 상태의 인간처럼 사는 것이 아니라, 정말로 깨어있는 마음으로 더 이상 업이 형성되지 않는 행위만 하고 삽니다. 절대로 무기력하게 사는 것이 아니라, 깨어있는 상태에서 아주 활동적으로 살아가게 됩니다. 지상에 사는 짐승들이나 사람들은 땅 위에 발자국을 남기지만, 하늘을 나는 새는 허공에 자취를 남기지 않습니다. 아라한들은 허공을 나는 새처럼 흔적을 남기지 않고 살아갑니다. 이것이 바로 모든 형성 작용이 종식된 상태에서 살아가는 아라한의 삶이라고 할 수 있겠지요.

이처럼 경험한 것에 동요되지 않고, 누군가의 말에 의해서 흔들리지 않는 경지를 두고 부처님께서는 흔들리지 않는 마음의 해탈, 즉 부동심해탈(不動心解脫)을 얻었다고 말씀하십니다. 부처님께서도 물론 부동심해탈로 아라한이 되었다는 것을 말씀하셨고, 부처님의 아라한 제자들도 흔들리지 않는 마음의 완전한 해탈을 맛보았습니다.

부처님께서는 45년간 수많은 중생들을 제도하며 사셨습니다. 이때 부처님의 삶도 업의 힘이 아니라, 중생을 위한 유익한 이타행으로서의 행위만 남아 있는 것이라고 할 수 있습니다. 부처님은 중생에게 회향하는 마음으로 선행을 하셨고, 선행을 한 후에도 선한 일에 묶이지 않으셨습니다. 선을 행하고도 선에 묶이지 않는 것, 이것이 바로 진정한 선의 완성이라 말씀드렸지요. 여기서 완성이란 부처님께서 바라밀행을 완성하셨다고 할 때의 완성과 같은 의미입니다. 이처럼 아라한이나 붓다는 공덕에 의해서도 얽매이지 않고, 공덕의 결실이 왔을 때도 그 공덕을 중생과 함께 나누십니다.

열반, 최상의 행복이자 지극한 평온

열반을 설명하는 말 가운데 가장 긍정적인 것 중 하나는 '최상의 행복(parama sukha)'입니다. 또 하나는 '지극한 평온'이라는 말입니다. 부처님께서는 말씀하십니다.

"탐욕에 물든 마음에 정복되어, 성냄에 의한 악한 마음에 정복되어, 무지에 정복되어, 사람들은 자신을 파멸로 이끌며, 다른 이들을 파멸로 이끌고, 자신과 다른 이 둘 다를 파멸로 이끌어 정신적인 고통과 슬픔을 겪는다. 하지만 탐욕과 성냄과 무지를 버릴 때에 사람들은 자신을 파멸로 이끌지 않으며, 다른 이들을 파멸로 이끌지도 않고, 자신과 다른 이 둘 다를 파멸로 이끌지 않아서 정신적인 고통과 슬픔을 겪지 않는다. 이처럼 바로 현세에서 증득될 수 있는 이 열반은 먼 시간을 기다리지 않는 것이며, 와서 보라고 할 수 있는 것이며, 매력이 있는 것이며, 현자들이 경험할 수 있는 것이다."

우리는 탐욕과 성냄과 어리석음에 정복되어서 스스로 파멸에 이르고 다른 사람을 파멸시킵니다. 잘못된 욕망과 성내는 마음, 어리석음이 있는 한 우리는 괴로워할 수밖에 없으며, 이 3가지 번뇌의 뿌리(根本煩惱)가 없어져야만 바로 현세에서 열반의 경지를 직접 경험할 수 있습니다. 그리고 열반은 현명한 사람이라면 누구라도 경험할 수 있습니다.

앞서 부처님 법은 잘 설해져 있다는 특징을 말씀드렸지요. 또 부처님 법은 지금 이곳에서 경험될 수 있으며, 시간을 지체하지 않고, 와서 보라고 할 수 있는 특징을 지닌다고 했습니다(1권, pp. 136~137). 이처럼 무위법인 깨달음의 법으로서 열반이라는 것은 우리의 탐진치가 소멸되는 순간 그 즉시 경험되는 것입니다. 지금 생에서 죽은 후 다른 어딘가로 가서 경험되는 것이 아닙니다. 그리고 현명한 자들이라면 누구라도 경험할 수 있는 것이지요. 이것이 바로 부처님께서 말씀하신 열반에 대한 가장 구체적이고도 긍정적인 표현 가운데 하나입니다. 갈애가 소멸하는 그 순간, 탐진치가 끊어지는 바로 그 순간, 어리석음이 완전히 소멸되는 그 순간이 오기까지는 수많은 노력과 집중적인 수행, 지혜의 계발이 필요합니다. 하지만 그 순간이 오면 우리는 그 즉시 열반을 체험할 수 있습니다.

부처님 법에서 진정한 평온을 만나

저도 수행을 하기 전까지는 여러 가지 두려움이나 왠지 모르는 불안감을 많이 느꼈습니다. 어렸을 때는 가위도 많이 눌린 기억이 있습니다. 중고등학생일 때는 가위를 너무 자주 눌리는 바람에 잠들기를 두려워한 적도 있었습니다. 전생에 지은 악업의 결과일 수도 있고, 심리적·육체적으로 허약해서일 수도 있겠지요. 그런데 수행을 하고부터는 그런 경험이 거의 없어졌습니다. 불안감도 없어졌고요. 저는 그것이 부처님 법의 힘이라고 생각합니다. 부처님 법을 실천하고 부족하나마 수행을 통해서 경험한 내적인 체험들이 심리적·정서적인 안정감을 가져다준 것이지요. 특히 1991년 미얀마에서 3개월간 결제(結制)를 하며 내 인생에서 가장 평온한 상태를 경험했습니다. 그러면서 부처님 법이 이처럼 지극한 평온을 가져다준다는 사실을 확인했지요. 열반은 그보다 더 뛰어난 최상의 즐거움이자 행복이라고 하니 어찌 수행하지 않을 수 있겠습니까.

열반의 즐거움은 차원이 다르다

열반의 즐거움은 우리가 느끼는 즐거움과는 차원이 다릅니다. 경전을 보면, 우다히(Udahi)라는 스님이 사리풋타 존자한테 이렇게 묻습니다. "열반은 즐거움이라고 말하는데, 도대체 느낌이 없다면 즐거움이 어떻게 있을 수 있습니까?" 오온에서 두 번째인 느낌에는 즐거움, 괴로움, 즐겁지도 괴롭지도 않은 느낌의 3가지가 있습니다. 그런데 오온이 사라진 것이 열반이라고 하면 느낌마저 완전히 사라진 것 아닙니까? 느낌이 없다면 열반이 즐거움이라는 것을 어떻게 알 수 있을까요? 우다히 스님의 질문에 사리풋타 존자가 간단히 말합니다. "느낌 자체가 없는 것이 즐거움입니다. 그것이 행복입니다."

이해하기 어렵지요. 우리는 느낌이 없는 행복이나 즐거움을 맛본 적이 없습니다. 망고를 한 번도 먹어보지 않은 사람에게 "망고야말로 과일 중에서 제일 맛있는 것이다"라고 아무리 말해봤자 이해할 수 없는 것과 마찬가지입니다. 따라서 '열반은 최상의 즐거움'이라고 할 때 그 '즐거움'을 우리가 느끼는 즐거움으로 이해한다면 열반을 오해하게 됩니다. 부처님 당시에도 그렇듯 열반에 대해 잘못 이해한 사람들이 많았습니다. 대표적인 예로 디가 니카야 첫 경전인 〈범망경(梵網經)〉을 보면, 자신이 현재 열반을 즐기고 있다고 주장하던 사람들(現法涅槃論者)이 있었지요. 그 가운데서 첫 번째 부류는 '감각적 쾌락이야말로 열반'이라고 생각하는 사람들이었습니다. 우리가 눈, 귀, 코, 혀, 몸으로 느끼는 쾌락이야말로 진정한 행복이라는 뜻이지요.

사실 요즘 대부분 현대인들이 그처럼 유물론적인 생각을 하고 사는 듯합니다. 굳이 물질주의자라는 표현까지 쓰진 않더라도, 좋은 것 많이 보고 좋은 소리 많이 듣고 맛있는 것 많이 먹고 좋은 향수 바르고 촉감 좋은 옷을 입는 것이 사는 즐거움이라고 여기는 사람들이지요. 거기다 기분 좋으라고 술 한 잔까지 더한다면 바랄 것이 없다고 생각합니다. 우리는 그처럼 감각적 쾌락만 경험하기 때문에 그것이 인생에서 가장 큰 즐거움이라고 여깁니다. 우리들 대부분은 그러한 것을 만족시키기 위해서 하루하루를 열심히 삽니다. 맛있는 음식을 먹고 좋은 집에서 살고 멋진 옷으로 몸을 치장하고 남들보다 좋은 차를 사기 위해 대부분의 시간과 돈을 씁니다. 돈을 버는 것이 잘못이라는 말이 아닙니다. 문제는 그처럼 열심히 일해 번 돈을 주로 감각적 욕망을 만족시키는 데 쓴다는 것이지요.

감각적 욕망은 욕계에서 얻는 쾌락인 데 반해, 색계 사선정을 경험하는 것이야말로 진정한 즐거움이요 열반이라고 생각하던 사람들도 있었습니다. 색계사선에서도 4단계로 나뉘겠지요. 초선까지 경험한 사람은 초선이야말로 진정한 행복이라고 느낄 것이고, 2선으로 올라가 더욱 세련된 행복을 느낀 사람이라면 2선이야말로 열반의 경지라고 주장할 것입니다. 하지만 2선에서 3선으로 올라가면 심리적인 행복이 육체적인 행복에도 영향을 미쳐서 몸에서도 행복을 경험하기 시작합니다. 그러면 3선의 경지가 최고로 행복한 경지라고 여길 테지요. 이처럼 선정에서 얻는 행복은 단계가 올라갈수록 그 정도도 점점 깊어집니다. 하지만 우리는 자기가 경험한 한계에 갇혀 자신이 얻은 경지에서의 행복이 최고라고 생각합니다.

우물 안 개구리가 우물 밖의 하늘을 상상한다는 것은 불가능한 일입니다. 우물 밖 세상을 알기 위해서는 우물에서 나와야 합니다. 마찬가지로 자신의 경험을 벗어나지 않으면 그 경험의 한계를 알 수 없습니다. 3선을 경험한 사람은 3선에서 느끼는 행복이야말로 최상의 행복이라고 생각하지만, 4선으로 올라가게 되면 행복도 거칠어지고 지극한 평온만 남습니다. 그러면 또 다시 '아! 이것이 정말로 내가 살아서 경험한 최상의 행복이구나! 이것 외에 또 다른 것은 없구나'라고 생각합니다. 하지만 그렇게 경험한 희열과 행복과 평온은 모두 어떤 조건에 의해서 만들어진 것들입니다. 선정에서 경험한 행복이나 평온, 기쁨마저 조건이 다하면 언젠간 사라져버립니다.

선정에서 경험하는 느낌들도 무상한데 우리가 이 욕계에서 감각적으로 느끼는 행복은 더 말할 필요도 없겠지요. 하지만 그 사실을 알고 있다 해도 우리는 여전히 맛있는 것을 먹어야 되고 좋은 영화가 나오면 봐야 합니다. 나쁠 것 없습니다. 그런 행위들의 한계를 알면서 맛있는 것을 먹거나 좋은 영화를 본다면 별 문제 없습니다. 하지만 그 한계를 모른다면 감각적인 생활, 자기의 경험 생활에 갇혀버리고 맙니다. 인간으로 태어난 궁극적인 목적과 이익을 다 내팽개치고 우물 안 개구리처럼 자기 경험의 테두리 안에서만 살다가 죽을 때는 허무하게 눈을 감습니다. 그래서 부처님은 감각적 쾌락이 진정한 행복이라고 생각하는 사람들을 비판하셨고, 사선정을 경험하면서 각 선정이 진정한 열반이라고 생각하는 것을 경계하고 버리라고 말씀하셨습니다.

먹어본 사람만이 망고 맛을 안다

위빠사나 수행에서도 선정에서 경험하는 경지들을 차례대로 경험하는 경우가 있습니다. 어떤 사람들은 그처럼 각 경지를 경험할 때마다 기쁨에 도취되어 수행을 잘 안 하게 되는 결과에 이르기도 하지요. 등산을 하다가 표지판을 만났을 때 그게 목적지라고 착각하고는 표지판을 붙들고 좋아하는 것과 같습니다. 표지판은 길을 잘 가고 있다는 안내를 해주는 것일 뿐인데, 그것을 붙든 채 정상에 왔다고 착각하는 것이지요. 하지만 정상은 아직도 멀었습니다. 수행을 하다가 좋은 경험들을 하게 되면 그것들을 내려놓고 가야 합니다. 그러다 보면 경험이 없는 경험, 아무것도 경험하지 않는 경지에 다다르게 됩니다. 그것을 부처님은 마지막 열반이라고 설명하십니다. 우리가 한 번도 경험해보지 못한 상태라서 이해하긴 어렵지만, 열심히 올바른 방법으로 수행하면 그런 체험을 얻을 수 있다고 믿어야 합니다.

한편 수행을 해보지 않은 사람들은 수행을 우습게 생각하기도 합니다. '수행해봐야 뭐 얼마나 좋겠어?', '이것보다 더 좋은 것이 있겠어?' 하면서 자기가 경험한 세계의 한계에 갇혀서 생각합니다. 하지만 수행을 해보지 못했다면 수행한 사람이나 뭔가 체험한 사람들이 자신의 경험을 말할 때 귀 기울여 들을 줄 알아야 합니다. 그리고 '그렇다면 나도 가능하겠구나' 하고 신심을 내는 좋은 본보기로 삼아야 합니다. 자기가 먹어본 적이 없다고 '그 망고 맛있겠어?'라고 말하면 안 된다는 겁니다. 이렇듯 열반에 대해서는 일단 믿음으로 접근해야 합니다. 우리가 경험해보지 못한 열반에 대한 체험이 존재한다는 사실을 믿어야 합니다.

선정의 행복을 체험하면서 '이것이 선정 속에서 느껴지는 행복과 평온이구나' 하고 느껴본 사람들은 '이것과 또 다른 차원의 행복이 있겠구나'라며 유추할 수 있습니다. 그러면서 불법에 대한 믿음과 확신이 생기지요. 그러니 우리가 노력해서 얻는 작은 즐거움이나 세상을 살아가면서 느끼는 감각적인 즐거움에만 빠져 있어서는 안 됩니다. 우리가 살아가면서 느끼는 감각적인 즐거움은 모두 무상한 것들입니다. 맛있는 것 먹으면 그보다 더 맛있는 것을 찾게 되고, 멀쩡하게 잘 쓰던 휴대전화도 신형이 출시되면 다시 바꾸고 싶은 게 우리 욕심 아닙니까. 인간의 욕심은 끝이 없습니다. 그래서 욕심이 많을수록 가난한 사람이 되고, 욕심이 적을수록 부자가 되는 겁니다.

부처님께서도 "건강이 가장 큰 이익이고, 만족은 가장 큰 재산이다'(법구경 204게)"라고 말씀하셨습니다. 만족이 가장 큰 재산이라는 말은 만족을 아는 사람이 가장 큰 부자라는 뜻이겠지요. 물론 부처님께서 마음이 가난한 자가 천국에 간다는 말씀을 하신 적은 없습니다. 오히려 많이 베푼 자가 천상에 갈 수 있는 복덕을 쌓는다고 말씀하셨지요. 하지만 불교는 욕망을 줄이는 길을 나아가라고 가르칩니다.

욕망의 극대화를 추구하는 오늘날 자본주의의 체제는 사실 욕계의 중생들이 수많은 경험을 통해서 마지막으로 정착시킨 제도라고 할 수 있습니다. 인간이 지닌 본성, 욕망을 만족시키고 쾌락을 추구하려는 본성이 만들어낸 제도입니다. 불교는 근본적으로 그와 반대 방향을 추구합니다. 욕망은 자꾸 채운다고 만족되는 것이 아닙니다. 부처님께서는 "황금이 소나기처럼 쏟아질지라도 사람의 욕망을 다 채울 수는 없다(법구경 186게)"고 말씀하셨습니다. 또한 세상 사람들이 욕망과 쾌락을 추구하는 방향으로만 치닫는 것을 경계하기 위해, 욕망을 없애고 욕망을 극복하기 위해 수행을 하셨습니다. 그 수행의 완성이 바로 열반이지요. 사리풋타 존자는 열반에 대해 이렇게도 설명합니다.

"벗이여! 탐욕의 소진, 성냄의 소진, 무지의 소진, 이것을 열반이라고 한다."

말 그대로 탐진치의 3가지 근본번뇌가 완전히 소멸한 것이 열반이라는 뜻입니다. 열반을 가장 간단하면서도 정확하게 설명한 말씀이지요. 우리 마음속에 탐진치 삼독이 없어지는 그날 열반은 경험됩니다. 그러니 열반의 즐거움을 지금까지 자기가 경험한 즐거움과 비교하면 안 됩니다. 그처럼 감각적인 즐거움을 초월한 흔들리지 않는 즐거움, 우리가 생각하는 즐거움과는 다른 차원의 즐거움이 가능하다고 믿어야 합니다. 그런 가능성만 열어두고 열심히 정진한다면 열반의 가르침은 우리에게 큰 희망을 줄 것입니다.

아라한 테스트

예전 미얀마에서 있었던 일입니다. 재가자들이 탁발하러 온 스님에게 시험 삼아 가시가 달린 장미를 공양했답니다. 아라한이 되면 신통력이 있으니까 장미가시에 찔리지 않는다고 생각한 것이지요. 하지만 아라한이라고 가시에 찔리지 말라는 법은 없습니다. 그 광경을 보게 된 큰스님이 말씀하셨답니다. "그런 식으로 시험하려 들지 말고, 성자라고 하는 사람들의 언행을 주의 깊게 살펴보세요. 다른 사람의 말이나 행동으로 인해 심리적인 동요를 느낀다면 그 사람의 말과 행동에서 나타날 것입니다." 우리는 다른 사람들이 내 마음을 모른다고 생각하며 살아갑니다. 하지만 마음은 얼굴표정과 말투에서 가장 먼저 드러나게 마련입니다. 화가 나면 그 마음을 감추기 위해 아무리 표정 관리를 잘해도 어떻게든 나타나지 않습니까?

열반으로 가는 뗏목이 하나만은 아니다

대승불교에서는 아라한을 이기적이라고 보아서 소승(小乘)[주-4]이라고 부른 적이 있습니다. 하지만 실제로 아라한들은 이기적이지 않습니다. 이기적인 마음이 일어나는 구조가 있을 수 없습니다. 불교는 부처님의 제자인 아라한들의 끊임없는 교화 활동을 바탕으로 해서 전해온 덕으로 2,500년 동안 이어져왔습니다. 아라한은 삶의 목적을 완성한 성자이며, 인연이 닿는 많은 사람들이 자유와 행복을 경험하도록 조건없이 도움을 주신 분들입니다. 결코 소승이 아닙니다.

후대의 대승불교가 비판한 소승은 부처님의 직제자인 아라한들이 아닙니다. 혹자는 부파불교의 한 양태, 그중에서도 설일체유부라는 특정 부파를 겨냥한 비판이었다고 하지만, 경전에는 실제로 누구를 비판했다는 이야기는 나오지 않습니다. 대승불교 경전을 보면 알 수 있듯이 아라한들이 지녔던 계율은 대승의 출가수행자들도 다 지킵니다. 그들이 소승이라 비난했던 것은 대중 교화를 제대로 하지 않는 사람들이었습니다.

인도불교의 주류는 바로 아라한 전통입니다. 요즘 연구결과에 의하면, 대승불교도 부파불교 전통 속에서 나온 것이었다고 보는 견해가 많습니다. 실제로 12세기까지 인도불교의 주류는 부파불교였습니다. 설일체유부 등 여러 부파들이 주류를 이루었고, 대승불교는 그 가운데서 보살행을 닦아 붓다가 되겠다는 새로운 붓다관을 주장하면서 나온 흐름이었음을 알 수 있습니다.

대승경전이 중국을 통해 우리나라로 전해지면서 마치 대승의 가르침만이 우리에게 큰 의미를 지니는 것으로 여겨지게 되었지만, 실제로 부처님 가르침의 근본 뜻은 아라한의 전통에서도 잘 이어져오고 있습니다. 그 전통이 현재까지 남아 있는 곳은 태국과 미얀마, 스리랑카, 캄보디아, 라오스

등지의 상좌불교 국가입니다. 따라서 상좌불교의 전통은 굉장히 소중합니다. 적어도 2,300년간의 역사를 자랑하는 보수적인 상좌부가 아직도 잘 전해지고 있다는 것은 몹시 다행스러운 일입니다.

1991년 여름 제가 미얀마에 가서 처음 수행을 경험할 때, 군부독재에 시달리며 여러 가지 사회적인 어려움이 있는 가운데서도 불교의 전통이 잘 전해질 수 있도록 수행 및 교학 체계가 남아 있는 것을 보곤 매우 다행스럽게 생각한 적이 있습니다. 우리는 보통 다른 불교 전통의 약점과 우리나라 불교의 장점을 비교하며 말합니다. 하지만 제 생각엔, 오히려 우리가 그들의 불교에서 배울 점이 많다고 생각합니다. 우리나라 불교는 최상승을 표방하는 선불교가 주류를 이루고 있지만, 제대로 된 선불교의 입장에서 대중을 교화하고 있는지는 반성할 부분이 많습니다.

최근 위빠사나 수행과 제3수행법이라고 일컫는 여러 가지 불교 외적인 수행법들에 자극을 받아서, 선방의 선지식들이 간화선[주5)]을 정비하고 간화선에 대한 가르침을 우리에게 소개하고 있습니다. 굉장히 반가운 일이지요. 새로워지고 있는 간화선의 전통을 통해 마음을 맑히고 삶의 궁극적인 목적을 이룰 수 있는 사람들이 분명 있을 것입니다.

부처님께서는 하나의 수행 방법을 모든 사람들에게 적용하지 않으셨습니다. 부처님께서 수많은 제자들에게 각기 맞는 수행법으로 지도하셨듯이, 2,500년이 지난 오늘날에도 우리에게 맞는 수행법은 다양한 방법으로 제시되어야 합니다. 불교 안에서 다양한 수행법들을 계발하고 되살려내야 각기 다른 능력을 지닌 사람들이 자기에게 맞는 수행법을 만나서 마음의 평온, 궁극적인 열반에 이르는 길까지 갈 수 있다고 봅니다.

열반에 이르는 핵심적인 마지막 덕목은 번뇌를 끊어버리는 칼에 비유되는 지혜입니다. 지혜가 완성되어야만 열반을 이룰 수 있습니다. 불자들이 아침마다 드리는 오분향(五分香) 예불을 보면 계향(戒香), 정향(定香), 혜향(慧香), 해탈향(解脫香), 해탈지견향(解脫知見香)이라고 하지요? 계정혜 삼학을 닦아서 결국엔 해탈을 이룬다는 말입니다. 이는 곧 계정혜 삼학을 닦지 않으면 해탈이 불가능하다는 뜻입니다. 어떠한 수행법도 삼학의 틀 안에 들어오게 됩니다. 간화선이나 위빠사나, 염불선도 마찬가지고 기도나 절 수행도 삼학에 들어갑니다. 따라서 중요한 것은 '어떤 전통의 수행법인가'가 아니라, '계를 지키고 선정을 이루며 지혜를 성취하기 위한 수행법인가 그렇지 않은가'입니다.

따라서 어떤 전통에 따라 수행하든, 자신이 그 수행을 통해서 계를 지키는지, 마음이 집중되는지, 지혜가 계발되는지 확인해야 합니다. 그렇게 하면 결국 마지막 지혜에 의해서 해탈이 이루어집니다. 이것이 바로 부처님부터 오늘날 모든 불교 전통에 이르기까지 확인할 수 있는 가르침입니다. 계정혜에 대한 해석은 전통마다 다를 수 있지만 기본적인 원리는 같습니다. 기본적인 원리가 지혜에 의한 해탈이 아니라면 그것은 불교적인 방법이라고 할 수 없습니다.

따라서 아라한의 전통이 남아 있는 부파불교의 전통을 무시해서는 안 됩니다. 단지 우리 전통이 아니라는 이유로 비방하거나 폄하하는 태도는 전혀 대승답지 못하다고 생각합니다. 사람들은 자기가 모르는 일은 무시하고 비난하기 쉽습니다. 내가 모르는 것이 있다는 사실을, 내가 모르는 것을 남이 알고 있다는 사실을 못 견뎌 하는 사람들도 많습니다.

저는 대학교 때 철학을 전공했습니다. 당시 철학과 학생이 40여 명쯤 되었는데, 그중 반 이상이 기독교인이었지요. 목사님의 아들도 있었고 아주 독실한 기독교인들도 많았습니다. 그런데 많은 친구들이 처음에는 불교를 우상을 숭배하는 종교라고 생각하더군요. 그 친구들과 논쟁도 여러 번 했습니다. 그러다 인도철학사라는 강의를 듣게 되었지요. 그러자 불교를 비난하던 친구들 몇이 생전 처음으로 불교 이야기와 인도 사상에 대한 강의를 들으면서 자기는 더 이상 불교에 대한 얘기는 하지 않겠노라 고백하더군요. 자기가 기존에 알았던 불교와 새롭게 알게 된 불교가 너무 달라서 감히 불교에 대한 비판적인 이야기를 쉽사리 하지 못하겠다는 이유였습니다. 기독교인들도 불교에 대한 개론적인 내용만 듣고 그런 반응을 보이는데, 같은 부처님의 제자들이 지역과 역사에 따라서 다르게 전개된 이웃나라의 불교 전통을 보고 폄하하는 것은 문제가 있지 않을까요?

남방불교나 선불교, 티베트불교 등은 각기 많은 사람들에게 도움을 주고 많은 사람들로 하여금 깨달음으로 이끄는 타당성이 있는 체계들을 계발해왔습니다. 그 가운데서 부처님의 가르침에 가장 가까운 것이 남방 상좌불교일 것입니다. 또한 그 불교의 원전이 되는 것이 팔리어입니다. 물론 팔리어로 된 문헌이 모두 부처님의 가르침이라고 단정할 수는 없습니다. 하지만 부처님의 가르침은 팔리어에 가장 가까운 언어였으리라 생각합니다.

그러나 언어 역시 그 내용을 전하는 도구일 뿐입니다. 언어는 달을 가리키는 손가락이라고 하지 않습니까. 손가락의 역할은 달을 보기 위한 것입니다. 그래서 남방불교에서 말하는 위빠사나든 사마타든 북방에서 말하는 간화선이든, 그 언어가 말하고자 하는 깨달음의 세계, 열반의 세계를 바르게 보려고 노력해야 합니다. 그렇게 하면 어느 불교의 전통에서든지 부처님께서 가르쳐주신 최상의 행복인 열반으로 다가갈 수 있습니다.

경전의 가르침은 모두 강을 건너가는 뗏목입니다. 지붕 위로 올라가는 사다리이자, 고기를 잡기 위한 그물입니다. 뗏목은 강을 건너가는 도구로 쓰일 때, 사다리는 지붕 위로 올라가는 도구로 쓰일 때, 그물은 고기를 잡기 위한 도구로 쓰일 때 제 역할을 다하는 것입니다. 그러니 뗏목에 집착해서도 사다리에 집착해서도 그물에 집착해서도 안 됩니다. 중요한 것은 나에게 가장 적합한 뗏목이 무엇인지 발견하는 일입니다. 내게 맞는 뗏목, 내가 노 젓기에 가장 적합한 뗏목을 다른 누군가 찾아주길 기다려선 안 됩니다. 그것이 수식관이 됐든 부정관이 됐든 염불이 됐든 간화선이 됐든 위빠사나가 됐든 또 다른 수행법이 됐든, 그중에서 나에게 가장 적절한 뗏목을 스스로 찾지 않는다면 열반의 평온을 맛볼 수 없습니다.

수가타, 열반에 잘 도달하신 분

부처님의 호칭 가운데는 선서, 즉 수가타(sugata)가 있습니다. 여기서 '수(su)'는 '좋다', '잘되었다'는 뜻이고, '가타(gata)'란 '갔다'는 뜻입니다. 즉 수가타란 '최상의 행복에 잘 도달하신 분'이란 뜻이 되겠지요. 여기서의 행복은 바로 열반의 행복이며, 열반은 인간이 단순한 선정 체험이나 감각적 쾌락에 의해서 경험할 수 없는 경지입니다. 열반은 조건으로 형성된 모든 것들이 지혜의 힘에 의해서 완전히 가라앉을 때 경험되는 것이지요. 그래서 우리는 열반의 행복으로 잘 도달하신 분이라는 뜻에서 부처님을 선서, 수가타라고 부릅니다.

열반은 현실과 괴리된 것이 아니다

불교도 가운데서도 열반이 우리와는 무관하다고 생각하는 사람들이 있습니다. 우리의 목표가 열반이라고 말은 하면서도 부처님처럼 특별한 사람들만 해탈할 수 있다고 생각합니다. 하지만 불교를 공부하려면 열반이라는 목표를 세워놓고 그 방향으로 정진해야 합니다. 불교의 모든 가르침과 수행 체계는 괴로움이 소멸한 상태인 열반을 지향합니다. 이 끈을 놓쳐버리면 불교 공부의 흐름마저 놓쳐버리게 됩니다.

물론 자기의 열반보다 다른 존재들, 중생들의 열반을 먼저 성취하겠다고 하는 보살의 위대한 원력도 있습니다. 그렇지만 그 원력 속에는 중생들의 열반과 자기의 열반을 동일시하며, 중생을 위하고 중생의 열반을 앞세워야 자기의 깨달음이 완성된다고 하는 지혜와 열반에 대한 이해가 있습니다.

우리는 이처럼 열반에 대한 원력을 바탕으로 부처님 법을 공부하고 수행에 전념해야 합니다. 그럼으로써 삶이 더 행복해지고 안정되도록 노력해야 합니다. 그 행복과 안정의 정점에는 열반이 있다는 사실을 잊어서는 안 됩니다. 그렇게 하면 여러 가지 세파 속에서도 '나에게는 부처님의 가르침이 있고 열반이라는 궁극적인 목적이 있다. 이 정도 어려움으로 힘들다고 하면 열반은 어떻게 얻을 것인가'라는 생각을 하게 됩니다. 이런 생각은 세상을 살아가는 데 많은 도움이 되지요.

세상의 모든 일들은 끊임없이 일어났다가 사라지길 반복합니다. 우리는 늘 세파에 휘둘립니다. 세상을 움직이는 8가지 세간법(世間法)인 팔풍, 즉 이익과 손해, 칭찬과 비난, 괴로움과 고통, 명예와 불명예 때문에 마음은 늘 바람을 맞습니다. 이 8가지 바람을 맞으면서도 마음이 흔들리지 않기 위해서는 세상에서 바라는 가치와는 다른 가치를 내 마음속에 확립하고 경험해야 합니다. 이러한 경험이 없다면 결국은 세간에서 추구하는 가치에 매몰되어 인생이 끝나버리고 맙니다. 물론 세간적인 것들을 무시하고 세상을 살 수는 없는 노릇이지요. 하지만 그러한 것들을 잘 보고 가꾸면서 살되 그 한계를 잘 알고 거기에 매이지 않아야 합니다. 이 풍진세상에서 한 발은 세상에 두고 있지만 한 발은 열반을 향해 나아가도록 노력해야 합니다.

괴로움의 소멸에 이르는 길에 대한 고귀한 진리, 고멸도성제

앞서 우리는 괴로움이 소멸된 열반에 대해서 살펴보았습니다. 그렇다면 괴로움이 소멸되는 길을 가기 위해서는 어떻게 해야 할까요? 그 해답이 바로 고멸도성제(苦滅道聖諦), 즉 괴로움의 소멸에 이르는 길에 대한 진리에 있습니다. 고멸도성제를 올바르게 이해하면 결국은 열반이라는 고멸성제로 나아갈 수 있습니다. 길을 열심히 가다 보면 목적지에 도달하는 법이지요. 이는 부처님께서 만든 것이 아니라 세상의 법칙입니다.

한 가지 명심해야 할 것은 고멸도성제의 진리는 유위법(有爲法)이라는 점입니다. 다시 말해, 조건에 얽매어 있는 현상이라는 뜻입니다. 좌선을 하고 기도를 하고 염불을 하는 등 노력을 통해 일어나는 현상입니다. 따라서 이 길은 '노력'이라는 유위법을 통해 열심히 나아가야 합니다. 노력이라는 유위법은 다른 유위법들, 즉 열반에 방해되는 유위법들을 제거해줍니다. 경전을 인용하면서, 갈애를 없애기 위한 갈애(갈망)는 있어야 한다고 말씀드린 적이 있습니다(1권, pp. 275~277). 지금 우리가 길을 가려고 하는 마음은 바로 그와 같은 마음입니다. 그런 열정의 마음이 없다면 우리는 길이 있어도 갈 수가 없습니다.

지금은 길과 목적지 사이에 어떤 인과관계가 있는 듯 보일 수도 있습니다. 하지만 길이란 것이 원인이 되어 열반이라는 결과가 생겨났다고 보면, 열반도 조건에 의해서 생겨난 법이라고 잘못 이해하게 됩니다. 그러나 열반이란 조건으로 형성된 모든 것들을 내려놓아 제행이 다 소멸한 경지임을 잊지 말아야 합니다. 실제로 열반은 길을 간 결과로서 '생겨난' 것이 아닙니다. 쓰레기더미에 묻혀 있던 것이 청소를 하고 나니 '드러났다'고 보는 편이 더 좋습니다.

불성사상이나 여래장사상(1권, p. 224 참조)으로 보면, 우리 마음속에는 원래 자성청정심(自性淸淨心), 즉 여래와 같은 청정한 마음이 있습니다. 지금은 온갖 번뇌(客塵煩惱)로 더럽혀져 있을 뿐이지요. 따라서 깨끗하게 치워내면 본래의 깨끗한 마음이 드러납니다. 이런 사상은 초기경전인 앙굿타라 니카야[주6]에도 나옵니다. 따라서 지금 우리의 상태를 있는 그대로 바라볼 줄 알아야 하고, 있는 그대로 보아야만 열반이라는 목적을 향해서 길을 떠날 수 있습니다.

1. 극단적인 길을 떠나 중도로

쾌락주의도 고행주의도 고통스럽긴 마찬가지

부처님께서는 쾌락주의와 고행주의라는 2가지 극단적인 생활을 피하고, 올바른 깨달음과 열반을 이루게 하는 바른 길을 발견하셨습니다. 그것이 바로 중도(中道)입니다. 중도는 열반이라는 곳을 가기 위한 핵심입니다. 중도는 어정쩡한 길이 아니라 가장 바른 길을 말합니다. 부처님은 〈초전법륜경〉에서 이렇게 말씀하십니다.

"감각적인 욕락의 생활에 빠져 있는 사람은 저급하며 속되고 고귀하지 않고 이로움을 얻지 못하는 사람이다. 또 한편으로 결과 없는 고행을 일삼는 사람은 고통스럽고 고귀하지 않고 이로움을 얻지 못하는 사람이다. 이 2가지 극단 모두를 버리고 여래는 보는 눈을 주고 앎을 주는 중도, 평온에 이르게 하고 뛰어난 앎을 얻게 하며 깨달음을 이루게 하고 열반을 얻게 하는 중도를 발견하였다."

부처님은 2가지 극단적인 삶을 다 경험하신 분입니다. 왕자 시절에는 각각 세 곳의 궁전에서 겨울과 건기, 우기를 따로 지낼 만큼 물질적으로 아무런 문제가 없는 생활을 경험하셨지요. 하지만 그러한 삶 속에서 부처님은 어떠한 것도 얻을 수 없었습니다. 그래서 그러한 삶에 빠지는 것은 저급하고 속되고 고귀하지 않다고 말씀하십니다. 또 쾌락의 맛이란 사람을 병들게 하고, 목마른 사람이 바닷물을 마시는 것처럼 갈증만 더해줄 뿐이라고 말씀하십니다. 감각적 쾌락에 묻힌 생활은 이로움은 없이 해로움을 가져다주는 삶이라는 뜻입니다. 우리는 감각적 쾌락을 얻기 위한 준비를 하는 데 많은 시간과 노력을 기울입니다. 그리고 잠시 쾌락의 맛을 보게 됩니다. 그런 후 다시 쾌락을 얻기 위해 애쓰며 살아가는 삶을 반복하지요. 그 결과가 무엇인지 우리는 잘 생각해볼 필요가 있습니다.

부처님은 출가한 후 선정 수행의 대가인 두 스승에게서 가르침을 받습니다. 그러나 더 이상 스승에게 배울 것이 없자 극단적인 고행의 생활로 들어가시지요. '고행을 완성하셨다'라고 표현할 수 있을 만큼 철저하게 고행을 하십니다. 하지만 고행은 그다지 큰 결과를 가져다주지 못했습니다. 물론 엄청난 정진의 힘을 얻을 수는 있었습니다. 부처님이 고행을 통해 얻은 그 힘은 고행을 그만두시고 보리수 아래서 깨달음을 이룰 때 많은 도움이 되기도 합니다(1권, pp. 40~49).

하지만 부처님은 제자들에게 결과 없는 고행이란 고통스럽기만 하고 고귀하지 않고 이로움이 없다고 가르치십니다. 여기서 말하는 결과 없는 고행이란 마음을 정화한다는 명목으로 자기 육신을 괴롭히는 수행입니다. 생명을 유지하는 쪽으로 활동하는 것이 아니라 거부하는 방향으로 수행하는 것을 고행이라 합니다. 인도의 전통적인 고행으로는 단식이나 최소한의 섭식, 인위적으로 호흡을 멈추는 것이 있습니다. 부처님께서도 물론 이 2가지를 극단적으로 행하신 분입니다. 하지만 그러한 방법을 통해서도 궁극적인 목적을 이룰 수 없었기에 고행을 그만두십니다.

이처럼 부처님은 쾌락에 빠진 삶과 고행을 추구하는 삶의 양극단으로는 궁극적인 행복에 이를 수 없음을 말씀하십니다. 오늘날 우리가 극단적인 고행을 할 일은 없지요. 수행할 마음도 없는 사람들이 고행을 할 리 있겠습니까. 현대사회는 감각적인 쾌락에 적나라하게 노출되어 있기 때문에, 나 혼자 그 속에서 빠져나와 살기란 쉬운 일이 아닙니다. 하지만 부처님께서는 감각적 쾌락에 빠지지 말라고, 감각적 쾌락을 완전히 벗어날 수 없다면 절제하라고 말씀하십니다. 또한 무의미하게 육신에 고통을 주는 행위를 하지 말라고 말씀하십니다. 그러면서 올바른 길, 중도를 가라고 가르치시지요.

중도는 보는 눈과 앎을 주는 길입니다. 그 길을 걷는 사람을 평온하게 하고 뛰어난 앎을 얻게 하며 깨달음을 이루게 하는 길입니다. 이 중도는 결과뿐 아니라 가는 도중에도 행복합니다. 하지만 처음에 들어설 때는 조금 힘들 수도 있습니다. 왜냐하면 여태껏 우리 삶의 흐름이 이 중도의 삶, 깨달음에 이르는 길과는 반대방향으로 치달았기 때문이지요. 그래서 수행하려고 마음먹으면 망상이 더 일어나기도 하고, 졸음에 시달리기도 하고, 다리와 허리에 통증이 생기기도 합니다.

우리는 평소 망상이나 잡념들 속에 묻혀 살기 때문에 그것이 망상인지 잡념인지도 모르는 경우가 많습니다. 홍수가 나서 물속에 빠져 둥둥 떠내려가고 있을 때는 물살이 센 줄을 모릅니다. 하지만 '이렇게 떠내려가다가는 위험하겠다' 싶어 그 물에서 나오려고 하면 그때부터 물살의 힘이 느껴지기 시작합니다. 평범하게 살다가 수행을 하거나 기도를 하려고 할 때 밀려오는 망상, 졸음, 몸의 통증은 바로 그와 같은 저항입니다. 이 저항은 누구에게나 다가옵니다. 그러니 그런 상황이 오더라도 걱정하지 말고 자신이 지금 올바른 길을 가고 있다는 확신의 계기로 삼는 것이 좋습니다. 지금껏 우리를 길들여온 조건들을 반대로 돌려 마음이 열반을 향하면 열반에 관계없는 것들, 열반에 방해가 되는 것들은 하나하나 떨어져나가기 시작합니다. 처음에는 견디기 힘들지만 자꾸 수행을 하다 보면 그리 어렵지 않음을 느낄 수 있습니다.

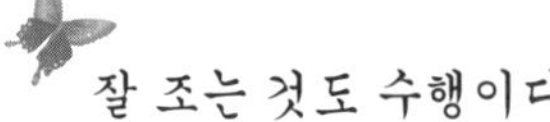

잘 조는 것도 수행이다

위빠사나 수행을 해보면 많은 분들이 약 3~4일간은 아주 고생을 합니다. 처음에는 졸음 때문에 고생하고, 졸리지 않으면 온갖 망상으로 수행에 집중하기 힘듭니다. '내가 수행을 하고는 있는 거야, 졸음에 빠져 있는 거야?', '오랜만에 수행 좀 해보겠다고 여기까지 왔는데, 어째서 집에 있을 때보다 망상이 더 많이 생기지? 왜 3살, 7살 때 기억까지 떠오르면서 힘든 거야?' 이러한 생각들은 조건 때문에 생긴 것들입니다. 마음이 고요해지려고 하자 속에서 부글부글 끓고 있던 것들이 하나하나 떠오르는 겁니다. 우리가 길을 가면서 만나는 이런 첫 번째 장애는 다섯 덮개인 오개(五蓋) 가운데 혼침과 졸음 그리고 들뜸과 회한이라고 하는데, 이것들은 천천히 극복됩니다. 그래서 저는 그럴 때 "잘 조십시오, 깨어있으려고 애쓰면서 조십시오. 열심히 노력하면서 졸면 아주 상쾌하게 다음 수행으로 이어질 수 있습니다", "망상도 필요한 만큼 일어나게 되어 있습니다. 일어나는 대로 알아차리면 천천히 빈도와 강도가 가라앉습니다"라고 말씀드립니다.

팔정도만이 참 길

중도를 구체적인 항목으로 제시한 것이 바로 여덟 갈래의 길인 팔정도(八正道)입니다. 부처님은 팔정도에 대해서 여러 가지로 설명을 하십니다. 먼저 맛지마 니카야에 나와 있는 말씀을 살펴보겠습니다.

"이 길은 괴로움이 없고, 피해를 받지 않고, 번거로움이 없고, 실의에 빠지지 않는 올바른 길이다."

팔정도를 따라가면 괴로움이 없습니다. 정신적으로도 육체적으로도 힘들지 않습니다. 처음 시작할 때 조금 힘들 수는 있지만, 계속 그 길을 따라가다 보면 그 어떤 괴로움도 피해도 받지 않습니다. 자기가 실천하는 길이 자기를 보호해주기 때문에 실망하는 법이 없습니다. 그리고 팔정도는 올바른 길입니다. 부처님의 가르침은 2,500년 넘게 시간과 공간을 초월해 검증되어온 가르침입니다. 그래서 이 가르침은 신뢰할 만하고 따를 만합니다.

세간에서 말하는 수행법 가운데 어떤 것들은 아직 검증되지 못한 것들도 많습니다. 그런 가르침을 따르다 보면 자칫 피해를 받고 번거롭게 되고 실망하게 됩니다. 저는 많은 사람들이 불교가 아닌 여러 가지 길들을 접하고서는 그 속에서 헤매는 경우를 많이 보았습니다. 하지만 올바른 종교적인 가르침이라면, 우리 삶을 유익하게 하는 길이라면 물질적으로든 정신적으로든 우리에게 피해를 주면 안 됩니다. 길을 가는 사람이 괴로워져도 번거로워져도 안 됩니다. 마음이 이것저것 갈등 상황에 놓여서도 안 됩니다.

그리고 올바른 길은 그 길을 가는 사람에게 실망을 주는 법이 없습니다. 물론 처음에는 '내가 이것밖에 안 되나. 이렇게 수행에 진전이 없을 수 있는가' 하고 수행이 잘되지 않아서 실망할 수는 있습니다. 하지만 수행이 제대로만 된다면 실망할 일이 없습니다. 수행의 길은 험한 듯 경험되다가 점차로 행복하고 안락하게 되어갑니다. 이것이 불교 수행의 특징입니다.

부처님의 수행법인 중도는 이처럼 괴로움도 번거로움도 없고 피해를 받지 않는 길입니다. 그 때문에 부처님의 제자들은 항상 평온하고 행복한 모습으로 지냈다고 합니다. 또한 실제로도 올바른 길을 가는 사람들은 길을 가면 갈수록 심리적인 안정과 건강함을 되찾습니다. 마음이 편해지고 건강해지면 몸도 아플 일이 적어집니다. 거꾸로 생각해보면, 자신이 괴롭거나 번거롭거나 실의에 차 있다면 올바른 길을 가고 있지 못하다는 반증임을 알 수 있습니다.

저는 태어났을 때는 건강하지 못했다고 합니다. 백일해에 걸려서 죽을 뻔한 고비를 넘기기도 했답니다. 그런데 고등학생 때 만난 부처님 법을 공부하고 수행을 하고부터 점점 건강해지는 걸 느낄 수 있었습니다. 아마 심리적인 안정을 느끼면서 몸도 건강해진 것이 아닐까 생각합니다. 실제로도 열심히 정진하고 수행한 사람들은 그다지 몸이 아프지 않습니다.

몸이 아픈 이유 가운데 하나는 생활의 리듬이 깨졌기 때문입니다. 그중에서도 수면과 섭식이 기본적인 문제이고 그 다음 중요한 것이 바로 심리상태입니다. 여러 가지 복잡한 일에 시달리며 정신적으로 안정되지 않으면 심리현상에 의한 심인성 질병들이 일어납니다. 내과 의사들은 내과성 질병의 80%가량이 심인성 질병이라고 말합니다. 마음이 불안정하거나 스트레스를 받으면 호르몬의 조화가 무너집니다. 호르몬의 부조화는 결국 자율신경 및 부교감신경의 훼손이라는 결과를 초래하지요. 대표적인 것이 바로 현대인의 만성질병인 위염, 위궤양입니다. 위염은 내분비계의 위산분비 부조화가 초래하는 증상입니다. 빈속에 위산이 분비되어 소화도 안 되고, 소화가 잘되지 않다 보니 내장기관에 하나하나 연쇄적으로 무리가 오기 시작합니다. 따라서 마음이 편안한 사람은 호르몬 분비가 조화를 이루어 신체도 건강해지게 됩니다.

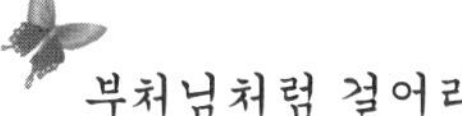

부처님처럼 걸어라

부처님은 걷기로 건강을 유지하셨습니다. 한때 유행한 마사이족처럼 걷지 않아도 하루에 30분에서 1시간 정도 걸으면 건강에 좋습니다. 불교에서도 걷기 수행(經行)이란 것이 있지요. 부처님은 걷기 수행의 이익[주7]에 대해서 많이 강조하셨습니다. 식사 후에 무리하지 않게 걸어 다니는 것이었지요. 부처님께서는 45년간 걸어 다니며 탁발과 설법을 하셨습니다. 건강을 생각한다면 걷는 것보다 좋은 운동이 없습니다. 그것도 흙길을 맨발로 걷는 게 가장 좋겠지요. 그런데 요즘 사람들은 자가용이나 대중교통을 이용하면서 걷는 시간을 많이 빼앗기고 있습니다. 또 열심히 걷더라도 맑은 공기 속에서 흙을 밟으며 걷는 것이 아니라서 피곤이 더할 수도 있지요. 대도시에 산다는 것은 그처럼 편한 만큼 불이익도 감내해야 하는 것인지도 모르겠습니다.

올바른 길로 나아가면 그 길이 우리를 보호해줍니다. 수행을 하면 그 수행에 의해서 보호를 받는 것과 같은 이치입니다. 부처님께서는 그 길이 팔정도임을 확인하셨고 스스로도 그 길을 완성하셨습니다. 더불어 부처님의 수많은 제자들이 그 길을 따라서 궁극적인 행복에 이르렀습니다. 그러니 우리도 지금의 삶이 괴롭거나 뭔가 피해를 입고 있거나 힘들거나 번거롭거나 실망스럽다면 빨리 길을 바꿔야 합니다. 안전한 길로, 우리가 의지할 수 있는 길로 방향을 틀어야 합니다. 수많은 사람을 깨달음으로 인도한 중도, 즉 팔정도로 방향을 바꿔서, 이 길로 나아가면 종국에는 행복에 도착할 수 있음을 확신해야 합니다. 법구경에서 부처님은 말씀하십니다.

"이것이야말로 길이다. 지혜를 청정하게 하기 위한 다른 길은 없다. 그대들은 이 길을 따르라. 이 길이야말로 마라(악마)를 어지럽힐 것이다. 그대들이 이 길을 가면 괴로움의 화살을 빼게 되리라. 나는 괴로움의 화살을 뺄 줄 알고, 그대들에게 이 길에 서라는 것이다. 그대들은 부지런히 정진하라. 여래들은 길을 설해주는 사람일 뿐, 마음을 집중해서 길을 가는 사람은 마라의 속박에서 벗어나리라."(법구경 274~276게)

이 게송은 수행이나 부처님의 역할에 대해서 불교의 기본적인 입장을 분명하게 보여주는 중요한 구절입니다. 부처님은 길을 가리킬 뿐입니다. 우리는 모두 각자의 책임으로 부처님의 가르침을 듣고 그 길을 따라서 스스로 나아가야 합니다. 부처님은 정진하라고 일러주실 뿐, 정진은 우리 스스로 해야 합니다. 그렇게 나아가다 보면 마지막엔 괴로움이 완전히 소멸하고, 죽음이라는 악마로부터 벗어날 수 있습니다. 그래서 열반은 불사, 죽음이 없는 경지라고 말하기도 합니다. 죽음이 없다는 것은 태어남이, 괴로움의 생겨남이 반복되지 않는다는 뜻이지요.

불교에서 죽음은 대표적인 악마입니다. 그리고 그보다 더 가까운 악마가 있습니다. 바로 오온입니다. 우리가 오온에 집착하며, 오온을 애지중지하며 스스로를 괴롭히고 살고 있기 때문에 오온은 우리에게 가장 가까이 있는 악마인 셈입니다. 불교에서는 우리 삶을 불안하게 하고 훼방하는 것을 일러 악마라고 말합니다. 부처님께서 출가하신 후 깨달음을 얻기 직전까지도 악마가 부처님 곁을 따라다녔는데, 이 악마가 바로 죽음의 신을 뜻한다고 하지요. 그러나 아무리 부처님을 따라다니며 괴롭힐 틈을 찾아보아도 부처님의 마음은 이미 확고하게 굳어져서 악마가 끼어들 틈이 없었습니다. 그래서 7년 만에 포기하고 부처님 곁을 물러납니다. 《숫타니파타》 등의 경전은 부처님께서 깨달음을 얻기 직전에 악마에게 항복받는 이야기를 전합니다.

팔정도를 가는 사람에겐 악마가 접근하지 못합니다. 팔정도는 죽음에서 벗어나는 길이기 때문이지요. 또한 팔정도를 걷게 되면 궁극적으로 악마의 속박에서 벗어납니다. 이 말은 곧 죽음의 한계에서 벗어난다는 의미입니다. 악마를 초월하면 생사를 초월해서 열반, 해탈을 경험하게 됩니다.

인드라망생명공동체

시골에서 자연과 함께 조화롭게 사는 공동체운동도 많이 일어나고 있습니다. 그중에 생명살림의 연대, 인드라망생명공동체라는 불교공동체운동이 있습니다. 실상사 도법 스님이 중심이 되어 펼치는 운동인데, 대안학교 및 귀농학교를 마련하여 여러 가지 생태운동이나 생명탁발운동 등을 전개하며 도시와 농촌을 이어주는 역할을 하고 있습니다. 불교적인 생태운동, 진정한 삶과 건강회복 운동이라고 할 수 있지요. 그 운동의 바탕에도 팔정도의 정신이 있습니다. 이처럼 팔정도, 중도의 정신을 지닌다면 여럿이 함께 가면서도 서로 괴롭지 않고 피해 받지 않고 번거로움 없이 나아갈 수 있습니다.

스스로 검증해야 하는 길

부처님은 팔정도를 통해 깨달으셨고, 첫 번째 법문에서부터 열반에 드실 때까지 제자들에게 줄곧 여러 가지 방식으로 중도로서의 팔정도를 설하셨습니다. 그 핵심은 팔정도가 바로 지혜를 얻고 깨달음을 얻는 유일한 길이라는 것입니다. 팔정도만이 우리를 자유롭게, 행복하게 해줄 수 있다는 가르침이지요. 이처럼 팔정도에는 불교의 수행법이 모두 들어 있습니다. 부처님께서는 말씀하십니다.

"그대들은 부지런히 정진하라. 여래들은 길을 설해주는 사람일 뿐."

부처님께서는 당신을 포함한 과거칠불이 모두 길을 설해주는 스승일 뿐, 그 길은 우리 스스로 정진해서 나아가야 함을 거듭 말씀하십니다. 부처님은 스스로 길을 밝혀서 그 길을 가라고 가르칠 뿐, 실제로 그 길을 따라서 가는 것은 우리들 각자의 몫입니다.

부처님뿐만 아니라 모든 스승은 그처럼 길을 가리키는 일만 할 뿐입니다. 제가 미얀마에서 수행할 때 지도해주시던 스님께서 이런 말씀을 하신 적이 있습니다. "내가 여러분 대신 수행을 해줄 수만 있다면 그렇게라도 해주고 싶습니다. 하지만 그것은 불가능한 일이니 여러분 각자가 열심히 수행하셔야 합니다." 이처럼 삶은 스스로 노력하는 것입니다. 법문만 듣고 직접 수행하지 않는다면 어떻게 수행의 진전을 보겠습니까. 우리는 자신의 길을 갈 수밖에 없습니다. 부처님은 나침반 역할을 해주는 존재입니다. 나침반이 있어서 가야 할 방향이 북쪽임을 알았다면 북쪽으로 나아가야지요. 그 사실을 알고도 북쪽으로 가지 않는다면 나침반은 아무런 소용이 없습니다.

하지만 아직은 팔정도가 확실한 길이라는 확신이 들지 않을 수도 있습니다. 왜 그럴까요? 우리 스스로 확인하지 못해서 그렇습니다. 자기가 보지 못한 것을 어떻게 남한테 확실하게 말할 수 있겠습니까. 이런 의심은 수타원에 이르러야 없어집니다. 체험을 통해서 팔정도야말로 길이라는 사실을 확인하는 단계가 바로 수타원입니다. 수타원이란 성자로 가는 깨달음의 흐름에 들어선 사람이라는 뜻입니다. 수타원이 되면 불법승 삼보에 대한 의심이 모두 사라집니다. '부처님은 정말 깨달았을까?', '부처님의 가르침이 정말로 내게 효과가 있을까?', '저 스님들이 부처님 법을 따라 제대로 수행한다고 할 수 있을까?' 등등. 하지만 우리는 아직 수타원이 되지 못했기에 약간의 의심을 갖고 있는 것은 어찌 보면 자연스러운 일입니다.

그러나 그런 의심이 나아가 팔정도가 아닌 다른 길로 빠지게끔 이끈다면 위험합니다. '다른 종교로 가볼까?', '이 수행은 내게 맞지 않는 것 같군. 뭔가 재밌게 수행하는 방법은 없을까?', '일주일 만에 깨닫는 방법이 있다고?!' 이렇게 생각하면서 헤매기 시작합니다. 물론 다른 길을 통해서 얻는 것이 있을 수도 있습니다. 하지만 그 길이 중도가 아니고, 검증되지 않은 것이라면 큰 위험에 봉착하기 십상입니다. 그러니 자기가 올바른 길을 가고 있는지, 지금의 마음상태는 어떤지, 실제로 그 길을 가는 사람들이 어떻게 살고 있는지 확인해야 합니다. 그런 점검이나 확인은 아무도 대신해주지 않습니다. 그래서 부처님께서는 스스로 확인하고 검증해야 한다고 강조하십니다.

초기경전 가운데 〈칼라마경〉[주8]이라는 경전이 있습니다. 부처님께서 칼라마 사람들에게 설하신 가르침을 담은 경전이지요. 이 경전을 보면 부처님이 얼마나 자유롭고 깨어있으며 비판적인 분이었는지 알 수 있습니다. 부처님은 이렇게 말씀하십니다.

"스승이 옳다고 말한다고 해서, 세상 사람들이 옳다고 얘기한다고 해서, 전통이 그렇다고 해서, 소문이 그렇다고 해서, 자기가 곰곰이 생각해봤다고 해서 그것이 진리라고 여겨서는 안 된다."

우리는 자신이 경험한 한계 속에서 생각할 수밖에 없습니다. 그러니 모든 일에는 검증이 필요합니다. 검증의 기준이 그리 어려운 것도 아닙니다.

욕심내면 마음이 불편하지요? 화날 때도 마음이 불편합니다. 어리석음에 헤맬 때도 마음은 편안하지 않습니다. 그러니 어떻게 해야겠습니까? 욕심과 화, 어리석음을 덜어낼 수밖에 없겠지요? 욕심도 화도 내지 말고, 어리석음을 덜어내면 삶은 더 향상됩니다. 다시 말해 탐진치를 벗어나는 것이 결국엔 자기 자신의 삶을 행복하고 안정되게 한다는 가르침입니다.

부처님은 이처럼 "나를 믿고 따르라"고 말씀하시지 않고 우리가 스스로 확인할 수 있는 가르침을 주셨습니다. 어떤 것들이 과연 우리 마음을 편하게 하고 불편하게 하는지 우리 삶 속에서 검증해보라고 하셨습니다.

칼라마인들에게 설하신 사무량심

부처님께서는 칼라마 사람들에게 탐진치를 벗어나라고 설하신 후 자(慈), 비(悲), 희(喜), 사(捨)의 4가지 한량없는 마음가짐인 사무량심(四無量心)을 말씀해주셨습니다. 다시 말해, 모든 존재들의 행복을 바라는 자심(慈心)과 고통 받는 존재들이 고통에서 벗어나길 바라는 비심(悲心)을 일으키고, 다른 존재들이 잘되었을 때 함께 기뻐해주는 희심(喜心)과 중생들이 자기 업의 상속자라는 이해를 바탕으로 마음을 치우침 없이 평정하게 유지할 수 있는 사심(捨心)을 닦으라고 하셨지요. 재가자로서 실천할 수 있는 대표적인 가르침으로 사무량심을 가르치신 것입니다. 사무량심을 자주 닦으면 분노, 잔인성, 질투, 호오(好惡)의 대립심을 극복하고 행복과 기쁨, 평온을 길러낼 수 있습니다. 이러한 사무량심 명상은 4가지 거룩한 마음(四梵住)의 명상이라고도 하는데, 일상생활에서뿐 아니라 고도의 정신적인 향상과 성숙을 위한 정신 수행에도 많은 도움이 됩니다. 이 사무량심 명상을 통해 우리는 마음의 번뇌, 오염원을 일시적으로나마 극복하게 됩니다. 자애를 통해서는 악의와 애욕을, 연민을 통해서는 잔인함과 슬픔을, 더불어 기뻐함을 통해서는 질투와 흥분을, 평정 또는 평온을 통해서는 대립심과 무관심이라는 번뇌를 정화합니다.

여덟 갈래의 성스러운 길

중도로 제시되는 팔정도는 우리 자신을 둘러싼 괴로움의 조건들을 근본적으로 치유하는 길입니다. 실제로 가는 길이자 실제로 닦는 길이기에 부처님의 가르침을 이론적으로 이해하고 묻어두면 별로 큰 효과를 보지 못합니다. 부처님의 법은 올바로 실천하는 법으로 이어져야 합니다. 실천의 법이 궁극적으로 깨달음의 법으로 이어질 때, 바로 그 깨달음에서 체험되는 법은 우리 자신을 보호해주고, 우리 삶의 궁극적인 목적인 열반을 스스로 얻을 수 있게 됩니다.

그 길의 첫 번째에 바로 정견(正見), 즉 바른 이해가 있습니다. 우리의 삶 및 그 삶의 조건과 목적, 그 목적에 이르는 길에 대한 바른 이해를 뜻합니다. 우리가 지금까지 살펴본 4가지 고귀한 진리, 즉 괴로움과 괴로움의 원인과 괴로움의 소멸과 괴로움의 소멸에 이르는 길에 대한 이해를 말합니다. 따라서 초보단계에서는 '아, 이것이 인생이구나', '인생은 조건이 있어서 괴롭구나', '조건을 제거하면 삶의 문제도 해결되겠구나', '삶의 문제를 해결하는 데는 방법이 있구나' 하고 마음으로 일단 받아들이면 됩니다. 이것이 바른 이해입니다.

두 번째는 정사유(正思惟), 바른 사유입니다. 바른 사유란 욕망을 절제하는 정신, 자비의 정신을 말합니다. 감각적 욕망을 어느 정도 제어하고 조절하는 것, 악의 및 남을 해치려는 마음을 가라앉히는 것입니다. 바른 이해와 바른 사유는 계정혜 삼학(三學) 가운데 지혜에 속합니다.

팔정도의 세 번째는 정어(正語), 바른 언어입니다. 거짓말, 이간질하는 말, 거친 말, 꾸미는 말을 하지 않는 것을 뜻합니다.

네 번째는 정업(正業), 즉 바른 행위로서, 살생, 도둑질, 잘못된 음행을 하지 않는 것입니다.

다섯 번째인 정명(正命)은 바른 생계를 뜻합니다. 다른 존재에게 해를 끼치는 생계수단을 갖지 않는 것을 말하지요. 가령 동물을 판다든지 독극물을 판다든지 사람들의 정신을 혼미하게 하는 술을 파는 일 등 바른 생계에 위배되는 일을 하지 않음을 뜻합니다.

이처럼 바른 언어, 바른 행위, 바른 생계는 삼학 가운데 계에 해당합니다. 윤리적인 규범이란 뜻이지요. 그래서 계를 지킨다는 것은 언어활동과 육체적인 행위, 재산을 얻는 수단에 있어서 올바른 방법을 취하는 것을 말합니다.

팔정도의 여섯~여덟 번째는 삼학 가운데 선정에 속합니다. 그중 가장 먼저 나오는 것이 팔정도의 여섯 번째인 정정진(正精進), 즉 바른 노력입니다. 바른 노력에는 4가지가 있습니다. 악을 더 이상 행하지 않는 것과 아직 생기지 않은 악을 아예 일어나지 않게 하는 것, 내게 아직 없는 좋은 면을 계발하는 것과 이미 내게 있는 장점은 더 길러내는 것입니다. 바른 노력에는 올바른 방향이 필요합니다. 산을 올라야 하는데 정상으로 향하지 않고 엉뚱한 곳으로 간다면 아무리 애를 써도 산에 오를 수 없겠지요. 따라서 바른 노력의 핵심은 방향성에 있음을 알 수 있습니다.

팔정도의 일곱 번째는 정념(正念), 즉 바른 마음챙김입니다. 관찰하거나 집중하려는 대상을 놓치지 않고 의식 속에서 분명하게 알아차리고 파악하는 상태를 뜻하지요.

팔정도의 마지막인 정정(正定)이란 바른 마음집중을 말합니다. 이것은 사선과 팔선을 이룬 상태를 말합니다. 바른 마음챙김을 지니면 대상에 마음이 집중되어서 선정에 들어가게 됩니다.

이처럼 계정혜 삼학으로도 분류되는 팔정도는 서로서로 연관되어 있습니다. 첫 번째인 바른 이해부터 마지막 바른 마음집중의 순서로 분리되어 이루어지는 것이 아닙니다. 하나의 실천법이 완성되면 다른 것들도 더 강화되고 완성되는 방향으로 진행됩니다.

하지만 우선 계를 올바르게 지닌 채 바른 언어와 행위, 바른 생계를 바탕으로 그 위에 마음이 집중되고 그 집중된 마음에 의해서 있는 그대로의 우리의 몸과 마음, 현실이 이해되는 것입니다. 그래서 굳이 순서를 갖추자면 바른 언어, 바른 행위, 바른 생계, 바른 노력, 바른 마음챙김, 바른 마음집중, 바른 이해, 바른 사유가 될 테지요. 이처럼 기본적으로는 계를 바탕으로 선정을 이루고 선정을 이루었을 때 지혜가 발현된다고 볼 수 있습니다.

하지만 기본적인 지혜가 없다면 언어나 행위나 생계를 바르게 할 수 없고 노력도 할 수 없으며 마음챙김도 마음집중도 불가능합니다. 따라서 실제로는 바른 이해가 바탕이 되어야 사유도 언어도 행위도 생계도 노력도 마음챙김도 마음집중도 바르게 이루어진다고 할 수 있겠지요. 이렇게 보면 지혜가 바탕이 되어야 계도 지키고 마음도 집중할 수 있다고 이해할 수 있습니다.

이처럼 계정혜 삼학은 순차적이면서도 서로 연관되어 이루어져 있습니

다. 세 발로 지탱하고 있는 솥은 발 하나가 없으면 쓰러지지 않습니까? 마
찬가지로 삼학도 지혜가 없으면 계를 지킬 수 없고, 마음챙김이 없으면 계
를 지킬 수 없습니다. 따라서 우리가 계를 지킬 때도 지혜와 집중의 요소
들이 필요함을 알 수 있습니다.

마음의 길은 더욱 찾기 어려워

눈으로 보이는 길은 그래도 찾기 쉬운 편입니다. 날이 어둡다면 불을 비추면 되고 모
르는 길은 사람들한테 물어볼 수도 있습니다. 하지만 마음으로 가는 길은 깜깜하기만
합니다. 수행하겠다고 눈감고 앉아있노라면 마음속에선 아주 복잡한 것들이 들끓고
일어납니다. 그래서 선에서는 참선할 때 눈감으면 귀신굴에 들어간다고 하지요. 하지
만 그것이 정화의 과정이라고 생각하고 올바르게 수행을 해나가면 마음은 점차 가라
앉게 되어 있습니다. 우리는 마음속 복잡한 것들을 때로는 못 본 체하고 또 때로는 늘
러놓고 살기도 합니다. 눈에 보이는 것, 귀에 들리는 것만 좇으며 자기의 마음과 대면
하기를 부담스러워합니다. 그러니 인생이 힘들 수밖에요. 우리 마음의 길이 아주 복잡
하게 얽혀 있기 때문에 그것을 바로 본다는 일 자체가 그렇게 힘든 것인지도 모르겠습
니다. 하지만 그 길은 바른 방향을 설정하고 순간순간 알아차리면서 열심히 간다면 분
명하게 드러나는 길이기도 합니다. 즉 어둡고 안개 자욱하던 길이 환하게 모습을 드러
낼 때가 온다는 믿음으로 바르게 노력해나가야 합니다.

2. 바른 이해

바른 이해는 팔정도에 입문하기 위해서 기본적으로 갖추어야 할 요소입니다. 부지런히 길을 가기 위해서는 이유를 확실히 알고 괴로움 등의 사실에 대해 파악할 필요가 있기 때문입니다. 또한 어느 정도의 바른 이해는 팔정도의 다른 요소들이 해탈에 이르는 과업을 수행하는 데 있어서 효과적으로 제각각의 기능을 충족시키기 위해서도 필요합니다. 법에 대한 초보적인 이해는 다른 요소들의 도움과 함께 점차 향상되어, 궁극적으로는 무상, 고, 무아를 있는 그대로 꿰뚫어보는 지혜의 경지에 이르게 됩니다. 따라서 바른 이해는 8가지 고귀한 길의 궁극적인 도달점이자 시발점이라고 할 수 있습니다.

바른 이해의 핵심은 4가지 고귀한 진리인 사성제에 대한 이해입니다. 부처님께서는 말씀하십니다.

"비구들이여, 바른 이해란 무엇인가? 괴로움에 대해서 아는 것, 괴로움의 발생에 대해서 아는 것, 괴로움의 소멸에 대해서 아는 것, 괴로움의 소멸의 길에 대해서 아는 것, 이것을 바른 이해라고 한다."

수행과 깨달음을 통해서 사성제를 완전히 아는 것은 바른 이해의 완성이라고 할 수 있습니다. 그리고 사성제의 가르침을 기본적인 측면에서 파악하고 받아들이는 것은 바른 이해의 시작이라고 할 수 있습니다. 삶에 무언가 문제가 있다는 것을 스스로 자각하고, 그 문제에는 원인이 있음을 알며, 그 원인을 제거하면 문제가 소멸한다는 것도 스스로 알게 되고, 그 문제를 없애는 길이 있음을 받아들여야만 팔정도의 도입부분에 들어왔음을 알 수 있습니다. 올바르게 방향을 설정하는 것, 인생에 대해서 올바르게 보기 시작하는 것이 부처님께서 우리에게 가르치신 실천 수행의 첫걸음입니다.

누구나 크든 작든 갖가지 문제점들을 지닌 채 삽니다. 그 문제들이 바로 부처님께서 말씀하신 괴로움입니다. 우리 삶은 불완전하고 편안하지 않습니다. 가진 돈이 많건 적건, 외모가 잘났건 못났건 우리는 모두 삶 속에서 괴로움을 겪습니다. 이 괴로움에는 본래적인 것도 있겠지만 우리의 인간관계에서 오는 괴로움이 특히 많습니다. 그래서 우린 스스로 내면의 괴로움을 보기도 전에 수많은 사람과의 관계 속에서 여러 가지 괴로움을 겪습니다. 이런 현실을 떠나서 우리 삶의 궁극적인 목적에 도달하기란 어려운 일입니다. 현실을 떠나 진리를 구하는 것은 우리가 땅을 없애고 서있으려고 하는 것과 마찬가지입니다. 자기가 처한 현실 속에서 주위와 조화를 이루며 내면의 자기를 향상시키는 2가지 일을 열심히 해나갈 때, 여덟 갈래의 길을 천천히 닦을 수 있는 터전을 만들게 됩니다.

자기가 살고 있는 바로 그곳, 한순간에 일어나는 그 마음에서 수행 자리를 찾지 못한다면 우리가 수행할 수 있는 곳은 그 어디에도 없습니다. 절에 간다 하더라도, 외국에 있는 좋은 수행처에 가더라도, 아무리 좋은 사람들과 만나도 우리 마음의 한순간이 수행을 향해 있지 않고 순간순간 피어나는 생각과 몸과 마음을 그대로 알아차리고 관찰하지 못한다면 수행을 할 수 없습니다.

도입단계에서의 바른 이해란 일종의 믿음과 비슷한 상태라고 볼 수도 있습니다. '아, 그럴 수 있겠구나', '이런 관점도 맞겠구나' 하며 납득하고 받아들이는 것입니다. 실제로 우리는 인생이 불만족스럽다는 사실을 어렴풋이나마 알고 있습니다. 그래서 불교나 다른 종교에서 안정을 찾고자 하는 것이지요. 정말로 자신이 행복하다고 여기며 사는 사람들은 종교를 별로 찾지도 않고, 수행에 대한 깊은 의미도 이해하지 못합니다.

천상에 태어난 존재들은 수행의 필요성을 별로 느끼지 못한다고 합니다. 수행을 하지 않고 천상에 태어난 존재들은 자기 복으로 행복하게 산다고 생각하지요. 그 행복이라는 것이 조건에 의해 생겨난 것임을 잊어버리고, 행복의 조건이 되는 선행의 씨앗을 심는 일을 등한시한 채 현재의 결과만을 누리며 삽니다. 새로운 씨앗을 뿌리지 않고 결과만 향유하고 산다면 나중에 그 결과들은 다 없어지고 말겠지요? 곡간의 곡식들이 다 비어갈 때쯤 그 사실을 알게 되지만 그제야 씨를 뿌리기엔 시간이 별로 없습니다.

팔정도는 믿음으로 시작해서 이해하고 그런 후에 실천해서 깨달음을 얻어가는 구조를 지닙니다. 따라서 우선 올바르게 방향을 설정하는 바른 이해에서 시작하여 바른 믿음을 일으켜야 합니다. 부처님의 깨달음에 대한 믿음을 일으켜서, 그 가르침이 괴로움과 괴로움의 발생과 괴로움의 소멸과 괴로움의 소멸에 이르는 길이라는 사실을 신뢰하고 받아들여야 합니다. 그리고 그 가르침을 자기의 경험과 대비시켜 깊이 있게 생각해보면서, 올바른 언어와 올바른 행위, 올바른 생계를 유지하고, 노력해서 마음챙김을 놓치지 않고 마음집중을 이루기 시작하면 점차로 괴로운 현실의 본질이 무엇인지 알게 됩니다.

악이란 무엇이고 선이란 무엇인가

바른 이해를 갖춘다는 것은 선(善)과 악(惡, 不善)이 무엇인지 아는 것을 뜻합니다. 선은 팔리어로 쿠살라(kusala)라고 하며 불선은 아쿠살라(akusala)라고 합니다. 쿠살라의 본래 의미는 '좋다', '잘한다, 능숙하다'라는 2가지가 있습니다. 불교에서 쿠살라라고 할 때는 기본적으로 '열반에 도움이 되는 것', '열반에 좋은 것'을 뜻합니다. 다시 말해 부처님께서 가르쳐주신 궁극적인 삶의 목적에 도움이 되는 것을 쿠살라라고 하고, 열반에 이르는 데 방해가 되고 해로운 것을 아쿠살라라고 합니다.

실제로 우리가 무엇을 잘한다는 것은 무엇을 잘 안다는 것과 같습니다. 고대 그리스철학에서 소크라테스의 지덕일치(知德一致), 즉 앎과 덕이 일치가 된다고 말할 때의 덕은 무엇을 잘하는 것을 뜻합니다. 예컨대 구두 수선공이 수선하는 법을 잘 아는 것과 실제로 잘 수선하는 것은 함께하는 것이지 분리될 수 없습니다. 잘하지 못한다는 것은 아직 제대로 잘 모른다는 뜻입니다. 불교적으로 본다면, 번뇌를 잘 다스리는 법을 모른다는 것은 실제로도 번뇌에 대해 잘 모르는 것과 같습니다. 이론적으로 이리저리 따져서 알 수는 있어도 지혜로 아는 것이 아니기 때문에 번뇌가 다스려지지 않았다고 이해해야 합니다.

부처님께서는 10가지 선법(善法)과 10가지 불선법(不善法)을 말씀하셨습니다. 십선법은 기본적으로 출가와 재가를 막론하여 모든 제자들에게 강조되어온 덕목입니다. 불선법을 극복해서 십선법을 이룬다고 하는 이 가르침은 훗날 대승불교에서도 매우 중요한 부분이 됩니다. 부처님께서는 말씀하십니다.

"벗이여, 고귀한 제자는 좋지 못함과 온전치 못함의 뿌리를 알고 있고, 좋음과 온전함의 뿌리에 대해서 알고 있다. 벗이여, 바로 이와 같은 이유에서 고귀한 제자는 바른 이해가 있는 것이고, 진리에 대해서 흔들리지 않는 청정함을 갖추고 있는 것이며, 정법에 이른 것이다."

부처님께서는 선과 불선에 대해 분명하게 아는 것이 바른 지혜를 갖추는 것이며, 진리에 의해 흔들리지 않는 청정함과 정법에 이르는 것이라고 설명하십니다. 그리고 불선법과 불선법의 뿌리(不善根)에 대해 말씀하십니다. 10가지 불선법에는 몸과 말, 마음으로 짓는 행위가 있습니다. 몸으로 짓는 불선법은 첫째, 생명을 해치는 것, 둘째, 주지 않은 것을 취하는 것, 셋째, 잘못된 성관계를 말합니다. 즉 살생과 도둑질, 잘못된 음행의 3가지가 몸으로 짓는 온전치 못한 행위라는 뜻입니다.

말로 짓는 불선법에는 모두 4가지가 있습니다. 거짓말(妄語)과 이간질하는 말(兩舌), 거친 말(惡口), 꾸미는 말(綺語)이 그것입니다. 이 4가지 말로 짓는 불선법 가운데 개인적인 문제를 일으킬 뿐 아니라 대인관계를 어렵게 하는 것이 바로 이간시키는 말입니다. 이 사람에게는 저 사람 흉을 보고, 다시 저 사람에게는 이 사람 욕을 합니다. 그러면서 마치 자기가 남보다 낫고 잘난 것처럼 생각합니다. 이것은 남과 나를 비교해서 남보다 내가 낫다는 생각을 일으키는 마음(衆生心)에서 비롯됩니다. 하지만 남을 헐뜯는다고 해서 자기가 높아지진 않습니다. 만약 상대를 진짜 아끼는 마음에서 단점을 이야기하려 한다면 그 사람 앞에서 적절한 시기에 마음에 상처를 주지 않도록 조심하며 직접 말해야 합니다. 당사자가 없는데 그 사람에 대한 말을 하는 것은 인간사회에서 신용을 잃기에 아주 좋은 행위입니다.

거친 말은 험한 욕을 하거나 남의 마음을 상하게 하는 말을 뜻하고, 꾸미는 말이란 사실과는 다르게 사탕발림으로 하는 말, 아양 떠는 말을 뜻합니다. 여기서 꾸미는 말이란 결국 정직하지 못한 말을 이르겠지요. 물론 남에게 칭찬을 하는 것은 좋은 일입니다. 상대가 정말로 잘한 일에 칭찬하고 격려하는 것은 어린아이에서부터 어른에게까지 누구에게나 도움이 됩니다. 하지만 칭찬하는 말과 꾸미는 말은 엄연히 다릅니다. 꾸미는 말은 실제로는 그렇게 생각하지 않으면서도 남에게 듣기 좋으라고 하는 말이니까요.

그리고 마음으로 하는 좋지 않은 3가지 행위란 탐욕과 악의(분노), 삿된 견해를 말합니다. 우리는 결국 욕심 때문에, 나쁜 의도 때문에, 삿된 견해 때문에 앞서 살펴본 몸과 말로 짓는 나쁜 행위들을 일삼게 됩니다. 탐욕 탓에 다른 생명을 해치거나 도둑질을 하지요. 또 욕망에 휩쓸려 잘못된 성관계를 하기도 합니다. 마찬가지로 악의를 지니고 있기에 생명을 해치거나 거친 말을 하거나 남을 이간질하는 말도 하게 됩니다. 또 생명을 해치거나 주지 않은 것을 취하거나 잘못된 성관계를 하거나 거짓말을 하는 것도 삿된 견해를 지니고 있기에 가능한 일입니다. 잘못된 신체적·언어적 행위에는 모두 삿된 견해라는 마음의 행위가 앞선다고 할 수 있습니다. 그래서 불교에서는 마음을 다스리는 것이 수행의 핵심이 됩니다.

부처님은 이처럼 10가지 행위들이 온전치 못하다고 말씀하셨습니다. 또한 그런 온전치 못함의 뿌리가 되는 것을 불선근이라고 하시며 탐욕과 성냄과 어리석음을 말씀하셨지요. 탐진치가 뿌리가 되어서 또 다른 탐욕, 또 다른 악의, 또 다른 삿된 견해에 빠지게 된다는 것입니다. 그리하여 생명을 해치고, 주지 않은 것을 취하고, 잘못된 성관계를 일삼으며, 거친 말, 이 간질하는 말, 거짓말, 꾸미는 말을 하게 된다는 것입니다.

선이란 앞서 살펴본 불선과는 반대되는 행위입니다. 생명을 해치지 않고, 주지 않은 것을 취하지 않으며, 잘못된 성관계를 하지 않는 것, 이것이 몸으로 짓는 3가지 온전한 행위가 될 테지요.

언어상으로는 거짓말하지 않고, 남을 이간질하는 말을 하지 않으며, 거친 말을 하지 않고, 꾸미는 말을 하지 않는 것, 이 4가지가 언어로 하는 좋은 행위, 온전한 행위에 해당합니다.

마음으로 짓는 3가지 온전한 행위, 좋은 행위란 탐욕이 없으며, 악의가 없으며, 삿된 견해가 아닌 바른 견해를 지니는 것입니다.

이처럼 부처님께서는 몸과 입과 마음으로 행하는 10가지 좋은 행위, 즉 십선업을 말씀하십니다. 십선업을 닦으면 열반에 도움이 되고, 열반을 얻는 데 이익이 됩니다. 따라서 그런 10가지 좋은 행위를 지으며 사는 것이 우리 삶의 좋은 면을 계발하는 일이라고 할 수 있습니다. 부처님께서는 말씀하십니다.

"벗이여, 이것들을 온전함, 좋은 선이라고 한다. 이 10가지 법을 온전한 행위의 길이라고 한다. 벗이여, 온전함의 뿌리란 무엇인가?"

온전함, 좋음에도 뿌리(善根)가 있습니다. 그것은 바로 탐욕 없음, 성냄 없음, 어리석음 없음입니다. 다시 말해 무탐, 무진, 무치의 3가지가 온전함의 뿌리라는 것입니다. 우리가 하는 행위에는 그 근본바탕이 있습니다. 근본바탕이 탐욕에 물들어 있거나 성냄에 물들어 있거나 어리석음에 물들어 있으면, 그 탐진치 때문에 우리는 10가지 악한 행위를 하게 됩니다. 10가지 악한 행위는 결국 우리 삶에 더 많은 문제들을 초래하지요.

바른 이해를 갖춘다는 것은 우리의 행동과 말, 마음에서 일어나는 일들을 다룰 수 있는 기본 능력을 갖추는 것이라고 할 수 있습니다. 바른 이해가 없다면 말할 때마다 행동할 때마다 마음이 일어나는 순간마다 스스로에게 원수처럼 행동하게 됩니다. 남이 나를 때리고 욕한다면 한 대 맞고 욕을 얻어먹으면 그만이지만, 나의 마음이 나에게 원수처럼 행동하는 것은 엄청난 시간 동안 고통과 괴로움을 가져다준다는 말씀이 있습니다.

이렇게 볼 때 십불선업이란 내 마음에서 일어나 내 입으로 말하고 내 몸으로 행동할 때 원수처럼 행하는 10가지 좋지 않은 법입니다. 반면 나의 진정한 친구로서 나를 위해 사는 방법이 십선업이라고 할 수 있습니다. 밖에 있는 친구보다 우선 내 마음을 다스려서, 그렇게 다스린 마음이 내게 잘하는 것이 내게 훨씬 유익한 일입니다. 또 밖에 있는 원수보다 내 안에서 생긴 원수가 더 무서움을 알아야 합니다. 자신에게 원수처럼 대하면서 편하길 바란다면 불가능한 일이 되겠지요. 자기 자신을 잘 돌보면서 몸과 입과 마음으로 짓는 업들을 밝히며 사는 길이 열반에 도움이 되고, 진정한 행복을 얻는 길임을 알아야 합니다.

5가지 무더기에 대한 이해

바른 이해란 어떠한 견해도 취하지 않는 것이라는 설명이 있습니다. 부처님께서는 말씀하십니다.

"어떤 이가 '고타마 붓다는 어떠한 견해를 취하십니까?' 하고 묻는다면 다음과 같은 대답을 듣게 될 것이다. 여래는 모든 견해를 버렸다. 왜냐하면 여래는 다음과 같은 상황을 이해하고 있기 때문이다. 즉 이것이 물질(色)이다, 이것이 물질의 발생이다, 이것이 물질의 소멸이다. 이것이 감수(受)다, 이것이 감수의 발생이다, 이것이 감수의 소멸이다. 이것이 인식(想)이다, 이것이 인식의 발생이다, 이것이 인식의 소멸이다. 이것이 형성 작용 또는 의지(行)다, 이것이 형성 작용 또는 의지의 발생이다, 이것이 형성 작용 또는 의지의 소멸이다. 이것이 의식(識)이다, 이것이 의식의 발생이다, 이것이 의식의 소멸이다.”

오온은 괴로움입니다. 그중에서 부처님은 물질을 말씀하십니다. 물질 자체와 물질이라는 괴로움의 발생원인, 괴로운 원인의 소멸에 의한 괴로움의 소멸을 말씀하십니다. 그런 후 오온 하나하나에 대한 설명이 시작됩니다. 오온은 우리가 경험할 수 있는 세계 전체를 말합니다. 이 오온 및 십이처를 떠나서는 다른 것을 경험할 수 없습니다(1권, pp. 251~253). 부처님께서는 오온 및 오온의 원인과 오온의 소멸을 보시기 때문에 일체의 견해에서 떠나 계십니다. 오온이 영원하다느니, 오온은 영원하지 않다느니, 오온과 나는 같다느니, 오온과 나는 다르다느니 하는 여러 가지 견해들을 모두 없애버렸다는 뜻입니다. 오온을 본다는 것은 세계를 본다는 것입니다. 부처님께서 말씀하신 세계란 바로 몸과 마음으로 이루어진 우리 자신을 이야기합니다. 부처님은 우리 몸과 마음의 생멸 현상을 있는 그대로 보았으므로 모든 견해를 없애고 지혜를 완성하실 수 있었습니다.

여기서 있는 그대로 본다는 말이 얼마나 중요한지 알 수 있습니다. 한문으로는 ‘여실지견(如實知見)’이라고 하는데, 여실이란 ‘있는 그대로’라는 뜻이고 지견은 ‘알고 본다’는 뜻입니다. 여기서 여실지견의 대상은 사성제를 뜻할 때도 있습니다. 하지만 그것은 종합적인 관점이고, 구체적으로 수행이나 관찰에 들어가서는 우리의 몸과 마음을 뜻합니다. 우리 몸과 마음을 떠나서 수행할 수 있는 곳은 없습니다. 그것이 지혜를 계발하는 수행이라면 더욱 그렇습니다. 우리 몸과 마음을 떠나서 뭔가 구하려고 애쓰는 것은 허공에다 집을 지으려고 애쓰는 것과 같습니다. 몸과 마음을 떠나지 않은채 내 몸에서 일어나는 현상, 내 마음에서 일어나는 현상들을 있는 그대로 볼 때 몸과 마음이 이해되기 시작합니다. 그 몸과 마음에서 일어나는 현상들의 원인을 이해하게 됩니다. 그 원인을 이해하면서 괴로움의 근본이 되는 번뇌들이 잘려나갑니다.

어떻게 보면 굉장히 다행스러운 일이지요. 내 몸과 마음이 아닌, 여기서 경험할 수 없는 무엇인가를 주제로 삼아서 수행해야 한다면 얼마나 난감하겠습니까? 그것을 찾아서 어딘가로 떠나야 하고, 누군가의 가르침을 배우러 가야겠지요. 하지만 이 몸과 마음 안에 수행의 대상이 있으니, 우리는 자기 몸과 마음을 있는 그대로 보기만 하면 됩니다. 그것들의 생멸 과정을 끊임없이 관찰하다 보면 마음이 정확하게 집중되면서 몸과 마음의 본질을 꿰뚫게 됩니다.

존재의 3가지 특성에 대한 이해

그처럼 몸과 마음의 본질 및 특성에 대한 가르침이 바로 삼법인(三法印) 또는 삼법상(三法相)입니다. 삼법인이란 존재하는 현상의 3가지 특징, 즉 무상, 고, 무아이지요. 부처님은 이렇게 말씀하십니다.

“비구들이여, 여래가 이 세상에 나타났거나 나타나지 않았거나 형성된 것은 모두 변하는 것이다.”

삼법인의 첫째인 제행무상(諸行無常)에 대한 설명입니다. 제행무상이란 조건에 의해서 생겨난 것은 모두 변한다는 뜻입니다. 물질(色)도 변하고, 감수 작용(受)도 변하고, 인식 작용(想)도 변하고, 형성 작용 또는 의지(行)도 변하고, 우리의 의식(識)도 변합니다. 색, 수, 상, 행, 식이라는 우리의 몸과 마음, 정신과 육체는 본래 조건에 의해서 생겨난 것이기 때문에 변하는 성질을 가지고 있습니다. 이는 법으로 결정된 것이지 누군가 그렇게 만든 것이 아닙니다. 부처님은 계속해서 말씀하십니다.

“비구들이여, 여래가 이 세상에 나타났거나 나타나지 않았거나 모든 형성된 것, 조건에 의해서 생겨난 것들은 모두 괴로움이다.”

일체개고(一切皆苦)라는 뜻입니다. 일체란 모든 제행, 즉 조건에 의해서 생겨난 모든 것들을 말합니다. 이처럼 일체는 안정되어 있지 못하기에 불만족스럽습니다. 물질, 느낌, 지각, 관념, 의지, 의식은 모두 괴로운 것입니다. 이 또한 법으로 결정된 것이지 누가 그렇게 만든 것이 아닙니다. 진리이기 때문에 벗어날 수 없다는 뜻입니다. 부처님의 말씀이 이어집니다.

“비구들이여, 여래가 이 세상에 나타났거나 나타나지 않았거나 존재하는 현상은 모두 불변하는 실체가 없는 것이다.”

제법무아(諸法無我)라는 뜻입니다. 이때 법이란 존재하는 현상을 말합니다. 앞의 무상과 괴로움은 유위법, 즉 조건에서 형성된 모든 법을 포함하지만, 제법무아의 법은 유위법뿐 아니라 열반이라는 무위법(無爲法)도 포함합니다(1권, pp. 222~225). 다시 말해 유위법은 물론 무위법을 포함한 모든 법들은 불변하는 실체가 없다는 뜻입니다. 그래서 물질, 느낌, 지각, 관넘, 의지, 의식은 불변하는 실체가 없습니다. 이 또한 법으로 확정된 것입니다.

제행에서 행이란 상카라(saṅkhārā)라고 하며, 조건으로 생성된 모든 것을 뜻합니다(1권, pp. 200~202). 즉 유위법이라는 말이지요. 이럴 때는 상카라가 복수로 쓰입니다. 조건으로 생성된 현상이 하나가 아니라 모든 현상이 조건으로 생성된 것이기에 복수의 형태를 취합니다. 상카라란 존재를 구성하고 있는 모든 육체적·정신적인 요소를 말합니다. 육체적인 요소뿐만 아니라 외부의 세계를 구성하고 있는 물질적 요소들도 전부 포함됩니다.

하지만 법, 담마라는 말은 보다 넓은 의미를 함축합니다. 조건 지워지지 않은 무위법인 열반까지도 포괄하는 개념입니다. 따라서 모든 존재가 영원하지 않고 변하기 쉽다고 말하는 것은 잘못입니다. 열반은 무상하지 않고 괴롭지 않기 때문이지요. 그래서 무아라는 말 앞에만 제법을 쓰지, 무상과 고 앞에는 법을 쓰지 않는다는 것을 기억하십시오. 법을 쓴다면 유위법이라는 독특한 말로 써야 합니다. 이처럼 제행이란 유위법을 의미하는 말이라고 그대로 이해하시면 됩니다.

그래서 제법무아에서는 형성된 것뿐만 아니라 형성된 것이 아닌 무위법을 포함한 모든 현상에 영원한 실체로서의 자아가 없다고 말합니다. 이것은 남방불교와 북방 설일체유부의 아비달마에서도 공통적으로 말하는 부분입니다. 제행에는 유위법만 속하지만 제법에는 무위법까지 포함되며, 따라서 고정불변하는 실체로서의 자아가 열반을 경험하는 것이 아니라고 강조합니다.

우리로서는 선뜻 납득하기 어렵습니다. 내가 없으면 누가 열반에 드는

지, 내가 있기에 열반에 들기 위해서 새벽같이 일어나 공부도 하고 수행도 하는 것 아닌지 등등 온갖 견해에 붙들립니다. 오온을 있는 그대로 관찰하지 못했기 때문에 오온 이외에 '나'가 있다는 견해를 일으키는 것입니다. 이 견해는 수타원이 되어야만 벗어날 수 있습니다. 그러니 아직 벗어나지 못했다고 해서 너무 속상해하거나 서글퍼하진 마십시오. 아직 삿된 견해에 붙들려 있다 하더라도 그곳에서 벗어나는 길이 있다는 가르침들을 우리는 끊임없이 접하고 있지 않습니까? 때문에 언젠가는 그 번뇌, 즉 나라는 견해, 오온이 영원한 실체와 어떤 관계가 있다는 잘못된 입장에서 벗어나게 됩니다. 그런 잘못된 견해가 점점 옅어져 언젠가는 벗어나게 되는 날이 옵니다. 스스로의 관찰을 통해서 하나하나 경험해나가면 점점 그 꺼풀이 옅어집니다. 오온과 나를 연결시키는 꺼풀이 옅어집니다. 오온은 남아 있되 영원한 자아라는 생각은 떨어져나가게 되는 체험을 하게 됩니다. 그러다 결국엔 열반 자체가 스스로 드러나는, 스스로 경험되는 경지가 옵니다. 그 경지는 '나'라는 짐을 벗어버렸기 때문에 엄청난 안도감과 안락감과 행복을 가져다줍니다.

행복을 느낀다는 말을 오해하면 안 됩니다. 그것은 우리가 일상적으로 느끼는 행복이 아니라 다 버림으로써 오는 지극한 평온함입니다. 열반의 경지는 지금의 우리로서는 이해하기 힘든 부분이 많습니다. 그렇더라도 계속 정진을 해나가면 우리도 그런 경험을 할 때가 오게 되어 있습니다.

무상, 고, 무아로 5가지 무더기를 바로 보아

부처님께서는 말씀하십니다.

"비구들이여, 색은 '영원하지 않다, 괴로움이다, 영원한 실체가 없다'고 본다. 또 '감수, 지각, 의지, 의식은 영원하지 않다, 괴로움이다, 영원한 실체가 없다'고 본다. 그러면 그에게는 바른 이해가 있는 것이다."

5가지 무더기를 있는 그대로 무상하고 괴로우며 무아인 것으로 볼 때 바른 지혜로 보는 것이라는 뜻입니다. 여기서 바른 지혜란 위빠사나를 말합니다. 현상의 표면이 아니라 그 내면적 특성을 꿰뚫어보아 모든 것들의 실재적이고 보편적인 특성으로서의 삼법인을 이해하는 것을 위빠사나라고 합니다. 따라서 위빠사나가 있다는 것은 바른 이해가 있다는 말과 같습니다.

이처럼 5가지 무더기를 바르게 보아 그것들이 무상하고 고이며 무아임을 알게 되면 5가지 무더기를 싫어해서 멀리하게 됩니다. 무상하며 괴롭고 실체가 없는 것을 좋아해서 붙들고 있을 리가 없지요. 그것을 계속 붙들고 있는 것은 괴로움을 붙들고 있는 것과 마찬가지니까요. 따라서 5가지 무더기, 즉 오온에 대해서 즐기는 마음을 소멸했기 때문에 탐욕이 없어집니다. 탐욕이 소멸했기 때문에 즐기는 마음이 없어집니다. 즐기는 마음과 탐욕이 없어져 마음은 자유로워집니다.

즐거움과 탐욕은 상호조건적인 관계에 있습니다. 탐욕이 있어서 즐거움을 찾고, 즐거움이 있기에 더욱 탐욕스러워지는 겁니다. 즐겁지 않고 괴롭다면 탐욕을 일으킬 리 없습니다. 가령 우리가 맛있는 음식에 욕심을 부리는 이유는 맛있는 음식을 먹으면 즐겁기 때문입니다. 그 즐거움 때문에 욕심을 일으키고, 그 욕심에 의하여 더한 즐거움을 찾습니다. 이처럼 상호조건적인 관계에 놓여 있는지라, 즐거운 마음이 없어지면 탐욕도 없어지고 탐욕이 없어지면 즐거운 마음도 없어지게 마련입니다.

실제로 우리 마음이 부자연스러울 때의 상태를 잘 살펴보십시오. 어떤 현상이 일어나고 있습니까? 무언가를 바라지만 바라는 것이 이루어지지 않으면 마음은 불편해집니다. 문제를 해결하는 것이 아니라 문제를 더 초래하는 방향으로 무언가를 바랄 때 우리 마음은 더더욱 불편해집니다. 탐욕을 버리고, 버렸다는 마음도 내려놓으며 끊임없이 자기 마음을 비워낼 때 마음은 비로소 자유로워집니다.

내 마음은 누가 부자유스럽게 만든 것도 아닙니다. 중국 선종의 2대 조사인 혜가(慧可) 스님이 "제 마음이 괴롭습니다. 마음을 좀 편하게 해주십시오"라고 말하자 스승인 달마 스님이 "그래, 그 괴로운 마음을 한 번 가져와봐라"고 말씀하셨다고 합니다. 그래서 살펴보니 마음이 따로 있어서 괴로운 게 아니라 자기 스스로 괴롭다는 생각에 사로잡혀 있었다는 내용입니다.

보통 사람인 우리들은 여러 가지 일로 편치 않은 마음이 일어납니다. 조금 편해졌다가도 또 다시 편치 않은 마음이 일어나고, 인간관계도 좋아졌다가 악화되기도 하는 과정을 되풀이합니다. 이 모든 일이 무상하다는 증거지요. 하지만 무상한 것에 빠져 있을 때는 무상함을 알지 못합니다. 마치 커다란 홍수가 나서 물에 떠내려가면서도 떠내려가고 있는지 모르는 것처럼 말이지요. 하지만 그 물에서 빠져나오려고 하는 순간 물살의 힘을 느낍니다. 이처럼 우리 마음도 평상시에는 별로 부자연스러운 것이 없는 듯 느껴지지만, 더 나아지려고 노력하는 순간 이제껏 자신의 마음 방향이 뭔가 부자연스러웠다는 사실을 알게 됩니다.

아무 도움이 안 되는 질문들

부처님께서는 일체지자, 즉 모든 것을 다 아시는 분입니다. 그런데 이런 부처님께서 대답해주시지 않은 10가지(혹은 14가지) 질문이 있습니다. 잘못된 질문은 해결할 수 있는 길이 없기 때문이며, 열반을 얻는 데 아무런 도움이 되지 않기 때문에 답을 하지 않으셨다고 하지요. 열반을 얻기에 아무런 도움이 되지 않는 견해는 다시 말해 바르지 않은 견해라고 볼 수 있습니다. 이처럼 부처님께서 아무 도움이 안 되는 질문이라고 말씀하신 견해들을 통해 바른 견해란 어떤 것인지 생각해볼 수 있습니다.

부처님 당시에 말룽키야풋타라는 비구가 있었습니다. 이 스님이 승단에 출가해서 열심히 수행을 하다가 몇 가지 의문을 갖게 되었습니다. 그런데 이 의문이라는 것이 자기 삶을 해결하는 의문이라기보다는 비현실적이고도 형이상학적인 의문들이었습니다. 말룽키야풋타는 이런 의문들에 휩싸여 혼자 고민합니다. '이렇게 중요한 문제들을 부처님께서는 왜 한 번도 설명해주시지 않은 걸까?' 자기 딴에는 그 문제들이 아주 중요하다고 생각한 거지요. 그래서 하루는 부처님을 찾아가 답변을 듣기로 작정합니다. '오늘은 가서 담판을 지어야겠다. 부처님이 만약 이 의문들에 답을 해주시지 않는다면, 부처님 제자를 그만두고 세속에 내려가야겠다.'

부처님을 찾아간 말룽키야풋타는 평소에 궁금해 하던 질문들을 여쭙습니다. 세계는 영원한가, 영원하지 않은가? 세계는 끝이 있나, 끝이 없나? 영혼 또는 생명은 육체와 동일한가, 영혼과 육체는 별개의 것인가? 여래는 사후에 존재하는가, 존재하지 않는가, 존재하며 존재하지 않기도 하는가, 결코 존재하지 않으며 존재하지 않는 것도 아닌가? 이처럼 10가지 질문을 합니다. 이 질문에 부처님께서는 말씀하십니다.

"이러한 문제들은 여래가 그 사람에게 미처 다 설명하기도 전에 그 사람은 죽음을 맞이하게 될 것이다. 예를 들면 독이 잔뜩 묻은 화살에 맞은 사람이 있다고 하자. 그의 친구들과 친척들이 그를 외과 의사에게 데려가려고 할 때 그는 이렇게 말한다. '만일 다음과 같은 사항들을 알지 못하면 나는 이 화살을 뽑지 않을 것이다. 즉 나에게 활을 쏜 사람은 어떤 사람인가? 그는 바라문(사제)인가 아니면 무사인가, 평민인가, 노예인가? 이름은 무엇이고, 어느 종족의 사람인가? 그의 키는 큰가, 작은가 아니면 중간 정도인가?' 그러나 이 모든 것들을 미처 알기도 전에 그 사람은 죽음을 맞이하게 될 것이다. 바로 이와 같이 말룽키야풋타여, 어떤 사람이 다음과 같이 말한다고 하자. '만일 세존께서 다음과 같은 문제에 대해서 말씀해주시지 않는다면 나는 세존에게서 청정한 삶을 닦지 않으리라. 세계는 영원한가, 영원하지 않은가?…' 이러한 문제에 대해 그 사람에게 미처 설명하기도 전에 그 사람은 죽음을 맞이하게 될 것이다. 말룽키야풋타여, 세계는 영원하다는 견해를 지니고 있다 하더라도, 아니면 세계는 영원하지 않다는 견해를 지니고 있다 하더라도, 또는 세계는 끝이 있다는 견해를 지니고 있다 하더라도, 세계는 끝이 없다는 견해를 지니고 있다 하다라도, 영혼은 육체와 동일하다는 견해를 지니고 있다 하더라도, 영혼과 육체는 별개의 것이라는 견해를 지니고 있다 하더라도, 여래의 사후는 존재한다는 견해를 지니고 있다 하더라도, 존재하지 않는다는 견해를 지니고 있다 하더라도, 존재하며 존재하지 않기도 하다는 견해를 지니고 있다 하더라도, 결코 존재하지 않으며 존재하지 않는 것도 아니라는 견해를 지니고 있다 하더라도,

중생들에게는 태어남이 있으며 늙음이 있고 죽음이 있으며 슬픔과 비탄과 통증과 비애 그리고 절망이 있다. 그리고 그러한 괴로움의 소멸이 바로 이 생에서 얻어질 수 있는 것임을 나는 알게 되었다."

사실 앞서 말한 10가지 문제는 학문적인 관점에서 아주 중요한 질문들이기도 합니다. 첫 번째인 세계는 영원한가, 영원하지 않은가, 끝이 있는가, 없는가 하는 문제는 우주론적인 내용이지요. 천체물리학이나 우주물리학 또는 양자물리학 같은 분야에서는 그런 문제들을 밝히려고 애를 씁니다. 현대 물리학에 따르면 적어도 200억 년 전 큰 폭발(빅뱅)에 의해서 우주가 탄생했다고 하는데, 그 폭발 이전은 알 수 없다고 합니다. 또 관찰된 바에 따르면 이 우주는 현재 계속 팽창하고 있는데, 언젠가는 다시 수축하는 시기가 온다고 주장하는 사람들도 있고 끊임없이 팽창할 것이라고 주장하는 사람도 있습니다. 하지만 어떠한 주장도 확인되지 않은 가설일 뿐이고, 어쩌면 앞으로도 확인할 수 없는 문제일지도 모릅니다.

중요한 것은 그런 문제들이 우리 삶의 괴로움을 해결하는 데 아무런 소용이 없다는 것입니다. 물론 천문학자나 천체물리학자라면 그런 문제를 연구해야겠지요. 하지만 논쟁만 일삼으며 한쪽의 입장에 빠져 있으면 우리에게 이익이 될 리 없습니다.

영혼과 육체의 동일성 문제 역시 중요한 문제 가운데 하나입니다. 영혼이 육체와 동일하다면 어떻게 되겠습니까? 육체적인 죽음과 함께 영혼도 사라지게 됩니다. 이것은 이번 생이 죽음으로 끝나버린다는 허무주의, 단멸론의 입장이기도 합니다. 반면 영혼과 육체가 완전히 별개의 것이라고 한다면 육체는 죽어도 어떤 정신적인 것이 남아서 윤회한다는 견해에 사로잡히게 됩니다. 영원히 고정된 실체로서의 영혼 같은 것이 존재한다는 상주론(常住論)적인 생각이지요. 단멸론과 상주론의 양극단은 바로 부처님께서 부정한 유무(有無)의 극단이기도 합니다.

하지만 보통 사람들은 이 2가지 극단에 빠지기 쉽습니다. 단멸론에 사로잡히면 허무주의에 빠져 삶의 의미를 잃어버리게 됩니다. 또 상주론적인 영원주의에 빠지게 되면 현실의 삶이 아닌 내생에서 가치를 찾으려 발버둥 치게 됩니다. 내생을 위해서 현실을 살게 되어 고행주의 같은 것에 빠진 채 현재 삶을 부정적으로 보기 쉽습니다. 현재 삶에 대한 완전한 긍정이 쾌락주의로 빠진다면, 현재 삶을 부정하고 내세에서 영원한 삶을 살려고 하는 것은 고행주의로 흐르게 됩니다. 그래서 부처님께서는 이 2가지 견해를 극복하고 조건에 의한 발생으로서의 연기법을 설하셨습니다.

다음 문제는 여래가 사후에 존재하는가, 존재하지 않는가라는 것입니다. 과연 깨달은 자는 육신의 죽음 후에 어떻게 될까요? 이 문제는 우리 개개인이 사후에 존재하는지 그렇지 않은지 하는 문제와도 연결됩니다. 하지만 부처님께서는 이런 질문 자체가 잘못된 것이라고 말씀하십니다. 이런 문제로 인해 잘못된 생각에 빠져들 수 있기 때문이지요. 만약 부처님이나 중생이 사후에 존재한다고 하면 영원주의에 빠집니다. 반면에 존재하지 않는다고 하면 부처님이나 우리 모두가 죽은 후에 완전히 소멸해버린다고 생각하는 단멸론, 허무주의에 빠지게 됩니다. 하지만 불교는 영원주의도 아니고 허무주의도 아닙니다. 조건에 의한 발생을 설하는 연기주의이지요. 따라서 부처님께서는 이 2가지 문제 자체를 부정하는 논리로써 대답을 하지 않으셨습니다.

하지만 대승경전 가운데 어떤 경전들은 이런 문제에 적극적인 입장을 보입니다. 대표적인 초기대승경전인 《법화경》은 부처님을 영원히 우리들 곁에 계시는 존재로 묘사합니다. 물론 그 존재란 육체와 같은 것을 갖는 존재는 아닙니다. 하지만 죽음이라는 형태를 보인 것은 하나의 방편일 뿐, 실제로 부처님은 생사에서 벗어나 계시며, 영원히 중생들 곁에서 중생들을 돌봐주신다고 표현합니다. 여래 사후의 문제에 관한 대승적인 해답이라고 할 수 있겠지요.

하지만 초기경전에는 부처님 사후에 남는 것은 부처님의 가르침인 법과 율이며, 그 가르침을 스승으로 삼아서 열심히 정진하라는 이야기만 나옵니다. 여래가 사후에 존재하는지, 존재하지 않는지 하는 문제에 대한 언급은 전혀 없습니다. 아라한의 열반에 대해서도 마찬가지입니다. 열반에 대한 설명에서 말했듯이, 연료가 다 타서 불이 꺼지면 '불이 어딘가로 갔다'는 표현 자체가 잘못된 것입니다. 따라서 아라한의 오온이라는 연료가 다 타버린 후 아라한이 어디로 갔다는 식으로 표현하는 것은 잘못입니다.

우리는 부처님께서 불사(不死)에 이르셨기 때문에 어디에선가 존재하신다고 생각하려 듭니다. 하지만 이런 생각은 위험합니다. 욕계, 색계, 무색계의 삼계 안에서 윤회를 말할 때는 큰 문제가 없지만, 부처님은 삼계를 벗어난 분이기 때문에 삼계 안에서 살고 있는 중생으로서는 부처님의 경지를 이해하기 어렵습니다. 지금은 부처님의 사후에 대한 의문 자체가 부처님에게는 합당하지 않다는 점만 이해하시기 바랍니다.

중요한 것은 그런 문제를 아무리 궁금해 하더라도 우리는 여전히 괴로움을 겪으며, 여전히 탐진치 삼독에 묻혀서 끊임없이 업을 짓는다는 사실입니다. 좋지 않은 행위는 또 다시 괴로움이라는 결과를 야기하지요. 그래서 부처님은 독화살의 비유를 들어 말씀하셨습니다. 화살을 맞아 독은 퍼져가고 있는데 쓸데없이 화살을 쏜 사람이라든지 독의 성분에 매달려 있으면 안 된다는 것입니다. 다시 말해서, 우리는 지금 화살을 맞은 상태라는 뜻입니다. 우리는 지금 탐진치라는 화살에 꽂혀 있습니다. 우리 마음은 탐진치라는 화살에 꽂혀 괴로워하고 있습니다. 그런데 이 탐진치가 어디서부터 생겼는가, 나는 왜 이러한 탐진치에 빠지게 되었는가 하는 고민 자체가 무슨 의미가 있습니까? 당장 내 마음에 박혀 있는 번뇌의 화살을 뽑는 일이 가장 시급한 일 아닐까요?

《숫타니파타》 등의 초기경전을 보면, 부처님께서는 "자신의 행복을 구하는 사람은 자신의 화살을 뽑아라"라고 말씀하십니다. 화살의 성분을 분석하고 괴로워하면서 딴청을 피우지 말라는 말씀입니다. 우주가 영원한가에 대한 문제를 풀었다고 해서 내 삶이 영원해지나요? 우주가 영원해도 우리는 여전히 늙고 병들고 죽게 마련입니다. 그렇다면 당장 내게 놓여 있는 실제적인 문제를 잘 이해하고 해결해야지요. 내 삶의 문제를 해결하기 위해서는 앞에서 살펴본 10가지 의문처럼 무의미한 질문을 할 것이 아니라, 올바른 이해를 바탕으로 수행을 해야 합니다. 그중에서도 탐진치라는 화살을 뽑는 일이 바로 행복에 이르는 길임을 부처님께서는 강조하셨습니다.

성냄의 화살 바로 보기

탐진치 3가지 근본번뇌 가운데 화살의 비유에 가장 어울리는 것은 성냄이라는 번뇌입니다. 말이나 행동으로 화를 내면 상대방에게 피해를 주게 됩니다. 마치 전쟁터에서 화살에 의해 상처를 받듯이, 말이나 행동에 의해서도 우리는 남에게 상처를 줍니다. 그와 동시에 화내는 마음을 일으킨 자신도 상처를 입습니다. 자기 감정을 다스리지 못한 채 화를 내면 그 감정들은 화내는 순간 자신에게 먼저 피해를 줍니다. 상대에게 표현하지 않고 화를 참는다 하더라도 속은 불편할 수밖에 없습니다. 화를 내면 실제로 내분비선의 기능에 장애나 부조화를 초래하여 호르몬 분비의 이상을 가져온다고 합니다. 음식을 먹을 때 화를 내면 소화액의 분비가 잘되지 않아서 체하기도 합니다. 이처럼 화를 자제하지 못해서 얻게 되는 피해는 이루 말할 수가 없습니다.

하지만 화를 내지 않고 이 세상을 살아가기란 어려운 일입니다. 우리는 살면서 내 마음에 안 드는 일과 종종 부딪힙니다. 잘 살펴보면 자기가 원하는 대로 되지 않았을 때 우리는 화를 냅니다. 그리고 마음 안에서 일어난 화가 밖으로 표출되면서 나와 타인이라는 양쪽 모두에 피해를 주게 됩니다. 그래서 화가 날 때는 일단 말을 하지 말라는 가르침이 있습니다. 화난 상태에서 하는 말들은 거의 무분별하게 자신을 조절하지 못해서 하는 말들이기 때문에 자기도 힘들게 하고 상대방도 힘들게 합니다. 그래서 그동안 백 번 잘했던 일도 한 번 화를 냄으로써 모두 다 수포로 돌아가기도 하지요.

세상을 살아가면서 분노나 성냄이라는 화살에 맞지 않으려면 우선 인내심이라는 갑옷을 입어야 합니다. 그리고 사랑이라고 하는 대치법으로 화를 쳐내야 됩니다. 화를 극복하는 가장 효과적인 방법은 자애심, 그것도 조건 없는 자애심을 일으키는 겁니다. 부처님께서는 원수를 죽이는 가장 효과적인 방법이 원수에 대한 미워하는 감정을 없애는 것이라고 말씀하셨습니다. 누군가 나에게 원한을 품었을 때, 내가 그 사람에게 똑같은 원한을 품는다고 해서 그 원한이 사라지진 않습니다. 원한은 오직 원한을 버릴 때만 사라집니다. 이것은 법구경에서 부처님께서 이르신 말씀입니다.

요즘 사회적으로 일어나는 여러 가지 심각한 문제들 가운데 분노를 다룰 줄 모르기 때문에 일어나는 일들이 참 많습니다. 화를 내지 말라고 해서 마음속에 담아두라는 말은 아닙니다. 화를 마음속에 담아두면 병이 됩니다. 미국에서 분류한 정신장애 진단편람(DSM-IV)에 의하면 한국사람에게 있는 특이한 정신장애 가운데 하나가 바로 화병이라고 합니다. 화병은 특히 우리나라 여성들이 많이 걸리는 병이지요. 여자이기 때문에 자기 마음속에 꾹꾹 담아둔 분노의 감정들이 결국 정신적·신체적으로 여러 가지 나쁜 영향을 미치는 것을 정신의학적으로 화병이라고 한답니다.

순간적으로 일어나는 화를 완전히 다스리기란 쉽지 않습니다. 하지만 화를 내는 마음을 놓쳐버리면 점점 화가 마음속에서 주인이 되어버리는 사태가 벌어집니다. 따라서 분노가 일어날 때는 우선 참고, 그런 후에 참은 마음을 자애심으로 풀어줘야 합니다. 다른 사람을 위해서 화를 푼다고 생각하면 자기에게 해를 끼칠 수도 있습니다. 그러니 나 자신을 위해서 우선은 화를 삭여야 됩니다. 화를 삭이는 방법은 아주 간단합니다. 자기 자신에 대한 자애 명상을 하면 내 마음속에 꽂혀 있는 분노라는 화살을 뽑아내는 데 큰 도움을 받을 수 있습니다. '나 자신이 행복하고 평화롭기를 기원합니다'라고 반복하면서 자애 명상을 해보십시오. 이렇게 자신에 대한 자애 명상을 자주 하다 보면 마음속에 있는 분노라는 독화살이 점점 약해지는 것을 알 수 있습니다. 그러니 미워하는 사람, 나를 화나게 하는 사람을 용서하지 못하겠다면 먼저 마음속에서 자기 자신을 돌보는 마음을 일으키시길 권합니다.

미운 감정으로 상대방을 대하는 것은 결국 상대방과 자기에게 화살을 쏘는 것과 같습니다. 이 세상을 살아가면서 화내는 마음에 사로잡혀 있고 불만에 가득 차 있고 짜증을 낸다면 스스로에게 독이 됩니다. 이것은 비유가 아닙니다. 실제로 화를 내면 우리 몸에서 독이 생긴다고 합니다. 호르몬의 부조화로 인해 독성물질이 생긴다고 합니다. 그래서 화난 사람이 뱀을 물면 뱀도 죽는다는 말이 있습니다. 따라서 자신의 행복을 구한다면 화내는 일에서 스스로를 보호할 수 있도록 항상 조심해야 합니다.

누군가 내 잘못을 지적하면 일단은 싫더라도 받아들이십시오. 판단은 나중에 해도 됩니다. 그러면 분노심을 어느 정도 극복할 수 있습니다. 내가 아무런 잘못도 하지 않았는데 누군가 내게 화를 낸다면 어떻게 할까요? 이런 경우는 골목을 지나는데 어느 집에 있던 개가 나를 향해 갑자기 막 짖어대는 것과 똑같습니다. 그럴 때는 신경 쓰지 않고 그냥 가던 길을 계속 가는 것이 제일 현명하겠지요? 개가 짖는다고 나도 똑같이 짖어낼 수는 없지 않습니까?

화를 덜어내기 시작하면 욕심도 줄어듭니다. 잘 살펴보면 대부분 화가 나는 것은 욕심이 많기 때문입니다. 자기가 바라는 대로 되지 않으니까 화가 나는 겁니다. 그러니 갈망이 줄어들면 화가 날 일도 별로 없겠지요? 이처럼 화내는 마음과 탐욕을 부리는 마음은 늘 함께합니다. 그러니 행복을 구하는 사람이라면 자신의 탐진치라는 화살을 먼저 이해해야 합니다. 그

렇게 한다면 마음속에 박혀서 우리를 괴롭히고 힘들게 하는 탐진치라는 3
가지 근본번뇌를 다룰 수 있는 힘을 점점 키워나갈 수 있게 됩니다.

탐욕의 화살 바로 보기

팔계를 보면 앞의 5가지는 오계와 거의 비슷합니다. 다만 세 번째의 '삿
된 음행을 하지 말라'라는 항목이 '일체 음행을 하지 말라'로 바뀐 점이 다
를 뿐입니다. 팔계의 여섯 번째는 때 아닌 때 먹지 말 것이고, 일곱 번째는
노래하고 춤추고 연극하는 것을 보거나 하지 말고 꽃이나 화장 등으로 몸
을 꾸미지 말 것, 여덟 번째는 높거나 큰 침상과 좌구를 쓰지 말 것입니다.
여섯 번째~여덟 번째는 모두 다 감각적인 욕망을 절제하기 위한 계입니다.
팔계를 지키면 색계 천상에 태어날 수 있다고 합니다. 욕심이 덜어지면 우
리 마음이 물질적인 욕심을 벗어난 보다 높은 차원의 행복을 느끼기 때문
이겠지요. 그래서 한 달에 네 차례 포살일(음력 8일, 보름, 23일, 그믐)이라고
해서 절을 찾아 팔계를 지키라고 권합니다. 일상생활에서 쌓인 욕심을 덜
어내기 위한 수행이라고 할 수 있습니다.

욕심을 덜어내기 위한 가장 쉬운 수행은 베푸는 것입니다. 일단은 자기
가 가지고 있는 것을 남에게 줍니다. 귀중한 것이라도 좋고 자기가 갖고
있는 것 가운데 남는 것이라도 좋습니다. 어떤 것을 주더라도 욕심을 덜어
내는 일입니다. 우리는 '이것만은 절대로 남에게 줄 수 없어'라고 생각하는
것들이 참 많습니다. 하지만 가만히 생각해보면, 언젠가 이 세상을 떠날 때
는 그것들마저 모두 두고 간다는 사실을 알 수 있습니다. 그러니 그것들은
실제로 내 것이 아닌 셈입니다. 법정 스님은 《무소유》에서 "내가 쓰고 있

는 물건은 내가 잠시 세상으로부터 빌려 쓰고 있는 것이지 그게 내 자신의 것이겠느냐"라고 말씀하셨습니다. 우리는 이 세상에 빈손으로 왔다가 빈손으로 갑니다. 그러는 도중 많은 것을 빌려 쓸 뿐이지요.

내 마음속에 있는 욕심을 덜어낸다는 것은 내가 갖고 있는 것들을 아무 조건 없이 남들에게 주는 것입니다. 주고 나서도 '괜히 줬다', '아까운 것 줬네' 하는 생각을 하지 말아야 합니다. 물론 주는 일이 습관이 되지 않은 사람이라면 그런 마음이 일어날 수도 있습니다. 그러니 그런 생각을 하면서 주느니 차라리 안 주는 게 낫다고 생각하면 안 됩니다. 주는 것도 연습입니다. 처음에는 조금 아까운 생각이 들더라도 자꾸 주는 버릇을 들이다 보면 어느 순간엔 그런 생각도 일어나지 않습니다.

버스나 전철 안에서 어르신들을 보면 자리를 양보해드리지 않습니까? 처음에는 자리를 양보하는 일이 약간 어색하고 부끄러울 수 있습니다. 하지만 자주 하다 보면 나중에는 아주 당연한 일인 듯 여겨집니다. 그렇게 습관이 되면 마음도 가벼워지고 넉넉해집니다. 이것이 가장 큰 보상이겠지요. 무언가를 남에게 베푸는 그 순간 큰 보상을 받는 겁니다. 왜냐하면 내 마음의 욕심이 그만큼 덜어지기 때문입니다. 내 마음의 화살이 그만큼 뽑혀나가고, 내 마음의 독이 그만큼 약해지기 때문입니다.

작은 컵에다 소금을 한주먹 넣으면 물맛이 어떨까요? 먹어보지 않아도 굉장히 짠맛이라는 걸 알 수 있지요. 하지만 욕조에다 물을 한가득 받아놓고 그 안에 소금을 한주먹 넣는다면 그 물은 그다지 짜지 않습니다. 흐르는 강물에 소금 한주먹을 넣으면 소금을 넣었다는 사실도 알 수 없을 만큼 짠맛이 나지 않습니다. 우리 마음의 삼독과 선행의 관계가 그렇습니다. 선행을 하면 할수록 내 마음속의 탐진치는 더욱 중화되고 약화됩니다.

부처님께서는 탐욕을 다스리기 위한 첫 번째 덕목이 베푸는 일임을 늘 강조하셨습니다. 팔정도에는 보시가 나오지 않으니 초기불교가 보시의 덕목을 가르치지 않는다고 생각하면 안 됩니다. 부처님께서 재가자들에게 강조한 수행의 기본적인 자세가 바로 보시입니다. 그리고 지계와 수행을 말씀하셨지요. 부처님은 이처럼 보시, 지계, 수행의 3가지를 차례로 닦아야하는, 재가자의 덕목으로 가르치셨습니다.

재가자뿐 아니라 출가한 스님들도 보시를 합니다. 스님들은 원래 재산을 지니지 않으므로 이때의 보시는 법보시라고 할 수 있습니다. 사람들을 가르치며 지도하고, 스스로를 수행으로 단련시킵니다. 이처럼 법을 나누는 것도 우리 마음속의 탐욕을 덜어내는 중요한 일 가운데 하나입니다. 우리 불교도들도 부처님 법에 따라 자신의 마음속에 있는 화살을 뽑아버렸다면, 그처럼 자신이 화살을 뺀 방법을 다른 사람과 공유해야 합니다. 귀중한 법문을 들었다면 주위 사람들과 나눌 줄 알아야 합니다. 그렇게 법을 나눴다고 해서 내 법이 사라지진 않습니다.

이처럼 보시에는 자신의 재물을 나누는 재보시와 법을 나누는 법보시가 있습니다. 재보시와 법보시 말고 또 하나 중요한 보시가 바로 무외시입니다. 다른 사람이 불편해하고 힘들어하고 두려워할 때, 그 불편하고 힘들고 두려워하는 마음을 덜어주는 보시입니다. 남에게 따뜻한 말 한마디를 건네거나 온화한 표정 한 번 짓는 것도 무외시입니다. 어떤 문제로 두려움에 떨고 있는 사람에게 "세상은 너 혼자가 아니야. 우리 모두가 함께 그 문제를 풀어나갈 수 있어"라고 진정한 마음으로 따뜻한 위로의 말 한마디 건네는 것이 바로 무외시입니다. 사실은 무외시도 내 마음이 넉넉해야 나올 수 있습니다. 내 마음속의 두려움을 극복할 수 있는 방법을 잘 알고 내 마음이 안정된 후에야, 다른 사람의 마음을 안정시킬 수 있습니다.

무외시를 가장 잘 실천하셨던 분이 바로 부처님이었습니다. 부처님께서 오른손을 접어올리고 다섯 손가락을 곧게 펴서 손바닥이 정면을 향하게 한 형태의 불상을 보신 적이 있지요? 그런 손 모양을 시무외인(施無畏印)이라고 하는데, 바로 무외시의 표현방식 가운데 하나입니다.

좋은 습관으로 나쁜 습관 길들이기

연초가 되면 우리나라 남자들이 가장 많이 세우는 계획이 금연이라고 합니다. 그런데 금연 계획을 세웠다가 실패하는 사람이 80%쯤 된다고 하네요. 그만큼 나쁜 습관을 다스리는 일이 쉽지 않다는 뜻이지요. 이처럼 우리가 좋지 않은 습관에 길들여지는 이유는 주변 환경 탓일 수도 있습니다. 하지만 별 생각 없이 '한번 해볼까?' 하는 마음에 발을 들였다가 나중에는 그 습관으로부터 헤어 나오기 어렵게 되는 경우가 많습니다. 나쁜 습관을 버리고자 계획을 세우셨다면 어렵더라도 조금만 시간을 들여 실행해 보세요. 처음에는 어렵게 느껴지지만 자꾸 하다 보면 쉬워지게 되어 있습니다. 좋은 습관으로 좋지 않은 습관을 다스릴 수 있는 최선의 방법은 굳은 결심으로 시간과 노력을 투자하는 것입니다.

어리석음의 화살 바로 보기

어리석음의 화살은 근본적으로 뽑아야 하는 화살입니다. 바른 이해를 공부하는 이유도 바로 어리석음을 덜어내기 위한 것입니다. 하지만 어리석음의 화살을 뽑아낸다는 것은 말처럼 쉬운 일이 아닙니다.

얼마 전 신문칼럼에서 어리석음에는 2가지가 있다고 말하는 글을 본 적이 있습니다. 하나는 자기가 어리석다는 사실을 아는 정도의 어리석음이고, 또 하나는 자기가 어리석은 줄도 모르는 어리석음이라고 합니다. 어떤 것이 더 위험할까요? 당연히 자신이 어리석은 줄도 모르는 무지가 훨씬 더 위험하겠지요. 옛날 현인들은 자기가 뭔가를 모르고 있다는 사실을 잘 알았던 분들입니다. 소크라테스는 델포이 신전에 있는 말을 인용하며 "너 자신을 알라"고 말했습니다. 이 말은 "자신의 무지에 대해서 너는 알고 있느냐?"는 반문이라고 합니다. 우리가 무엇을 알고 있다고 생각할 때, 정말 그것을 알고 있는 것인지 아니면 잘 모르면서 그냥 안다고 생각하는 것인지 확인할 필요가 있다는 말이지요. 공자는 앎과 모름에 대해서 이렇게 말합니다. "자기가 알고 있는 것은 '안다'고 분명히 말하고, 모르는 것은 '모른다'고 분명히 말하는 것, 이것이 바로 아는 것이다(知之爲知之 不知爲不知 是知也)." 알고 모르는 것에 경계를 분명히 하는 것이 바로 아는 것이라는 뜻이지요.

부처님께서는 어떤 것을 보고 어리석음, 무지라고 말씀하셨을까요? 우리 삶의 현실과 그 현실의 해결방식에 대해서 모르는 것, 지금 나 자신의 주제파악도 못하고 자신의 현실을 더 향상시키는 길이 있음을 모르는 것, 이것이 바로 무지라고 하셨습니다. 근본적인 무지란 결국 자신에 대한 무지이고, 자신에 대한 무지란 조건에 의해서 생겨난 모든 것이 무상하고 괴롭고 실체가 없다는 사실을 모르는 것입니다. 우리는 이런 무지를 바탕으로 여러 가지 행위를 하게 됩니다. 근본적으로 무지가 깔려 있기 때문에 욕심을 부리고 화를 내게 됩니다. 이렇게 볼 때, 무엇보다 중요한 것은 무지를 없애는 일임을 알 수 있습니다.

그러나 무지는 한꺼번에 다 없어지지 않습니다. 무지를 없애기 위해서는 먼저 여러 가지 다른 조건들을 없애나가야 합니다. 거친 번뇌인 욕망과 성냄을 다스리고, 더 깊이 수행하고 공부해야 합니다. 그러면서 다시금 무엇을 아는지 무엇을 모르는지 자신이 서있는 경계도 확인해야 합니다. 내가 모르는 것이 있다면 모른다고 인정할 줄 알고, 아는 것은 더 확인하는 과정을 통해 그것이 지혜가 될 수 있도록 노력한다면 점점 어리석음을 덜어낼 수 있습니다.

탐진치, 업과 윤회의 원인

맛지마 니카야의 〈유명대경(有明大經)〉을 보면, 부처님 제자들이 다음처럼 대화하는 내용이 나옵니다.

"벗들이여, 실로 어리석음에 가리고 갈망에 속박된 중생들은 여기저기서 즐거움을 찾아 헤맨다. 따라서 새로운 윤회의 생존이 계속 이어지는 것이다."

우리 자신을 속박하는, 우리들을 윤회 세계에 묶어두는 원인이 어리석음과 갈애라는 뜻입니다. 괴로움의 원인에는 갈애가 있으며, 그 갈애의 뿌리에는 무명이 있습니다. 또 무명의 바탕에는 감각적 쾌락에 대한 번뇌(欲漏)와 존재에 대한 번뇌(有漏), 어리석음의 번뇌(無明漏)가 있습니다. 세 번째 번뇌는 무지가 무지를 낳는다는 말입니다. 어리석음이 어리석음의 원인이자 조건이 된다는 뜻이지요. 3가지 번뇌가 조건이 되어 무명이 있기 때문에 무명이 괴로움의 최초 원인이 아니라는 점을 알 수 있습니다. 또한 정서적 번뇌와 지적 번뇌는 상호조건적이라는 점에 유의할 필요도 있습니다.

"비구들이여, 탐욕에서 비롯된 업, 탐욕에서 생겨난 업, 탐욕을 원인으로 하는 업, 탐욕을 조건으로 하는 업, 성냄에서 비롯된 업, 성냄에서 생겨난 업, 성냄을 원인으로 하는 업, 성냄을 조건으로 하는 업, 어리석음에서 비롯된 업, 어리석음에서 생겨난 업, 어리석음을 원인으로 하는 업, 어리석음을 조건으로 하는 업이 있다. 이러한 업이 있는 사람이 태어나는 곳, 그곳이 그 업이 무르익는 곳이다."

탐진치의 근본번뇌를 조건으로 하는 여러 가지 행위, 즉 업이 있습니다. 그 업을 지은 사람이 태어나는 곳에서 그 업의 과보는 나타납니다. 그 업이 무르익으면, 현생이나 다음 생 혹은 아주 먼 후생에서 반드시 그 업의 과보를 받게 됩니다.

현생에서 착한 일을 하고 잘 살았음에도 힘들게 살다 죽는 사람들이 많이 있습니다. 반면 수많은 사람들을 속이고 괴롭히며 잘못된 일을 저지르면서도 행복하게 사는 사람들도 있습니다. 어째서 이처럼 모순적인 일이 생길까요? 우리가 업을 지을 때마다 그 과보가 곧바로 나타나지 않을 수도 있기 때문입니다. 우리가 현생에서 지은 행위의 과보는 지금 살아있는 동안에 나타날 수도 있고, 내생에 나타날 수도 있다는 말입니다. 업이 무르익어서 결과가 나타나려면 조건들을 갖춰야 합니다.

악업을 지었다고 선업을 아예 짓지 못하리란 법은 없습니다. 그럴 때 그 선업의 힘에 의해서 악업에 대한 과보가 어느 정도 경감될 수 있습니다.

아무리 큰 바위라 하더라도 배 위에 실으면 바위가 물속에 가라앉지 않는 것과 같은 이치이지요. 아무리 악업을 많이 지은 자라도 선업의 힘이 아직 남아 있다면 악업의 결과가 나타나지 않을 수도 있습니다. 하지만 아무리 조그만 악업을 지었어도 언젠가는 그 과보를 받게 됩니다. 그 시점은 현생일 수도 있고 아니면 다음 생일 수도 있다는 것을 잊지 말아야 합니다.

그렇다고 상심하거나 절망할 것까진 없습니다. 업은 의지적인 행동이기 때문에 과보를 받는 도중에라도 얼마든지 새로운 업을 지을 수 있습니다. 실제로 우리는 그렇게 살아갑니다. 계속 열매를 먹으면서 새로운 씨를 뿌리고 있지요. 그 씨가 싹을 틔워 빨리 결실을 맺는 경우도 있고, 어떤 씨는 오래도록 땅속에 있다가 나중에 열매를 맺는 경우도 있습니다.

기독교와 불교의 가장 큰 차이점

근본적으로 기독교와 불교의 차이는 창조주에 대한 입장에 있습니다. 불교에서는 창조주란 존재하지도 않지만 존재할 필요도 없다고 봅니다. 세상은 연기의 법칙에 따라 조건이 있으면 생겨나고 조건이 사라지면 없어지는 것이지, 인격적인 창조주가 세상을 만들고 주재하는 것이 아니라고 보기 때문입니다. 또 불교의 세계관에 의하면, 세상의 시작은 알 수 없을뿐더러 종말이 있다 해도 중생들은 끊임없이 윤회합니다. 누군가 불교는 무엇을 가르치는 종교냐고 묻는다면 "불교는 현실의 괴로움이 무엇인지 가르치고 그 괴로움의 소멸에 대해서 가르치는 종교"라고 말할 수 있어야 합니다. 기독교 등 다른 종교에서는 '은혜'나 '구원'을 받는다는 말을 많이 하지만, 불교에서는 자기 스스로의 수행과 노력을 통해서 괴로움을 소멸시킬 수 있다고 가르칩니다. 즉 스스로 구원되고 은혜를 이루는 것이지요. 기독교가 창조주인 신 중심적인 종교라고 한다면, 인간이 자신의 업에 의해서 삶을 만들어왔고 앞으로도 그 업의 힘을 스스로 극복함으로써 운명을 개척할 수 있다고 보는 불교는 인간 중심적인 종교라고 할 수 있습니다.

탐진치의 소멸은 곧 윤회의 소멸

〈유명대경〉에는 다시 이런 말씀이 나옵니다.

"벗들이여, 어리석음(無明)의 없어짐에 의해 앎(明)이 생겨나고, 명이 생겨남으로써 갈망의 소멸에 의해 새로운 윤회의 생존은 없어진다."

여기서 명(明)이란 지혜를 말합니다. 경전은 무명이 없어져 지혜가 생겨나고, 그 다음에 직접적인 괴로움의 원인인 3가지 갈애가 없어질 때 윤회의 생존이 없어진다고 말합니다.

"비구들이여, 탐욕 없음에서 비롯된 업이 있고, 탐욕 없음에서 생겨난 업, 탐욕 없음을 원인으로 하는 업, 탐욕 없음을 조건으로 하는 업, 성냄 없음에서 비롯된 업, 성냄 없음에서 생겨난 업, 성냄 없음을 원인으로 하는 업, 성냄 없음을 조건으로 하는 업, 어리석음 없음에서 비롯된 업, 어리석음 없음에서 생겨난 업, 어리석음 없음을 원인으로 하는 업, 어리석음 없음을 조건으로 하는 업이 있다. 이렇게 탐욕과 성냄, 어리석음을 벗어남에 의해서 마치 야자나무의 뿌리가 끊어져 다시는 싹이 나지 않는 것처럼 윤회의 생존이 없어진다."[주9)]

앞에서 탐, 진, 치에서 비롯된 좋지 않은 3가지 업(불선업)을 말했고, 지금은 무탐(無貪), 무진(無瞋), 무치(無癡)에서 비롯된 3가지 좋은 업(선업)을 말하고 있습니다. 탐욕과 성냄, 어리석음이 없어도 어떤 행위를 할 수 있다는 말입니다. 무탐, 무진, 무치에 의해서 어떤 행위를 할 때는 윤회의 생존에서 벗어나는 좋은 결과를 불러들입니다.

"이렇기 때문에 사람들은 나에 대하여 다음과 같이 말할 것이다. '사문 고타마는 단멸론자이다. 단멸을 위해서 법을 설한다'고. 비구들이여, 나는 실로 단멸을 말한다. 끊어지는 것을 말한다. 탐욕과 성냄과 어리석음의 단멸, 수많은 악하고 선하지 못한 법들의 단멸을 나는 말한다."^{주10)}

여기서 단멸론이란 세상 사람들의 입장에서 볼 때 죽은 뒤에 아무것도 남지 않는다는 관점을 말합니다. 하지만 부처님께서는 그 말을 사용하며 해석을 달리합니다. 단멸을 말하되, 탐진치 삼독을 끊어내는 것, 선하지 못한 수많은 법들에 대한 단멸을 말씀하시지요. 부처님께서는 기존에 통용되는 말을 그대로 쓰실 때도 있고, 이처럼 새롭게 해석해서 당신의 입장을 비유하실 때도 있습니다.

불교에서 '단두(斷頭)'라는 말을 쓸 때가 있습니다. 율장에 나오는 바라이죄를 단두죄라고도 하는데, 말 그대로 머리를 자른다는 뜻이지요. 하지만 정말로 살아있는 사람의 머리를 자른다는 것이 아니라, 출가 승려로서의 자격을 박탈한다는 뜻입니다. 마찬가지로 부처님께서 당신을 단멸론자라고 말씀하신 것은 죽은 뒤의 세상이 없다는 뜻이 아니라, 삼독을 단멸하는 것을 뜻합니다. 세속의 용어를 빌려 말씀하신 만큼, 부처님께서 근본번뇌를 없애는 것을 강조했다고 이해해야 합니다.

욕계에 묶어두는 5가지 족쇄

탐진치 삼독과 마찬가지로 대표적인 번뇌 가운데 10가지 족쇄 혹은 속박이란 것이 있습니다. 우리를 괴로운 윤회세계에 묶어두기 때문에 족쇄,

속박이라고 합니다. 그중 오하분결(五下分結)이라 일컫는 5가지 족쇄는 중생을 욕계에 묶어두는 번뇌이고, 오상분결(五上分結)이라는 5가지 족쇄는 색계나 무색계에 중생을 묶어두는 번뇌입니다. 부처님은 오하분결에 대해 이처럼 말씀하십니다.

"아난다여, 여기 가르침을 듣지 못한 범부, 성인을 만나지 못한 사람, 고귀한 법을 잘 알지 못하는 사람, 고귀한 법에 있어서 잘 인도받지 못한 사람이 있다. 그 사람은 만나지 못하고 법을 잘 알지 못하고 고귀한 법에 있어서 잘 인도받지 못했기 때문에, 그의 마음은 유신견에 결박되어 있으며 유신견에 의해 정복되어 있어서, 유신견에서 벗어난 있는 그대로의 진리를 알지 못한다. 또한 그의 마음은 회의적인 의심에 결박되어 있으며, 계금취견에 결박되어 있으며, 감각적 쾌락에 대한 욕망에 결박되어 있으며, 악의에 결박되어 있으며 악의에 의해 정복되어 있어서, 악의에서 벗어난 있는 그대로의 진리를 보지 못한다."[주11)

유신견(有身見)이란 우리의 몸과 마음, 즉 오온이 영원한 '자아'와 관계가 있다는 생각을 말합니다. 혹은 우리 몸이나 마음 자체에 나라는 자아의식이 있다는 견해입니다. 한마디로 '내가 있다'고 집착하는 견해를 말합니다.

사실 유신견은 보통 사람들의 가장 밑바탕에 깔려 있는 번뇌 가운데 하나입니다. 우리는 '나'라는 생각 때문에 욕심을 채우려 하고 나의 자존심이 상했다고 생각하면서 욕심과 분노에 휘둘립니다. 이것은 유신견이라는 잘못된 자아의식 탓입니다. 무상하고 고이고 무아인 오온에 대해 영원한 '나'를 상정했기 때문에 몸과 마음에서 나를 찾는 것이지요. 우리는 모두 이처럼 잘못된 생각을 품고 살아갑니다. 따라서 무엇보다도 우리 자신이 유신견에 빠져 있다는 사실을 알아야 됩니다.

그처럼 자신이 유신견에 빠져 있음을 자각한 후 다음처럼 잘 살펴봐야 합니다. 무엇을 나라고 생각하고 사는가? 나라고 생각하는 그 속에 정말로 변하지 않는 내가 있는가? 아니면 내 몸의 일부분을 나라고 생각하며 살고 있는가? 아니면 일으키고 있는 느낌을 나라고 생각하고 사는가? 아니면 머릿속에 떠오르는 생각이나 이미지 혹은 지각하고 관념을 만들어내는 것을 나라고 생각하는가? 아니면 의지가 나라고 생각하는가? 아니면 무엇을 알았을 때 그렇게 아는 것을 나라고 생각하는가?

유신견을 잘못 이해하면 마치 우리가 보고 듣고 맛보는 것을 나라고 생각할 수 있습니다. 실제로 이런 표현들은 선불교에서 많이 쓰는 것이기도 합니다. "보고 듣고 맛보는 그놈이 무엇인고!" 하지만 이런 화두는 조금 다른 차원에서 이해해야 합니다. '본다'는 것은 눈의 기능이 대상을 만날 때 의식이 생기면서 일어나는 현상입니다. 내 속에 어떤 존재가 있어서 본다고 생각하면 혼란에 빠집니다. 부처님은 변하지 않는 자아와 같은 존재를 전제하신 적이 없습니다.

오하분결에서 회의적인 의심이란 가장 근본적인 의심을 말합니다. 부처님의 깨달음에 대한 의심이자 부처님의 가르침에 대한 의심, 부처님 가르침에 따라 성인이 된 스님들에 대한 의심을 말합니다. 가령 '정말로 부처님이 깨달았을까?', '2,500년이나 지난 가르침이 지금 우리에게 무슨 의미가 있나?', '저 스님이 깨달은 게 나랑 무슨 상관이야?'라는 식으로 회의적으로 생각하는 겁니다.

열심히 수행을 하는데도 효과가 잘 나타나지 않을 때 우리는 의심을 일으킵니다. ‘과연 이 방법이 나한테 맞을까?’, ‘이건 아닌 것 같은데, 또 다른 좋은 방법이 없을까?’ 그럴 때는 ‘아, 의심이 일어나는구나’ 하고 있는 그대로 알아차릴 수 있는 힘이 있어야 합니다. 회의적인 의심은 결국 우리 스스로 법을 확인하고 체험할 때 완전히 끊어지기 때문에, 처음부터 너무 부담을 가질 필요는 없습니다. 자기 안의 탐진치라는 번뇌를 다스릴 수 있는 효과적인 길을 찾는다면 우리는 회의적인 의심에서 벗어나게 됩니다.

계금취견(戒禁取見)이란 어떤 계율이나 금지사항을 지킴으로써 해탈에 이를 수 있다고 집착하는 견해입니다. 물론 불교의 오계나 비구계, 비구니계는 여기에 해당되지 않습니다. 오계 등은 집착 때문에 지키는 것이 아니라 자신을 자유롭게 하기 위해서 지키는 겁니다. 불교에서 계를 지킨다는 것은 자발적으로 자기 자신의 언행을 맑히는 일입니다.

그런데 어떤 사람들은 쓸데없는 계율이나 금지조항, 관습 등을 지키면서 해탈에 이르리라 생각하기도 합니다. 부처님 당시에도 소처럼 행동하면 천상에 가서 해탈한다고 생각해서는 소처럼 사는 사람들이 있었다고 합니다. 이처럼 어떤 계율이나 금지조항을 지키더라도 그것에 집착한다면 계금취견이 됩니다.

세월이 갈수록 세상을 이해하는 시각이 급속도로 바뀝니다. 그처럼 급변하는 세상에서 쓸데없는 계율이나 금기사항에 얽매인다면 내 마음은 고립되고 맙니다. 잘못된 금지사항을 내려놓는다고 삶이 불편해지진 않습니다. 오히려 삶은 더욱 자유로워지고 인간관계 역시 더욱 좋아질 수 있습니다. 쓸데없는 계율이나 금기사항을 따르기보다는 자기 마음을 살피는 것이 훨씬 더 효과적입니다. 쓸데없는 금기사항은 자신을 얽어매지만, 마음속에서 일어나는 욕망과 분노, 어리석음을 올바로 보면 진정한 자유를 누릴 수 있으니까요.

'4'는 불길한 숫자다?

세계의 모든 문화에는 각종 금기사항들이 있습니다. 가령 우리나라 문화에서는 죽을 사(死) 자와 발음이 같다는 이유로 4라는 숫자를 쓰기 꺼립니다. 그래서 아파트를 보면 4층 대신 'F'라고 표기하지요. 이 역시 일종의 터부, 금기사항입니다. 우리 마음 속에 잘못 새겨진 개념이지요. 우리나라는 샤머니즘, 다시 말해 무속의 전통 위에 불교가 들어왔고 다시 그 위로 유교와 기독교의 전통이 들어왔습니다. 이처럼 층층이 쌓인 문화적·종교적 전통들이 각각의 터부들을 가르쳐왔지요. 물론 그중에는 합리적이고 우리가 지켜야 할 부분도 있습니다. 하지만 오늘날에는 의미나 소용이 없어져서 우리를 구속하는 것이라면 과감히 내려놓고 갈 수 있어야 합니다.

오하분결의 네 번째인 감각적 쾌락에 대한 욕망이란 우리가 앞서 살펴본 탐욕을 말합니다. 또 다섯 번째인 악의는 분노를 뜻하지요. 다시 말하자면 눈, 귀, 코, 혀, 몸에서 욕망을 즐기려는 자세가 감각적 쾌락에 대한 욕망이며, 나쁜 의도를 품는 것을 악의라고 할 수 있습니다.

우리는 이와 같은 5가지 속박에 자신이 묶여 있다는 것을 확인해야 합니다. 스스로 확인하지 않고서는 그 속박에서 풀려나는 길이 보일 리 없습니다. 부처님께서 말씀하신 가르침을 듣지 못한 범부나 성인을 만나지 못한 사람, 고귀한 법을 잘 알지 못하는 사람, 고귀한 법에서 잘 인도받지 못한 사람이란 다름 아닌 우리들이겠지요. 그러니 지금부터라도 나를 얽어매는 속박이 도대체 무엇인지 살펴봐야 합니다.

어리석음을 한꺼번에 없애진 못하더라도, 우선은 이 5가지가 나를 얽어매는 속박임을 이해해야 합니다. 적을 알고 나를 알면 백전백승이라고 하지요? 이 속박들은 자신의 적입니다. 그런데 이 적들이 내 마음속에서 주인노릇을 하며 살고 있습니다. 그러니 얼마나 힘들고 괴롭겠습니까. 천천히 적의 동정을 살피면서 내 힘을 점차 키워서 적의 힘을 눌러야 됩니다.

예컨대 누가 내게 욕을 해서 싫은 느낌이 일어난다면 '느낌을 나라고 집착하는구나. 이것이 유신견이구나' 하고 생각합니다. 이렇게 생각할 수만 있다면 유신견을 이해한 것은 물론 마음속의 적을 다룰 수 있는 힘도 생겨납니다. 그렇게 되면 분노나 싫은 느낌이 일어났을 때도 그런 느낌에 휘말리지 않고 있는 그대로 볼 수 있는 힘이 생깁니다. 그런 힘이 생기면 점점 부정적인 심리상태를 다룰 수 있는 능력이 커지지요. 이는 결국 점점 자유로워지고 행복해지는 길로 나아가는 것과 같습니다.

결국 유신견은 오온에 대한 철저한 관찰에 의해 우리의 몸과 마음 어디에도 무상하지 않은 것이 없고, 괴롭지 않은 것이 없으며, 나라고 할 만한 것이 없다는 사실을 지혜로 통찰할 때 깨집니다. 욕망과 악의는 어느 정도 다스리기가 쉬운 것들입니다. 욕망은 보시나 부정관을 통해 극복할 수 있고 악의는 인내와 자애 명상으로 다스릴 수 있습니다. 계금취견은 올바른 길을 걷다 보면 극복할 수 있으며, 회의적인 의심은 스스로 올바른 법을 체험하면 다스릴 수 있습니다. 결국 보시, 지계, 인욕, 정진, 선정, 지혜 등을 실천하는 것이 5가지 속박에서 벗어나는 길임을 알 수 있습니다.

이처럼 부처님은 우리를 괴롭히는 원인과 그 괴로움을 없애는 방법을 말씀해주셨습니다. 현실적인 문제를 규명해내고 그 해결법을 일러주셨습니다. 말룽키야풋타가 궁금해 하던 문제처럼 우리의 현실과 아무 상관이 없는 문제들과는 다릅니다. 우리가 지금 당장 해결해야 할 것들은 구체적으로, 실질적으로 우리 앞에 놓인 문제들 아닙니까? 우리가 아무리 진리를 안다고 우겨도, 우리를 자유롭게 하지 못한다면 그것들은 진리가 아닙니다. 우리를 편안하게 하고 행복하게 이끌지 못하는 것은 진리라고 할 수 없습니다. 있는 그대로의 속박을 아는 것이야말로 우리가 자유로워지는 길임을 명심해야 합니다.

색계와 무색계에 묶어두는 5가지 족쇄

색계와 무색계에 묶어두는 5가지 족쇄란 색계에 대한 욕망, 무색계에 대한 욕망, 아만(我慢), 들뜸, 어리석음입니다. 갈애에는 3가지가 있다고 말씀드린 적이 있습니다(1권, pp. 246~249). 감각적 쾌락에 대한 갈애와 존재에 대한 갈애, 비존재에 대한 갈애가 그것입니다. 이 가운데 존재에 대한 갈애, 갈망이 바로 색계와 무색계에 대한 욕망에 해당합니다. 단순히 존재하고 싶어 하는 것이 아니라, 행복한 상태로 영원히 살고 싶어 하는 욕망을 뜻합니다.

색계 선정까지 경험한 사람은 색계가 최고의 경지라고 생각합니다. 그래서 색계에서 경험하는 행복감이나 평온함을 영원히 지속하려는 욕망을 일으킵니다. 하지만 색계를 벗어나 무색계까지 올라가게 되면 이번에는 또 무색계의 선정을 더욱더 오랫동안 지니려는 욕망을 일으킵니다. 이런 욕망도 업이기 때문에 지은 업만큼 과보를 받아 다시 색계나 무색계에서 윤회하게 됩니다. 따라서 선정에 묶여 있으면 번뇌를 완전히 끊어내서 진정한 해탈을 이루는 데 오히려 장애가 될 수도 있습니다.

수행을 하면 행복해집니다. 그런데 수행을 놓고 행복을 붙잡으면 그 행복은 사라져버립니다. 수행을 통해 경험한 행복에 집착하지 않고 그대로 둔 채 수행을 계속해야 하는 이유가 여기 있습니다. 행복을 그대로 두고 수행에 전념할 때 더욱 행복해집니다. 물론 색계 선정을 통해 다시 색계에 태어나는 것도 나쁜 일은 아닙니다. 부처님께서도 천상에 태어나는 것은 한계가 있긴 해도 좋은 일이라고 강조하셨습니다. 문제는 그것에 집착하다 보면 윤회의 세계를 벗어나지 못한다는 것입니다. 즐거운 것도 궁극적으로는 조건에 의해서 만들어진 행고(行苦)일 뿐입니다. 즐거움마저 괴로움이라는 사실을 이해하면, 선정 수행이나 기도 등을 통해서 얻은 행복에 취해서 그 행복에만 집착하는 잘못은 범하지 않을 수 있습니다. 행복을 마음껏 누리시되 행복을 붙들지는 마십시오. 붙들면 행복은 사라집니다. 행복에서 자유로울 때 진정으로 행복한 법입니다.

부처님께서는 수행의 결과에 집착하는 중생의 한계를 알고 계셨습니다. 그래서 그 한계를 뛰어넘어 행복에 집착하지 않으면 더 이상 조건에 의한 행복이 아닌 궁극적인 행복으로 나아갈 수 있다고 말씀하셨습니다. 그러니 우리도 수행을 하는 가운데 행복을 경험하더라도 '아, 내가 올바른 길을 가고 있구나'라고 확인만 하고 계속 길을 나아가야 합니다. 그러면 보다 세련된 행복과 고요함을 느끼게 되어 이전에 경험했던 행복이 얼마나 거친 것이었는지 알 수 있습니다.

색계에 대한 욕망이나 무색계에 대한 욕망을 가지고 수행해도 괜찮습니다. 부처님께서도 재가자들에게는 그런 수행을 권하셨으니까요. 단, 그렇게 수행하되 그 한계를 알고 해야 합니다. 그 한계를 알아야 한계를 벗어날 수 있는 길이 보이지 않겠습니까? 좋은 존재에 대한 욕망을 일으키며 수행하되, 그 욕망에 붙들리지 않고 수행만 지속시킬 수 있는 기회를 많이 만드십시오. 그렇게 하면 할수록, 절에 다니면 다닐수록, 수행이 깊어지면 깊어질수록 더 안정되고 더 행복해집니다. 아만은 더 줄어들고, 남을 돌보는 마음은 더 많아집니다.

아만이란 간단히 말해 '나'라는 생각입니다. 이 마음은 아라한이 되기까지 남아 있습니다. 물론 '내가 아나함이다', '내가 수타원이다'라는 생각은 하지 않을 수도 있습니다. 하지만 번뇌로서의 아만은 아직 모두 끊어지지 않은 상태입니다. 이처럼 미세하나마 섬세한 번뇌들이 남아 있기 때문에 안정되지 않는 마음이 남아 있습니다. 그것을 들뜸이라 합니다. 이처럼 아만이 일어나고 색계, 무색계에 대한 욕망이 남아 있고, 들뜸이 남아 있기 때문에 아직 그 바닥에는 어리석음이 완전히 끊어지지 않은 상태로 남아 있는 것입니다.

오상분결을 모두 끊어내는 것은 아라한이 되어서야 가능한 일입니다. 하지만 그 전이라도 어느 정도는 약화시킬 수 있습니다. 욕계에서도 어느 정도 오상분결을 약화시키는 일은 가능하다는 말입니다. 하지만 색계와 무색계에 묶어두는 오상분결은 아직 욕계의 세계에서 헤매고 있는 보통 사람들에게는 별로 해당되지 않습니다. 우리가 먼저 해결해야 될 번뇌들은 오하분결입니다. 가장 먼저 감각적 쾌락에 대한 욕망을 다스리고, 나쁜 의도인 성내는 마음을 다스리고, 잘못된 계율이나 집착을 다스리고, 회의적인 의심을 정진으로 다스리고, 유신견을 다스려야 합니다.

이치에 맞지 않는 사유로부터 바르지 못한 견해가 생겨나

부처님께서는 이치에 맞지 않은 사유로부터 바르지 못한 견해가 생겨난다고 말씀하셨습니다. 경전은 이치에 맞지 않는 사유에 대해서 이렇게 전합니다.

"사유할 만한 가치가 있는 법들을 모르고 사유할 만한 가치가 없는 법들을 모르는 사람, 사유할 만한 가치가 있는 법들을 사유하지 않고 사유할 만한 가치가 없는 법들을 사유한다. 그는 다음과 같이 이치에 맞지 않는 사유를 한다. '나는 과거 생에 존재했었을까 아니면 존재하지 않았을까? 나는 과거 생에 무엇이었을까? 나는 과거 생에 어떻게 존재했을까? 나는 과거 생에 무엇이었고 어떠한 변화가 있었을까? 나는 미래 생에 존재할 것인가? 아니면 존재하지 않을 것인가? 나는 미래 생에 무엇으로 존재할 것인가? 나는 미래 생에 어떻게 존재할 것인가? 나는 미래 생에 어떻게 존재하며 어떤 변화가 있을 것인가?' 또한 현재에도 다음과 같은 의문으로 가득 차 있다. '도대체 나는 있는 것인가 아니면 없는 것인가? 나는 무엇인가? 나는 어떻게 존재하는 것인가? 이 존재는 어디서 와서 어디로 가는 것일까?'라고."[주12)]

자신에 대한 이런 의문은 우리가 늘 품고 사는 것이기도 합니다. 하지만 부처님께서는 이런 사유가 이치에 맞지 않는다고 말씀하십니다. 어째서 그럴까요? '나'라는 존재를 상정했기 때문입니다. 나라는 것이 있다는 가정 아래, 그것이 과거에는 어땠을까, 미래에는 어떻게 될까, 지금의 나는 무엇인가 하고 궁금해 하기 때문이지요.

불교에서는 무아(無我)라는 것을 말합니다. 그런데 정말 나라는 존재가 없습니까? 그러면 이렇게 글을 쓰는 저는 누구이며 이 글을 보시는 여러분은 누구입니까? 이 책을 쓰는 저는 부처님 법을 생각하고 배우면서 그것을 이해해 글을 통해 설명하고 있습니다. 이러한 모든 과정들은 있습니다. 하지만 그 안에 '김재성'이라는 고정불변의 실체가 있다고 생각하지는 않습니다. 여러분도 한번 생각해보세요. 이 글을 읽는 순간의 여러분 자신과 이 글을 다 읽고 난 후의 자신을 한번 보십시오. 거기에 어떤 불변하는 자아나 영혼이 있어서 이 글을 읽었습니까? 아닙니다, 여러분의 시각기관이 제 글을 받아들였을 뿐이지요. 그 흐름만이 있을 뿐입니다. 그 흐름 속에는 글에 대한 여러분의 이해도 있습니다. 하지만 그런 이해 역시 여러분 자신은 아닙니다.

이처럼 모든 과정들을 있는 그대로 보면 그 어느 과정에도 고정불변의 나라는 것이 없음을 알 수 있습니다. 하지만 이 역시 머리로 이해하는 것이지요. 생각으로, 분별의식으로 이해하는 것입니다. 분별의식으로 이해하는 것에는 한계가 있습니다. 그래서 다시 '나'라는 생각에 사로잡힙니다. 부처님은 이 모든 것이 이치에 맞지 않는 사유라고 말씀하십니다.

사실 저 역시 위빠사나 수행을 하기 위해 미얀마로 가기 전까지만 해도 '나는 누구인가'라는 문제를 골똘히 생각했습니다. 그러다가 수행을 하면서 '지금 내 마음은 어떤 상태인가'로 의문이 바뀌었지요. 나는 누구인가 하고 뭔가를 찾으려 할 때는 도통 잡히는 것이 없었는데, 현재 심리적·육체적으로 어떤 상태인가 하며 있는 그대로 살피다 보니 마음의 안정과 자유를 조금씩 맛볼 수 있었습니다.

'나'라는 것은 계속 변합니다. 그러니 그렇게 무상한 나를 찾을 게 아니라 지금 있는 그대로의 모습을 살펴보는 편이 훨씬 효과적입니다. 그리고 그 안에 나를 행복하게 하고 유익하게 하는 법들이 작용하고 있는지 살펴봐야 합니다. 우리는 결코 찾을 수 없는 것을 찾으려는 경향이 있습니다. 그러기보다는 지금 내 마음이 어떻게 일어나고 있는지, 화내고 있는지, 욕망에 사로잡혀 있는지, 의심하고 있는지, 짜증을 내고 있는지, 누구를 원망하고 있는지 살펴보는 것이 더 효과적입니다.

잘 보십시오. 그러한 감정들과 생각들은 어떤 조건으로 인해 생긴 것들입니다. 일단은 그것들을 '나'라고 생각해도 좋습니다. 그런데 그 '나'라는 것은 변화하고 있습니다. 흘러가고 있습니다. 하지만 '나'라는 것이 무상하다는 사실을 놓쳐버리면 또 다시 이치에 맞지 않는 생각들을 하게 됩니다. '도대체 과거에 무슨 업을 지었기에 이 모양 이 팔자로 태어났나?', '이렇게 살다가는 내생에는 또 요 모양으로 살 것 아닌가?' 이런 걱정은 아무런 쓸모도 없는 걱정입니다. 우리의 느낌이나 생각이 조건에 의해서 생겨났다가 사라지는 것임을 모르기 때문에 떠오르는 망상일 뿐입니다.

숙명통으로 자신의 전생을 기억할 때도 '나'가 존재한다고 생각하는 것이 아닙니다. 전생의 오온이 어떻게 흘러갔는지 파악할 뿐입니다. 우리가 인간의 세계에서 죽은 후 천상의 세계로 화생(化生)한다고 해도 지금 인간의 몸과는 완전히 다른 형태로 태어납니다. 지금 여기서 지은 업의 힘이 천상의 존재를 만들어내는 힘으로 작용하지요. 이 정도의 연결고리가 있을 뿐이므로, 우리가 지금 여기 존재하는 인간으로서 이 안의 나를 찾는다는 것은 무의미한 일입니다.

그렇다면 주인공을 찾는 선의 화두인 "이 뭣고?"는 어떻게 이해할 수 있을까요? "이 뭣고?" 하면서 참구하랬다고 어떤 사람들은 자기 마음 안에서 불변하는 것을 찾으려 하기도 합니다. 불성이라는 것을 찾으려고 애를 쓰는 경우가 있지요. 하지만 그런 태도는 불성이 어떤 실체를 갖고 있다는 잘못된 생각에 빠질 수 있기 때문에 조심해야 됩니다. 초기불교에서 설하는 무아설이나 연기의 가르침을 잘 이해한 후 그것을 토대로 후대의 대승불교나 선불교를 이해해야만 그런 잘못에 빠지지 않습니다. 초기불교의 가르침을 이해하지 못한 사람에게 갑자기 "너를 찾아라", "주인공은 누구인가?"라고 물으면 어떻게 되겠습니까? 굉장히 혼란스러워지겠지요. 그러면서 보고 듣고 느끼는 것이 주인공인 양 착각하게 됩니다. 부처님께서는 같은 경전(맛지마 니카야 I, 8, 〈일체번뇌경〉)에서 자아에 대한 6가지 견해를 부정하십니다.

"이와 같이 이치에 맞지 않은 사유로부터 그에게는 다음의 6가지 견해가 생겨난다. '나에게는 자아가 있다. 나에게는 자아가 없다. 나는 자아에 의해서 자아를 지각한다. 나는 자아에 의해서 자아가 없음을 안다. 나는 무아에 의해서 우리 몸과 마음은 나라고 할 만한 것이 없음을 안다. 나에게는 말하고 느끼고 여기저기서 선한 행위와 악한 행위의 과보를 느끼는 자아가 있는데, 바로 그 자아는 영원하고 지속적이며 무한하며 변하지 않는 성질을 가지고 있으며 영원히 똑같은 상태로 남아 있을 것이다'라는 생각이다."

여기서 자아란 힌두교에서 말하는 아트만입니다. 인도의 힌두교에서 아트만이란 영원한 영혼처럼 변하지 않는 존재를 뜻하지요. 하지만 부처님은 자아에 대한 위와 같은 생각들이 잘못된 견해라고 하십니다. 자아가 있다면서 집착할 수도 있고, 자아란 없으니까 죽어버리면 모든 게 끝이라고 생각할 수도 있습니다. 불교에서 말하는 무아도 우리가 흔히 말하는 '나'라는 것이 없다는 뜻이 아닙니다. 변하지 않는 나, 불변하는 영혼과 같은 내가 없다는 것이지요.

불교를 공부하는 사람들은 특히 다섯 번째인 '나는 무아에 의해서 우리 몸과 마음은 나라고 할 만한 것이 없음을 안다'는 생각에 집착합니다. 이런 생각은 자칫하면 무아인 진정한 자아가 있다는 생각으로 나아갈 수도 있습니다. 무아이기 때문에 진아(眞我)라고 주장할 수도 있지 않습니까? 이역시 잘못된 견해입니다. 실제로 무아를 제대로 파악하면 그런 견해에 휩쓸리지 않습니다.

여러분도 이 6가지 견해 가운데 어디에 빠져 있는지 잘 살펴보십시오. 하지만 아직 어떤 자아관념이 있다 하더라도 너무 걱정하진 마세요. 지금으로선 내가 없다는 생각보다 내가 있다고 생각하는 편이 더 건전합니다. 단지 그런 '나'가 고정불변하는 것이라고 생각하지만 않으면 됩니다. '나는 나야', '나는 절대로 바뀌지 않아', '이건 내 생각이야. 한 치도 양보할 수 없어'라고 생각하지만 않으면 됩니다.

이치에 맞지 않는 사유에 이어, 부처님께서는 이치에 맞는 사유에 대해 말씀하십니다.

"하지만 비구들이여, 성인으로 알려져 있는, 배움이 있는 고귀한 제자들은 성인의 가르침을 알고 있으며 고귀한 가르침에 의해서 잘 인도받는

다. 그들은 무엇이 이치에 맞는 사유이며 무엇이 이치에 맞지 않는 사유인
가를 잘 알고 있다. 그는 '이것은 괴로움이다'라고 이치에 맞게 사유한다.
그는 '이것은 괴로움의 원인이다'라고 이치에 맞게 사유한다. 그는 '이것은
괴로움의 소멸이다'라고 이치에 맞게 사유한다. 그는 '이것은 괴로움의 소
멸에 이르는 길이다'라고 이치에 맞게 사유한다."

이치에 맞는 사유란 있는 그대로 현실을 인식하는 것입니다. 그 현실의
문제는 무엇인지, 그 문제의 원인은 무엇인지, 그 원인은 어떻게 소멸하는
지, 그처럼 소멸에 이르는 길은 무엇인지 아는 것이지요. 바로 지금 우리
가 살펴보고 있는 4가지 고귀한 진리, 사성제에 대한 사유가 바로 이치에
맞는 사유라는 뜻입니다. 거꾸로 말하면, 사성제를 떠난 사유는 결국 이치
에 맞지 않는 사유가 될 테지요.

수타원, 흐름에 들어선 자

수타원이 되면 이치에 맞는 사유에 의해서, 중생들을 존재의 세계에 붙
들어놓는 10가지 족쇄 가운데 3가지 족쇄를 끊게 됩니다. 수타원은 예류
(預流, Sotāpanna)라고도 하는데, 흐름에 들어선 사람이라는 뜻입니다. 여
기서 흐름이란 팔정도의 흐름을 의미하며, 따라서 수타원은 팔정도의 수행
속에 완전히 들어간 사람, 성인의 무리에 합류한 사람이라는 뜻이 됩니다.

성인의 흐름에 들어서면 유신견과 회의적인 의심, 계금취견의 3가지 족
쇄를 끊게 됩니다. 그래서 수타원은 파멸되지 않는 이, 결정된 이, 깨달음
에 이르는 이라고도 불립니다. 파멸되지 않는다는 것은 더 이상 악도에 떨
어지지 않는다는 뜻입니다. 수타원은 인간보다 낮은 세계로 떨어지지 않

고, 따라서 아라한이 되는 길이 결정된 사람입니다. 아무리 늦어도 일곱 생 만에 아라한이 된다고 합니다.

또한 수타원이 되면 4가지 흔들리지 않는 믿음이 생겨납니다. 그중 3가지는 불법승 삼보에 대한 믿음입니다. 회의적인 의심이 완전히 사라졌기 때문에 삼보에 대한 믿음이 흔들리지 않습니다. 이와 더불어 마지막 믿음은 계를 깨지 않는 것입니다. 이처럼 삼보에 대한 믿음과 계에 대한 청정함을 갖췄기 때문에 사불괴정(四不壞淨)이라고 합니다. 따라서 삼보에 대한 의심이 전혀 없으며 계를 잘 갖추고 산다면 수타원의 자질을 갖췄다고 말할 수 있습니다.

수타원이 되는 데는 기본적으로 2가지 길이 있습니다. 하나는 믿음으로 수타원이 되는 길입니다(隨信行). 부처님에 대한 믿음, 삼보에 대한 믿음이 확고하게 자리 잡았을 때 그 믿음의 힘에 의해서 지혜가 생깁니다. 그 지혜의 힘으로 3가지 속박을 끊어버리게 됩니다. 믿음에 얼마나 큰 공덕이 있는지를 알 수 있지요. 부처님 당시에는 굉장히 많은 사람들이 부처님을 보거나 법문을 듣는 것만으로 즉시 수타원이 되었다는 이야기들이 있습니다. 확고한 믿음이 정립될 때 그 믿음의 힘에 의해서 3가지 번뇌가 떨어져 나가 성자가 된 사람들의 이야기가 경전에 많이 나옵니다. 출가자뿐 아니라 재가자도 수타원이 될 수 있습니다. 따라서 우리도 재가자의 신분으로 열심히 수행한다면 성자가 될 수 있습니다. 재가자라 할지라도 수타원이나 사다함, 아나함이 될 수 있습니다.

수타원이 되는 두 번째 길은 지혜를 통한 것입니다. 이처럼 지혜에 의해서 수타원이 되는 길을 수법행(隨法行)이라고 합니다. 사리풋타 존자는 아싸지 스님을 만나서 아주 간단한 연기법에 대한 게송을 듣고는 지혜가 열렸다고 합니다(1권, pp. 73~74). 사리풋타 존자는 이때 바로 수타원이 된 것입니다. 게송을 듣는 즉시 지혜가 열리면서 3가지 번뇌가 끊어졌기 때문에 수타원에 이른 것이지요.

《숫타니파타》의 〈보배경〉을 보면 다음처럼 수타원을 찬탄하는 내용이 있습니다.

> 심오한 지혜를 가진 분에 의해 잘 가르쳐진 진리,
> 즉 4가지 성스러운 진리를 명확하게 이해한 분들,
> 그들이 아무리 게으르다 할지라도,
> 그들은 여덟 번째 생존을 받지 않습니다.
> 이 뛰어난 보배는 상가에 있습니다.
> 이 진리에 의해서 행운이 있기를(Sn 236게).

수타원은 부처님께서 가르쳐주신 사성제를 명확하게 이해한 분들, 자기 체험에 의해서 깨달은 분들입니다. 그래서 아무리 게으르다 할지라도, 이런저런 잡일을 한다 할지라도 여덟 번째 생존을 받지 않습니다. 다시 말해, 아무리 길어도 일곱 번째 생에서는 아라한이 된다는 말이지요. 덧붙여 이 게송은 수타원이라는 뛰어난 보배가 상가 안에 있기 때문에 그 상가를 귀중하게 생각해야 한다고 말합니다.

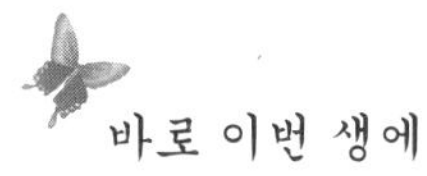

바로 이번 생에

우 판디타 사야도의 법문 내용을 정리한 책 가운데 《바로 이번 생에(In this very life)》라는 책이 있습니다. 우 판디타 사야도는 제가 위빠사나를 처음 배운 스승이기도 합니다. '바로 이번 생에'라는 표현은 적어도 이번 생에 수타원의 깨달음이나마 이루어야 한다는 간절한 메시지를 담고 있습니다. 적어도 이 생에서 성인의 흐름에 들어서야 안심할 수 있다는 것이지요. 우 판디타 사야도는 팔십이 훨씬 넘은 고령에도 아직 정정하게 열심히 후학을 지도하고 계십니다. 또 매년 12월 1일~1월 31일에는 미얀마의 숲속 센터에서 외국인들을 위한 특별 집중 수련을 지도하시지요. 여러분 가운데 남방에서 수행을 해보고 싶은 분이 계시다면 우선 우리나라에서 기본적인 수행을 접하시길 권합니다. 이곳에서 어느 정도 기본을 익힌 후 남방불교의 수행처를 찾는다면 더욱 큰 효과를 볼 수 있습니다.

사다함, 한 번 되돌아오는 자

수타원 다음은 사다함입니다. 사다함(Sakadāgāmi)이란 말은 '한 번 되돌아오는 성인(一來)'이라는 뜻으로, 이 세상에서 죽은 후 욕계에는 딱 한 번만 태어나서 아라한의 깨달음을 얻게 된다는 의미입니다. 사다함은 10가지 족쇄 가운데서 네 번째인 감각적 쾌락의 욕망과 다섯 번째인 악의, 즉 분노라는 족쇄를 약화시켜서 거친 형태의 탐욕과 성냄을 극복한 성자입니다.

앞서 수타원은 최대한 일곱 번째를 마지막 생으로 아라한의 완전한 깨달음에 들어간다고 말했지요? 금생에 수타원을 이루고 나서 빠르면 내생에 아라한이 될 수도 있고, 아니면 내생에 사다함을 이룰 수도 있습니다.

미얀마에 디파 마(Dipa Ma Barua: 1911~1989)라는 여성 수행자가 있었습니다. 원래 인도 출신인데 미얀마로 와서 열심히 수행한 후 성자가 되었다고 합니다. 이 할머니에겐 딸도 있고 손녀들도 있었습니다. 12살에 결혼해서 자식도 둘 낳았으나 일찍 죽고, 사십대에 디파라는 딸을 낳게 됩니다. 하지만 1957년에 남편이 죽고 난 후, 몸이 약해서 병에 시달리다가 위빠사나 수행을 만나게 되지요. 그런 후 굉장히 빠르게 수행을 성취합니다. 공식적으로 말할 수 있는 내용은 아니지만, 디파마는 수타원의 깨달음을 얻었다고 합니다. 재가자의 신분으로 깨달음을 얻어서 성인이 된 것이지요. 그래서 재가자들의 수호자로서 많은 역할을 했고 서양의 많은 위빠사나 지도자들을 가르치기도 합니다. 샤론 살스버2나 잭 콘필드, 죠셉 골드스틴처럼 현재 미국을 대표하는 위빠사나 지도자들의 스승이 되면서 큰 영향을 미칩니다.

아나함, 되돌아오지 않는 자

사다함의 다음 단계는 아나함(Anāgāmi)입니다. 되돌아오지 않는 성인이라고 해서 불환(不還)이라고도 합니다. 아나함은 10가지 족쇄 가운데, 존재를 욕망의 세계에 붙들어놓는 5가지 족쇄, 즉 오하분결을 완전히 없애버린 성자입니다. 다시 한 번 말하자면, 오하분결이란 유신견, 회의적인 의심, 계금취견, 탐욕, 성냄을 뜻합니다.

아나함은 죽은 후에 인간의 세계를 포함한 욕계에는 두 번 다시 태어나지 않고, 미세한 물질의 세계인 색계에 다시 태어나 그곳에서 최상의 목표인 아라한의 깨달음을 얻습니다. 사다함이 욕계에 한 번 돌아와서 아라한이 되는 것과는 달리, 아나함은 욕계에 돌아오지 않고 색계에서 아라한이 되는 것이지요.

아나함은 재가자 상태로 살아갈 수 있습니다. 하지만 아라한이 된 다음에는 그날로 출가를 하거나 곧바로 열반에 들어야 된다고 합니다. 아라한이 된 후로는 재가자로서 세속에 몸담고 살 수 없다는 뜻입니다. 재가자의 신분으로는 아라한의 법을 하루 이상 지속할 수가 없기 때문입니다.

재가자로서 성자가 된 사람들 2

부처님 당시 욱가 장자는 재가자로서 불환과를 얻었습니다. 대승경전에도 주인공으로 등장할 만큼 유명한 분입니다. 욱가 장자는 대단한 부자였는데, 부인도 넷이나 있었답니다. 그런데 아나함이 되면 감각적 욕망이 완전히 없어져버리지 않습니까? 탐심과 진심이 완전히 사라져버려 누구에게 화내는 일도 없고 성적인 욕망도 안 일어나지요. 그래서 욱가 장자는 부인들을 불러놓고 이렇게 말합니다. "나에겐 더 이상 감각적 욕망에 대한 욕구가 없소. 그러니 이 중에 남자가 필요한 사람이 있다면 떠나도 좋소. 새로운 길을 가는 데 필요한 돈도 주겠소." 이때 첫째 부인은 욱가 장자를 떠나 다른 남자와 새출발을 했다고 합니다. 이 이야기에서 중요한 것은 아나함이 되면 모든 감각적 욕망이 사라져 이성을 성적인 대상으로 보지 않는다는 것이며, 재가자의 신분으로서도 감각적 욕망을 완전히 소멸한 상태에 이를 수 있다는 것이지요. 부처님은 8가지 경이롭고 놀랄 만한 법을 갖추었다며 욱가 장자를 칭찬하셨습니다.[주13] 8가지 경이롭고 놀랄 만한 법이란 다음과 같습니다. (1) 장자는 붓다를 보자 청정한 믿음을 일으킨다. 붓다는 보시, 지계, 천상의 교설과 함께 감각적 욕망의 위험, 타락, 오염원, 벗어남의 공덕을 말했다. (2) 믿음이 생긴 후, 붓다는 사성제를 설명하고 장자는 "생겨나는 성질을 가진 것은 소멸하는 성질을 가진 것"[주14]을 이해한 법의 눈을 얻는다. 이때 장자는 청정 범행을 다섯 번째로 하는 오계를 지니게 된다.[주15] (3) 4명의 부인들에게 자신이 청정 범행을 지키게 되었으니, 남자가 있으면 함께 살라고 하자 첫째 부인이 다른 남자와 살 것을 요청해서 보낸다. (4) 자신의 재물을 계를 갖춘 분들과 공유한다. (5) 비구 승가를 정성스럽게 섬긴다. (6) 스님이 법을 설명하면 정성을 다해 듣고, 스님이 법을 설하지 않으면 자기가 스님에게 법을 설명한다. (7) 천신들과 함께 대화를 나누지만 마음이 우쭐해지지 않는다. (8) 존재를 욕계에 붙들어 두는 번뇌인 오하분결이 모두 끊어졌다. 육가 장자는 재가자로서 부처님의 가르침을 듣고 실천하여, 현세의 행복(부유하고 부족함이 없는 생활)과 다음 생의 행복(정거천에 태어남), 그리고 궁극의 행복(아라한과를 얻음)을 얻은 좋은 예라고 할 수 있습니다.

아라한, 완전한 성인

네 부류의 성자 가운데 마지막 단계가 아라한입니다. 아라한은 완전한 성인으로서, 응공(應供)이라고도 불립니다. 공양 받을 만한 분이라는 뜻이지요. 아라한이 되면 10가지 족쇄에서 완전히 벗어납니다. 다시 말해, 존재를 욕계에 묶어두는 번뇌인 오하분결뿐 아니라, 색계와 무색계에 묶어두는 오상분결에서도 완전히 자유롭습니다. 오상분결이란 색계에 대한 욕망, 무색계에 대한 욕망, '나'라는 마음(아만), 들뜸, 어리석음(無明)이라는 번뇌입니다. 아라한에게는 욕계나 무색계에 대한 욕망뿐 아니라 아만심이나 어리석음, 안정되지 않은 들뜬 마음이 없습니다. 아만심이 없기 때문에 나라는 생각에 사로잡혀 번거로워할 일도 없고, 들뜨는 마음도 없기 때문에 마음은 늘 고요히 가라앉아 있습니다.

미얀마의 큰스님인 순룬 사야도(Sunlun Sayadaw, 1878~1952)는 원래 글자도 모르는 분이었는데, 호흡을 관찰하는 수행과 위빠사나 수행을 통해 4개월 만에 아라한이 되었다고 합니다. 그리고 아라한을 이루기 전에는 재가자로서 아나함까지 이릅니다. 세속에서 농사를 짓다가 호흡을 관찰하는 수행법이 있다는 말만 듣고서, 혼자 수행을 통해 한 달 만에 수타원이 되고, 또 한 달 만에 사다함, 한 달 만에 아나함이 된 것이지요. 그렇게 아나함이 된 후에 출가를 결심합니다. 그런데 부인이 "출가하는 것은 좋은데, 밭이나 갈고 출가하라"고 말하자, 소를 몰고 밭을 갈다 말고 출가를 해버립니다. 그 후 한 달 만에 아라한의 깨달음을 얻습니다. 하지만 순룬 사야도가 직접 아라한이 되었다고 말한 적은 없습니다. 그저 자신의 경험을 얘기할 뿐이지요. 일자무식인 스님이 아라한이 되었다는 소리를 듣고서 많은 교학자들이 찾아와 테스트를 합니다. 그런 후 순룬 사야도가 진짜 아라한이라는 것이 증명되지요.[주16]

위대한 복전, 네 부류의 성자

앞서 살펴본 네 부류 성인들의 단계는 각각 도(道 : 깨달음 또는 깨달음에 이르는 길)와 과(果 : 깨달음의 결실)로 나뉩니다. 도가 깨달음을 얻는 순간의 체험이라고 한다면, 과는 그 순간적인 체험을 한 후 다음 순간에 얻어지는 깨달음의 결과를 말합니다. 그래서 수타원의 도(원인)와 수타원의 과(결과), 사다함의 도와 사다함의 과, 아나함의 도와 아나함의 과, 아라한의 도와 아라한의 과로 나누어집니다. 이처럼 네 부류로 된 8단계의 성자라는 뜻에서 사향사과(四向四果)의 사쌍팔배(四雙八輩) 성자라고 하지요.

여기서 도란 그에 상응하는 과에 들어서기 직전 한순간의 깨달음 체험을 말합니다. 그래서 도가 원인이 되어서 과가 일어납니다. 이처럼 도의 체험이 있고 나서 바로 그다음 순간 과의 체험이 일어납니다. 깨달음의 내용이 간격 없이 바로 이어진다는 뜻이지요. 과의 체험은 상황에 따라서 살아있는 동안 수없이 반복적으로 일어나기도 합니다. 예컨대 우리가 과를 한 번 체험하더라도 그것에 그치는 것이 아니라, 그처럼 과라고 하는 깨달음의 깊은 선정에 자주 들어갈 수 있습니다. 그러한 선정의 상태를 과정(果定, phala-samāpatti)이라고 하는데, 이러한 선정 상태에 들어가면 미동도 없이 고요히 마음이 가라앉은 채로 지낼 수 있습니다.

이처럼 도를 체험한 직후에 과가 이루어지므로, 여기서의 도란 단순한 수행 방법이라기보다 깨닫는 체험의 순간을 의미한다고 이해하는 것이 좋습니다. 팔리 아비담마에서는 도를 체험할 때 열반을 맛보고, 과정 상태, 즉 과의 깊은 체험 속으로 들어간다고 설명합니다. 그리고 경전에서는 열심히 수행해서 도와 과의 체험이 일어나기 바로 직전에 칠각지를 경험한다고도 말합니다. 따라서 도와 과에 대한 체험이 출가한 스님들이나 부처님 당시의 제자들 이야기라고만 한정지을 순 없습니다. 재가자들도 열심히 수행하면 바로 이 생에서 얻을 수 있는 수행의 결과임을 명심해야 합니다.

수타원이 되었을 때 얻을 수 있는 안도감, 사다함이 되었을 때의 그 깊은 체험, 아나함이 되었을 때 욕망과 성냄이 완전히 없어진 상태를 한번 생각해보십시오. 그리고 아라한이 되어 완전한 해탈에 도달한 상태를 한번 그려보세요. 생각만 해도 기쁘고 희망이 샘솟지 않습니까? 우리와 같은 보통 사람에게도 길이 열려 있다는 것, 이것이 바로 부처님께서 법을 설하신 가장 큰 이유일 테지요.

성자가 된 재가자가 갓 출가한 스님에게 절을 하는 이유는?

재가자로서 성자가 되었다 해서 출가자에게 절을 받는 일은 없습니다. 상대가 이제 막 출가한 비구 스님이라도 재가자가 절을 해야 합니다. 이는 질서입니다. 승단의 질서를 위해서 그렇게 인사를 합니다. 그런데 우리나라 절집에서는 스님들 사이에도 승랍(僧臘 : 승려가 된 햇수)에 관계없이 대부분 맞절을 합니다. 나아가 재가신도들이 절을 하면 스님들이 맞절로 대하기도 합니다. 이것은 불교가 아닌 유교에 가까운 예법입니다. 남방의 스님들은 처음 만나면 승랍이 얼마인지 서로 물어봅니다. 그래서 승랍이 4년 되었다면 승랍이 5년 된 분에게 삼배를 합니다. 5년 된 분은 가만히 앉아서 절을 받지요. 이것이 승단의 질서입니다. 그리고 재가자들이 스님에게 절할 때는 개인이 아닌 승단, 승보에 절하는 것입니다. 그러니까 스님들도 맞절을 하면 안 된다고 생각합니다. 승단의 질서에 세속적인 가치를 적용한다면 불법과 세간법의 차이가 없어져버려 불법의 순수함이 깨질 수도 있습니다.

부처님께서는 콘단냐 비구가 부처님 제자 가운데 첫 번째로 수타원이 되었을 때 매우 기뻐하셨습니다. 콘단냐가 이룬 것이 아라한이 아닌 수타원의 경지였음에도 부처님께서는 "콘단냐가 깨달았다, 콘단냐가 깨달았다"고 거듭 말씀하실 만큼 좋아하셨습니다. 이 이야기는 우리에게 주는 시사점이 매우 많습니다.

그러니 우리도 바로 이 생에서 불법을 만난 행운에 감사하며 열심히 부처님 말씀을 공부하고 수행해야 합니다. 나아가 고귀한 사쌍팔배의 성인은 아주 뛰어난 복전(福田)이기 때문에 그분들을 공경해야 합니다. 그분들에게 공경하는 마음을 갖고 보시를 행하면 큰 복을 받는다고 하지요. 부처님이 가장 위대한 복전이라고 한다면, 그 다음으로 우리가 세상에서 만날 수 있는 복전은 바로 이 네 부류의 성인들입니다.

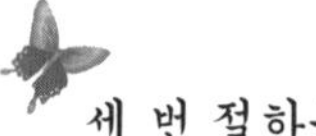

세 번 절하는 것도 예법에 따라서

보통 우리나라에선 삼배는 큰 스님이나 받는다고 해서 보통 스님들은 일배만 받습니다. 하지만 삼배에는 삼보에 경배한다는 뜻이 들어 있습니다. 따라서 어떤 스님이건 삼배를 받는 것이 자연스런 예법입니다. 남방의 불교신자들은 길에서 스님을 만나기라도 하면 땅바닥에 무릎을 꿇은 채 절합니다. 마치 부처님이라도 만난 것처럼 절을 합니다. 절하는 것뿐 아니라 사찰 법당에서 자리를 골라 앉는 것에도 지혜가 필요합니다. 법당에 들어갔을 때 어느 자리에 앉을지 몰라 곤혹스러운 적이 있으실 겁니다. 이럴 때는 불자가 된 순서대로 앉는 것도 방법입니다.

자아에 대한 잘못된 견해

앞서, 사쌍팔배의 첫 흐름인 수타원이 되면 유신견이 없어진다고 말했습니다. 유신견이란 오온을 자아와 관련시키는 견해이지요. 부처님께서는 제자들에게 이렇게 물어보셨습니다. "비구들이여, 만일 자아가 있다면 나의 자아에 속한 것도 있을 수 있다고 할 수 있는가?" 제자들이 그렇다고 대답하자 부처님께서는 다시 묻습니다. "비구들이여, 자아에 속한 것이 있을 때 나의 자아가 있다고 할 수 있는가?" 비구들은 그렇다고 대답합니다. 그러자 부처님은 이렇게 말씀하십니다.

"하지만 비구들이여, 자아나 자아에 속한 것을 실제로 발견할 수 없다면, 그것이 세계이고 자아이며 죽은 후 상주하는 것, 견고한 것, 영원한 것,

불변하는 속성을 지닌 것, 영원히 그대로 머물 것이라는 견해의 근거는 정말로 어리석은 것이 되지 않겠는가?"[주17]

나라는 것이 있다면 나의 것이라는 것도 있을 테지요. 영원한 자아가 있고 그 자아의 소유물도 있다면 그 자아가 생각을 하고, 그 자아가 느끼는 일들도 가능할 것입니다. 하지만 나라는 것이 없다면 나의 것이라는 것도 있을 수 없습니다. 여기서 부처님은 자아에 대한 것도, 자아에 속한 것에 대한 것도 잘못된 견해라고 말씀하십니다.

영원하고 견고한 자아가 있어서 죽은 후에도 계속 존재한다는 생각은 상주론, 영원주의에 속합니다. 우리는 보통 이처럼 나라는 생각, 자아라는 생각, 이것은 내 것이라는 생각, 내 가족이라는 생각, 내 집이라는 생각을 하며 살아갑니다. 첫 설정부터 잘못되었기 때문에 수많은 오류들이 계속해서 뒤따릅니다. 따라서 가장 먼저 할 일은 자신이 자아에 대해서 잘못 생각하고 있다는 사실을 잘 보는 것입니다. '내가 나라고 생각한 그 나는 잘못 설정된 나이구나'라고 올바르게 파악할 때 잘못된 이해에서 벗어나 바른 이해로 다가갈 수 있습니다.

몸과 마음이 나인가?

보통 우리는 무상과 고, 무아에 대해 머릿속으로만 생각합니다. 그리고 이해했다고 여기지요. 하지만 몸, 느낌, 지각이나 관념, 의지나 형성, 의식들이 일어날 때마다 무상함을 정확하게 알아차리지는 못합니다. 그래서 '이 몸은 나다', '이 느낌은 내 느낌이다', '이 생각은 내 생각이다', '이 의지는 내 의지다', '이 의식은 내 의식이다'라는 생각에 사로잡힙니다. 그럼으로써 무상하다는 것은 놓쳐버리고 자기 생각, 자기 의지, 자기 고집, 자기 의식, 내 몸에 붙들려서는 더 이상 꼼짝달싹하지 못하고 집착하기 시작합니다.

무상은 끊임없는 통찰과 관찰을 통해서 자기의 몸과 마음이 있는 그대로 보일 때 진정으로 이해되기 시작합니다. 훈련이 필요하지요. 수행을 통해서 그런 훈련을 해나간다면 무상을 머릿속으로 이해하는 것에 그치지 않고 꿰뚫어볼 수 있는 힘이 생깁니다. 올바른 방향으로 수행하면 무상을 있는 그대로 통찰할 수 있는 지혜가 생겨납니다.

우리가 경험할 수 있는 세계에서, 우리 몸과 마음에서 영원하며 변하지 않는 것이 있을 수 있습니까? 하나라도 있는지 한번 생각해보십시오. '있다'는 생각은 있지 않느냐고요? 하지만 그 생각도 변하는 것입니다. 변해도 아주 빠르게 변합니다. '있다'는 생각이 다른 생각으로 채워지고, 또 다른 생각으로 채워지는 식으로 생각은 끊임없이 변합니다. 그렇다면 '있다'는 주장은 어떨까요? 그 또한 끊임없는 시간의 흐름 속에서 변하고 있습니다. 고대 그리스의 역사학자 헤로도토스는 "누구도 똑같은 강물에 담글 수 없다"고 말하기도 했습니다.

하지만 우리는 이 몸과 마음이 영원하기를 바랍니다. 결국 모순되는 일을 바라는 것이지요. 모든 것이 무상한데 그 속에서 영원한 것을 찾는 것은 어리석은 일입니다. 물론 우리 몸이 무상하니 마구 함부로 대하라는 뜻은 아닙니다. 건강하게 살기 위해 열심히 운동도 하고 깨끗하게 씻어주고 먹여주고 입혀주는 것은 좋은 일입니다. 부처님께서도 사치스럽지 않고 건전한 범위 내에서는 그렇게 살라고 강조하셨습니다.

경전을 보면 오온에 대해서 여러 가지로 설명하는 부분이 계속 나옵니다. 사람들마다 이해하는 수준이 다르기 때문에, 같은 내용일지라도 그 수준에 맞춰 그때그때마다 다르게 설한 것이지요. 각각의 사람들에게 가장 효과적인 말씀을 하시다 보니, 어떤 때는 오온을 말씀하시고 어떤 때는 십이처를 말씀하시고 어떤 때는 십팔계를 말씀하시기도 합니다. 표현이 어떻게 달라지든 확실한 것은 현명한 사람이라면 누구라도 오온이 무상하다는 사실을 알게 된다는 것이지요.

우리는 끊임없이 '나다', '내 것이다' 하며 살아가지만 부처님께서는 그런 관념이 없기에 자신을 고집하지 않습니다. 단지 법을 듣고 따르려는 중생을 제도하기 위해서, 그들의 잘못된 사견을 극복해주기 위해서 여러 가지 말씀을 하십니다. 잘못된 견해를 가진 사람들이 오면 그 견해를 바로잡아주고, 올바른 견해를 가지고 있는 사람들이 오면 그런 견해를 더욱 향상시켜주기 위해서 이런저런 설명을 하십니다. 하지만 당신의 자아를 사람들에게 강요하기 위해서 설법하신 적은 없습니다.

부처님께서 처음 깨달음을 얻고 다섯 비구들을 찾아가셨을 때, 비구들은 부처님께 "고타마여"라며 이름을 불렀습니다. 하지만 부처님은 "여래를 이름이나 성으로 불러서는 안 된다"고 말씀하십니다. 부처님께 아만심이 있어서, 자아의식이 있어서 그렇게 말씀하신 것이 아닙니다. 여래는 이름과 성에 구애받지 않는 존재임을 표현하신 거였지요. 사람들이 여래에 대해서 잘못 이해할까 봐, 여래를 자기 식으로 판단하고 세속적인 잣대로 생각할까 봐 그렇게 말씀하신 겁니다.

하지만 우리는 '나'라는 생각에 갇혀 있습니다. 어떤 꺼풀들이 나인가요? 우리는 가장 먼저 이 육신이 자신이라고 생각합니다. 그래서 자기 몸에 상처가 나면 그토록 고통스러워하며 애지중지 돌봅니다. 또, 다른 사람이 내 몸에 돌이라도 던지면 원수처럼 달려들어 싸웁니다. 하지만 잘 생각해보면 몸이라는 것이 얼마나 변하기 쉬운 것인지 알 수 있습니다. 아침에는 상쾌했다가 점심을 먹으면 노곤해지고 일과를 마칠 저녁 무렵이면 피곤에 지쳐 쓰러질 듯합니다. 하루에도 육체의 상태가 얼마나 많이 바뀌는지 알 수 있지요. 조금 신경 쓰면 배도 아프고, 할 일이 많으면 스트레스 때문에 머리도 지끈거립니다.

육신이 나라는 생각에서 조금 벗어나면 또 다시 마음이 자기 자신이라고 생각하게 됩니다. 하지만 마음은 몸보다 더욱 빨리 변합니다. 아비담마에서는 육신보다 마음이 17배나 빨리 변한다고 합니다. 물질 현상이 한번 변할 때 마음의 현상들은 17번 바뀐다는 소립니다. 몸도 무상한데 그보다 17배나 빨리 움직이는 마음을 나라고 생각할 수 있을까요? 마음이라는 것도 믿을 것이 못됩니다. 그렇다면 어디에서 나를 찾을 수 있을까요? 우리 몸과 마음을 떠나서 나라는 것을 찾을 수 있는 곳이 따로 있습니까? 곰곰이 한번 생각해보세요. 나를 찾는 여정이 그렇게 쉽지 않다는 것을 금방 발견하게 됩니다.

'나'라는 생각에 붙들려 있다면 '도대체 무엇을 나라고 생각하나?' 하고 잘 들여다보십시오. 우리의 몸과 마음에서 흔히들 말하는 영혼과 같은 나, 불변하는 나를 아무리 찾으려 해도 찾을 수가 없습니다. 그렇다면 이것을 화두로 삼아야 될까요? '나는 누구인가?', '이 뭣고' 하고 화두로 삼아야 할까요? 하지만 사실 부처님은 그렇게 하시지 않았습니다. 그저 없다면 있는 그대로 없는 것을 보라고 하셨을 뿐입니다. 찾아도 없다면 없는 그대로를 보라고 하셨습니다. 자아를 이 몸에서, 이 마음에서 찾는 행위 자체가 사실은 불가능한 일입니다. 본래 없는 놈을 아무리 애를 쓴다고 찾을 수 있나요?

그렇다면 우리가 흔히 말하는 '나'는 무엇일까요? '나'라고 부르는 것이 따로 있어서가 아니라 이 몸과 마음을 나라는 이름으로 부를 뿐입니다. 육신과 함께 끊임없이 일어나는 마음의 현상들을 나라고 부를 뿐이지요.

너의 마음이 아니어서 그렇다

무슨 일로 고민에 휩싸였을 때 '아, 이제부턴 고민하지 말아야지' 하고 마음먹는다고 고민이 없어지나요? 혹은 '지금부턴 잠을 자야지' 한다고 곧바로 잠에 들던가요? 어째서 마음먹은 대로 우리 마음이 움직이지 않을까요? 부처님께선 이렇게 말씀하십니다. "그것이 네 마음이 아니라서 그렇다." 마음은 조건에 의해서 형성된 것입니다. 따라서 조건을 바꾸지 않으면 그 조건에 의해서 만들어진 결과물, 즉 마음은 바뀔 수 없습니다. 수행은 끊임없이 조건을 맑히는 일입니다. 좋은 조건을 제공해주는 거지요. 끊임없이 알아차리는, 끊임없이 마음을 챙기는 수행을 함으로써 우리 자신의 업들을 맑혀나가야 합니다.

느낌이 나인가?

부처님께서는 말씀하십니다.

"아난다여, '감각적인 느낌이 나의 자아이다'라고 말하는 사람이 있다면 그는 다음과 같은 질문에 답해야 할 것이다. 감각적인 느낌에는 즐거운 느낌, 괴로운 느낌, 무덤덤한 느낌 3가지가 있다. 이 3가지 감각적인 느낌 가운데 어느 것을 당신의 자아라고 여기겠는가? 이 3가지 감각적인 느낌 가운데 어느 한 가지를 경험하고 있을 때는 다른 2가지 느낌은 없다. 3가지의 감각적인 느낌은 변하기 쉽고, 무상하고, 조건에 의해 생겨나고, 소멸되어 파괴되기 쉽고, 시들어버려 단절되기 쉽다. 이 3가지의 감각적인 느낌 가운데 어느 하나를 경험하고 있는 사람이 있어서 '이 느낌이 나의 자아이다'라고 생각한다면 그는 그 느낌이 사라진 후에는 자신의 자아가 사라져버렸다고 인정해야만 할 것이다. 그리고 그는 현재의 삶에서 자신의 자아가 변해버리기 쉽고, 즐거움과 괴로움으로 뒤범벅되어 있으며, 생겨났다가 소멸해버리는 것으로 이미 간주해버린 것이 된다. 아난다여, 만일 어떤 사람이 '감각적인 느낌은 자신의 자아가 아니며 감각적인 느낌에 의해서는 자신의 자아에 다가갈 수 없다'고 말한다면 그는 다음의 질문에 답해야 할 것이다. 당신에게서 감각적인 느낌이 없는 곳이 있다면 그때 당신은 '이것이 나이다'라고 말할 수 있겠는가? 아난다여, 어떤 사람은 다음과 같이 말할지도 모른다. '감각적인 느낌은 정말로 나의 자아는 아니다. 하지만 감각적인 느낌에 의해서 자아에 다가갈 수 없다고 하는 것도 옳지 못하다. 왜냐하면 느끼는 주체는 나의 자아이며 나의 자아가 느끼는 능력을 가지고 있기 때문이다.' 이렇게 말하는 사람은 다음과 같은 질문에 답해야 할 것이다. 감각적인 느낌이 완전히 사라져버렸다고 가정해보자. 느낌들이 모두 사라져버린 후 어떤 느낌도 남아 있지 않을 때 '이것이 나의 자아이다'라고 말할 수 있겠는가?"[주18)

우리는 항상 느낌과 함께합니다. 좋은 느낌이 있으면 붙잡으려고 하고,

괴로운 느낌이 있으면 싫어하면서 밀쳐내려 합니다. 또 무덤덤한 느낌이 들 때면 느낌이 있는지 없는지조차 모릅니다. 하지만 이렇듯 괴롭고, 즐겁고, 괴롭지도 즐겁지도 않은 이 3가지 느낌이 동시에 존재할 수는 없습니다. 한순간에 존재하는 느낌은 이 3가지 가운데 어느 하나라는 뜻입니다. 물론 복합적인 감정이 일 때도 있습니다. 가령 슬프면서도 한편으로는 즐거운 경우가 있지요. 혹은 굉장히 고요하면서도 즐거운 느낌이 일어날 때가 있습니다. 하지만 3가지 느낌 가운데 두드러진 느낌은 한순간에 하나밖에 없다는 것이 부처님의 가르침입니다.

그렇다면 어떤 느낌을 나라고 생각할 수 있을까요? 즐거운 느낌이 일어날 때 '이것이 바로 나야. 내가 즐거운 거야'라고 생각했다고 칩시다. 하지만 즐거운 느낌도 계속되진 않겠지요? 언젠가 조건이 다하면 즐거운 느낌도 없어지게 마련입니다. 그렇다면 즐거운 느낌이 없어진 후에는 나라는 존재가 없어지는 건가요? 이런 생각은 굉장히 위험합니다. 끊임없이 변하는 느낌을 나라고 생각한다면 어떻게 되겠습니까? 자칫하면 정신분열증적인 상태에 빠질 수도 있습니다. 그래서 부처님께서는 느낌을 나라고 생각하는 것이 위험천만한 일이라고 가르치십니다.

우리가 살면서 느낌이 없는 경우란 없습니다. 무덤덤한 느낌에 대해 자칫 느낌이 없는 상태라고 오해할 수도 있습니다. 하지만 무덤덤한 느낌도 분명한 느낌입니다. 사실 괴롭지도 즐겁지도 않은 이 무덤덤한 느낌을 알아차리기가 가장 어렵습니다. 우리에게 느낌이 없는 때는 결코 있을 수 없습니다. 따라서 느낌이 없는 것이 나라고 하는 견해도 올바르지 못함을 알 수 있습니다. 결국 자신을 부정하는 셈이 되어버린다는 말이지요.

또한 느끼는 주체가 나의 자아이고 자아가 느끼는 능력을 가지고 있다
는 견해도 바르지 못합니다. 만약 그렇다면 감각적인 느낌이 모두 사라져
버렸을 때는 자아가 없는 것이 되어버리겠지요. '감각적인 느낌이 모두 사
라진다고? 그런 상태가 과연 가능할까?' 하고 생각하시나요? 실제로 그런
경험을 하는 분들이 있습니다. 상수멸정(想受滅定)이라는 선정에서는 지각
이나 관념은 물론 느낌마저 완전히 사라져버린 경험을 하게 됩니다. 그런
경험을 하는 주체마저 완전히 사라져버립니다. 이 경우도 상수멸정에 들
어갔을 때는 자아가 없어지고, 상수멸정에서 다시 나오면 없어졌던 자아
가 도로 나타나는 것이 아닙니다. 자아가 있었다 없어졌다 하는 존재는 아
니니까요. 그래서 부처님께서는 느낌을 경험하는 주체가 영원한 자아라고
한다면, 그런 느낌이 없는 상태를 경험하고 난 후에는 어떻게 설명할 수 있
냐고 반문하십니다.

따라서 느낌이 나라는 것도 잘못이고, 느낌이 내가 아니라는 것도 잘못
이고, 어떤 주체가 있어서 느낀다는 것도 모두 잘못된 견해라는 뜻입니다.
느낌은 느낌일 뿐입니다. 느낌에 자아를 결부시켜 자아가 있다거나 없다
거나, 어떤 주체가 있어서 느낀다는 생각들은 전부 다 잘못된 견해입니다.

그렇다면 무엇이 느낌에 대한 올바른 이해일까요? 느낌을 있는 그대로
보는 것이지요. 느낌은 조건이 있어서 생겨난 것이라고 보는 겁니다. 느낌
을 일으키는 직접적인 조건은 접촉입니다. 눈(眼根)이 대상(色境)을 보면
의식(眼識)이 생겨남으로써 눈의 접촉(眼觸)이 일어나는 것이지요. 그러고
나서 느낌이 일어납니다. 우리의 감각 기관이 살아있는 동안에는 촉이 없
는 경우란 있을 수 없습니다. 촉은 계속 발생합니다. 잠자고 있을 때도, 꿈

속에서도, 우리가 의식하지 못할 때도 접촉들은 계속 생겨납니다. 그러니 느낌들도 계속 일어난다고 볼 수 있지요. 하지만 이럴 때도 느낌이 끊임없이 일어나는 현상만 있을 뿐입니다. '내가 느낀다', '느낌은 내가 아니다', '어떤 주체가 있어서 느낌을 가지고 있다', '느낌 자체가 나이다'라는 생각들은 전부 삿된 견해라는 것입니다.

누군가 기분 나쁜 소리를 하면, 청각 기능(耳根)으로 그 소리(聲境)를 듣고서 촉(耳觸)이 일어납니다. 그리고 귀의 의식(耳識)을 일으키지요. '나를 욕하고 있잖아?'라는 판단과 함께 그것을 아는 식이 일어납니다. 그래서 불쾌하게 느낍니다. 하지만 곰곰 생각해보세요. 욕을 들은 나는 누구입니까? 기분 나쁜 느낌이 일어나는 그 현상은 무엇입니까? 이식이 일어나는 것은 어쩔 수 없는 일입니다. 따라서 접촉까지는 어쩔 수가 없는 현상이지요. 문제는 그것을 기분 나쁘게 받아들이는 데 있습니다. 나라고 생각한 자의식이 있어서 그것을 기분 나쁘게 받아들이는 거지요. 실제로 존재하는 내가 아니라 나라는 생각으로 만들어놓은 나, 나라는 생각이 기분 나빠합니다. 그래서 '내가 욕을 먹었다', '저 사람이 나를 욕했다'고 생각하는 자아가 발동하기 시작합니다. 자의식은 쉽게 끊어낼 수가 없지요. 느낌이 자아라는 환상을 버렸다곤 하지만, 그것은 머릿속으로 이론적으로만 일어난 일이기 때문입니다. 수행을 해야만 매순간마다 자기를 놓치지 않고 관찰할 수 있습니다. 그럴 때만 느낌에 휘말리지 않고 욕망이나 분노에 들끓지 않게 됩니다.

현대 심리학에 응용된 불교

요즘 심리학이나 심리치료에서는 '수용(acceptance)'이라는 표현을 합니다. 느낌을 있는 그대로 받아들이라는 뜻이지요. 즐거운 느낌이나 괴로운 느낌이나, 그 느낌에 대해서 판단하거나 집착하거나 물리치려고 하지 말고 그대로 받아들이라는 것입니다. 부처님의 근본적인 가르침이 심리치료나 심리학에 응용된 경우이지요. 실제로 오늘날 미국 등 서양에서 심리치료에 가장 많이 응용하는 방법 가운데 하나가 바로 마음챙김 수행법입니다. 〈대념처경〉에 제시되어 있는 방법을 심리치료에 응용하고 있지요. 오늘날 심리학자들은 마음챙김 수행의 세 요소를 '현재 경험에 대한 수용적인 알아차림'으로 정의하고 있습니다.[주19)]

자아에 대한 바른 견해

부처님께서는 말씀하십니다.

"눈이 자아라는 주장은 적절하지 못하다. 눈에는 생겨남도 소멸함도 있음이 확인되기 때문이다."

영원한 자아가 생겨나고 소멸한다는 것은 모순이지요. 그런데 우리 눈은 어머니의 뱃속에 태아로 있을 때 생겨나지만 죽으면서 사라집니다. 당연히 눈이 자아라는 주장은 잘못된 견해에서 비롯된 것임을 알 수 있습니다. 여기서 눈이란 시각 기능을 말합니다. 그리고 볼 수 있는 기능을 가진 눈을 안근(眼根)이라고 하지요. 그러므로 안구를 포함해, 눈으로 들어오는 정보를 처리할 수 있는 시각 기능 전체를 눈이라고 말합니다. 따라서 부처님께서는 눈은 무아이며, 눈에는 영원히 불변하는 실체라는 것이 없음을 말씀하십니다.

눈뿐만이 아닙니다. 귀, 코, 혀, 몸의 육체적 감각 기능과 마음의 인식 기능은 모두 자아가 될 수 없습니다. 그 모든 것들 또한 생겨났다가 사라지기 때문이지요. 이것들을 자아라고 간주한다면 결국 자아도 생겨났다 사라진다는 잘못된 결론에 이르게 됩니다. 그래서 부처님께서는 그 모든 것들이 자아라는 견해는 타당하지 않다고 말씀하십니다.

안근의 대상이 되며 형태나 색깔을 의미하는 색(色)도 무아입니다. 주위를 한번 둘러보세요. 형태나 색깔을 가진 것 중에서 생겨났다 사라지지 않는 것이 있습니까? 우리가 경험하는 세계에서는 생겨났다 사라지지 않는 것을 발견할 수 없습니다. 그런 의미에서 무아라는 것입니다.

안식, 즉 눈의 의식도 무아입니다. 안식은 시각 기능인 안근이 시각 대상인 색경을 보고 일어나는 의식입니다. 시각 기능도 계속해서 변하고 시각 대상도 끊임없이 바뀌기 때문에 눈의 의식인 안식도 계속해서 바뀔 수밖에 없습니다. 계속해서 한곳을 바라본다면 바뀌는 것이 없다고요? 아닙니다, 우리 눈이나 대상은 모두 끊임없이 바뀌고 있습니다. 이 사실은 현대 과학으로도 입증되었습니다. 양자역학의 불확정성원리에 의하면 이 우주 내의 어떤 것도 완전한 정지 상태에 있을 수 없으며, 모든 만물은 항상 '양자적 진동 상태'에 있다고 하지요. 따라서 핵 주의를 도는 전자의 위치를 정확히 알기란 불가능한 일이라고 합니다. 우리가 보는 물질은 단지 겉으로만 변하는 것이 없는 듯 보일 뿐입니다.

근(根), 경(境), 식(識)의 3가지가 동시에 일어나는 접촉 또한 계속해서 변합니다. 안근과 색경, 안식이 변하기에 안촉도 변합니다. 그리고 안촉에 의해서 생긴 느낌도 무아입니다. 그 느낌에서 생긴 갈애 역시 무아입니다.

이것이 바로 십이연기의 고리에서 수(受) 다음에 애(愛)가 생겨나는 구조이지요. 좋은 느낌에 대해서는 더 얻으려고 하는 욕망으로서의 갈애가 일어나고, 싫은 느낌에 대해서는 미워하고 거부하려는 갈애가 생겨납니다. 좋아서 붙드는 것이나 싫어서 내치는 것 모두 갈애입니다. 그 갈애 자체도 무아라는 말입니다.

마음도 무아입니다. 마음의 대상인 법도 무아입니다. 이때 법이란 심리적인 상태들을 말합니다. 마음속에서 일어나는 생각들, 미래에 대한 계획들, 여러 가지 오고가는 심리적인 현상들입니다. 마음이 그것들을 파악하지요. 하지만 그것들 역시 끊임없이 생겨났다가 사라지기 때문에 무아라는 것입니다.

마음의 의식도 무아입니다. 마음의 의식이란 마음이 마음의 대상을 알았을 때 생기는 의식을 말합니다. 마음도 무아이고 마음의 접촉도 무아이며 마음의 접촉에서 생긴 느낌도 무아이고 갈망도 무아입니다.

이 내용은 맛지마 니카야의 〈육육경(六六經)〉[주20]에 나옵니다. 〈육육경〉이라고 한 이유는 여섯으로 이루어진 범주들이 반복해서 나오기 때문입니다. 인식 기능인 안, 이, 비, 설, 신, 의가 여섯이고, 인식 대상인 색, 성, 향, 미, 촉, 법이 여섯이며, 마음의 의식도 안식, 이식, 비식, 설식, 신식, 의식으로 여섯입니다. 그리고 근, 경, 식 3가지가 화합한 접촉도 여섯, 접촉에 의해서 일어난 느낌도 여섯, 느낌에 의해서 일어난 갈애도 여섯입니다.

이처럼 우리의 느낌도 무아인데 거기서 갈망이 일어납니다. 어리석기 때문에 끊임없이 반복되는 연기의 고리입니다. 여기에서 우리가 알 수 있는 것은 느낌 다음에 일어나는 갈망이 영원히 고정된 실체가 아니라는 사실입니다. 사실 우리가 살아있으면서 감각적인 느낌이 없는 경우란 없습니다. 상수멸정처럼 깊은 선정에 들어가지 않는 이상 느낌은 계속 진행됩니다. 이처럼 느낌을 없앤다는 것은 보통 사람에게 불가능한 일이기 때문에 느낌까지는 그냥 그대로 알아차려야 합니다. 문제는 그 다음입니다. 느낌 다음에 일어나는 갈망이 문제입니다. 감각적 욕망이나 존재하려는 욕망, 존재하고 싶어 하지 않는 욕망의 3가지 고리를 지혜로 끊어야 합니다.

갈망으로 이어지는 괴로움의 고리를 단절하기 위해서는 느낌을 있는 그대로 알아차려야 합니다. 이처럼 정확하게 느낌을 알아차리는 수행이 바로 위빠사나 수행의 여러 가지 전통들이지요. 위빠사나에서는 느낌을 올바르게 알아차려서 갈망이 일어나는 고리를 끊으라고 말합니다. 느낌을 알아차려서 느낌에서 멈추라는 뜻입니다. 나라고 할 만한 것이 없는, 좋아하거나 싫어하거나 좋아하지도 싫어하지도 않는 등의 느낌에 대해서 갈망이 일어나면 거기에서 바로 괴로움의 원인이 되는 번뇌가 만들어집니다. 따라서 갈망이 일어나는 구조를 다스릴 때 비로소 수행은 제대로 진전될 수 있습니다.

번뇌가 일어나도 거기에 휘말려 고민하고 힘들어할 필요가 없습니다. '번뇌도 무상한 것이지. 조건 때문에 일어났을 뿐이야', '번뇌도 내가 아니야'라고 생각하면 훨씬 쉽습니다. 지금 자기 마음속에 번뇌가 일어났음을 바로 보고 그 무상함을 알아차려야 합니다. 번뇌란 것도 인연에 따라 변합니다. 옛날에 일어났던 번뇌가 마음속에 늘 남아 있다면 어떻게 살아갈 수 있겠습니까? 번뇌도 영원히 불변하는 것이 아님을 이해하는 것이 바른 견해의 기본적인 자세입니다. 그리고 나서 정확하게 보면 갈망이 끊어지는 구조로 진행하게 됩니다.

일상을 살아가는 나도 없는가?

디가 니카야에는 부처님께서 칫타 비구에게 다음처럼 말씀하시는 부분이 나옵니다.

"칫타여, 예를 들면 소에서 우유가, 우유에서 요구르트가, 요구르트에서 생 버터가, 생 버터에서 버터가, 버터에서 크림이 생겨난다. 우유가 있을 때 그것을 요구르트라거나 생 버터라거나 버터라거나 크림이라고 부를 수는 없다. 바로 이와 같이 과거의 나의 자아가 있었을 때 미래와 현재의 나의 자아는 실재하지 않는 것이며, 현재의 나의 자아가 있을 때 과거와 미래의 나의 자아는 실재하지 않는 것이며, 미래의 나의 자아가 있을 때 과거와 현재의 나의 자아는 실재하지 않는 것이다. 과거의 자아, 현재의 자아, 미래의 자아라고 하는 이러한 표현들은 모두 세간의 호칭이며, 세간의 언어이며, 세간의 관용어이며, 세간의 개념이다."[주21)

부처님께서는 일상적인 의미에서 자아라는 용어를 그대로 사용하십니다. 하지만 자아가 영원한 실체라는 사견, 영원주의라는 사견에 사로잡힘 없이, 자아에 대한 애착 없이 사용하십니다. 불교에서도 자아라는 말을 자주 합니다. 자기를 섬으로 삼고 자기를 의지처로 삼으라고 할 때 자아라는 말을 씁니다. 이는 무아설에서 부정된 실제로서의 자아가 아니라, 실천의 주체로서 자기 자신(현재의 마음과 몸)을 의미합니다. 이때도 영원하며 불변하는 자아는 부정될 수밖에 없습니다.

따라서 부처님께서 말씀하시는 자아란 영원불변하는 존재가 아니라, 편의상 붙인 이름일 뿐입니다. 그 명칭에 집착해서 '나'라는 삿된 견해에 빠져서는 안 되겠지요. 우유를 버터라고 우긴다고 누가 그것을 버터라고 하겠습니까? 마찬가지로 과거의 나를 보고 미래 혹은 현재의 나라고 우길 수 있습니까? 현재의 나를 두고서 '과거의 어떤 존재가 나다', '미래의 (아직 생기지도 않은) 어떤 존재가 나다'라는 생각은 잘못된 것입니다. 앞에서 여래 사후에 대해서 살펴보았지요. 부처님도 오온을 지니신 분입니다. 그런데 우리는 오온에 실체가 없다는 무아를 보지 못하기 때문에, 여래가 사후에 존재한다거나 존재하지 않는다는 식의 잘못된 사견에 빠지는 것입니다.

부처님께서 칫타에게 다시 물으십니다.

"만일 사람들이 그대에게 다음과 같이 질문한다면 어떻게 답하겠는가? '당신은 과거에 존재했었습니까? 당신은 과거에 존재하지 않았다고 할 수는 없습니까? 당신은 미래에 존재할 것입니까? 당신은 미래에 존재하지 않을 것이라고 할 수는 없습니까? 당신은 현재 존재하고 있습니까? 당신은 현재 존재하지 않는다고 할 수는 없습니까?' 이렇게 물어본다면 칫타여, 그대는 어떻게 대답하겠는가?"

그러자 칫타 비구가 이렇게 답합니다.

"세존이시여, 만일 이와 같이 질문을 받는다면 다음과 같이 답할 것입니다. '나는 과거에 존재했었습니다. 나는 과거에 존재하지 않았다고 할 수는 없습니다. 나는 미래에 존재할 것입니다. 나는 미래에 존재하지 않을 것이라고 할 수는 없습니다. 나는 현재 존재하고 있습니다. 나는 현재 존재하지 않는다고 할 수는 없습니다'."

부처님께서 다시 물으십니다.

"그러면 칫타여, 만일 사람들이 그대에게 다음과 같이 질문한다면 어떻게 답하겠는가? '당신에게 과거의 자아의 획득이 있었을 때 바로 그 자아의 획득만이 진실이었습니까? 미래의 것은 허망한 것이었습니까? 그리고 그 과거에 생각한 현재의 것은 허망한 것이었습니까? 당신에게 미래의 자아의 획득이 있을 때 바로 그 자아의 획득만이 진실이겠습니까? 과거의 것은 허망한 것입니까? 현재의 것은 허망한 것입니까? 당신에게 현재의 자아의 획득이 있을 때 바로 그 자아의 획득만이 진실입니까? 과거의 것은 허망한 것입니까? 미래의 것은 허망한 것입니까?'라고 질문을 받는다면 어떻게 대답하겠느냐?"

칫타는 이렇게 답합니다.

"세존이시여, 만일 이와 같이 질문을 받는다면 다음과 같이 답할 것입니다. '나에게 과거의 자아의 획득이 있었을 때, 바로 그 자아의 획득만이 그 당시 진실이었습니다. 미래의 것은 허망한 것이었습니다. 그리고 과거의 관점에서 볼 때 현재의 것도 허망한 것입니다. 나에게 미래의 자아의 획득이 있을 때, 바로 그 자아의 획득만이 진실입니다. 과거의 것은 허망한 것이고 현재의 것은 허망한 것입니다. 나에게 현재의 자아의 획득이 있을 때 바로 그 자아의 획득만이 진실입니다. 과거의 것은 허망한 것이고 미래의 것은 허망한 것입니다'."

여기서 부처님께서 말씀하시는 자아란 영원한 실체가 아니라 세상에서 흔히 쓰는 의미로서의 자아입니다. 부처님께서도 자아를 획득한다고 할 때 자아란 일반적으로 통용되는 언어적 표현, 즉 세속적인 진리라고 말씀하십니다. 하지만 진제(眞諦 : 진실 혹은 진리의 차원)의 입장에서 보면 자아란 없으며, 존재하는 것은 단지 조건에 의해서 생성했다가 소멸해가는 정신적·물질적 현상인 명색(名色)뿐이라고 말씀하십니다.

부처님께서는 언어에 집착하지 않은 채 언어를 사용하십니다. 세상에서 통용되는 언어나 관념, 행위를 분명히 아시고 자유롭게 사용하셨지요. 그런 세속의 관점에서 볼 때 어느 시점에서는 우리의 자아가 존재한다고 인정할 수 있지만, 이때의 자아 역시 불변하는 실체가 아니라 끊임없이 변하고 있는 무아적인 것이라고 말씀하십니다.

따라서 세상에서 통용되는 말이나 관념을 사용하되 거기에 집착하거나 현혹되지 않아야 합니다. 우리가 존재하는 세계는 언어에 의해서 규정받습니다. 독일의 실존철학자이자 현상학자인 마르틴 하이데거는 "언어는 존재의 집이다"라고 말했습니다. 우리 인간은 언어에 의해서 규정받는 존재라는 뜻입니다. 언어는 지시하는 여러 가지 의미들을 알게 해준다는 긍정적인 측면을 갖고 있습니다. 반면 언어가 지시하는 대상으로서의 현상이 실체적으로 있다고 여기게끔 하는 부정적인 측면도 있습니다. 언어는 어떤 사물이나 현상을 설명하기 위한 도구에 불과하지요. 그런데 그 말에 어떤 실체가 있다고 오해하는 순간 우리는 잘못된 견해에 빠지게 됩니다. 따라서 언어를 쓸 때는 각별히 조심해야 됩니다.

또한 언어는 공적인 도구입니다. 자기 혼자만 알아듣는 말은 아무 의미가 없습니다. 그래서 자기가 사용하는 언어의 의미도 분명하게 알고 있어야 하지만, 상대방도 그 의미를 정확하게 파악하고 있는지 확인해야 합니다. 부처님께서도 언어를 사용할 때는 의미와 문장을 갖춘 말을 쓰라고 하셨습니다. 하지만 우리는 문법적으로 맞지도 않고 그 뜻이 무엇인지도 모른 채 말을 할 때가 있습니다. 그렇게 되면 듣는 사람도 무슨 말인지 알아듣지 못하고 자기 나름대로 여러 추측을 하게 되겠지요.

마찬가지로 이 경전에 나오는 부처님의 말씀을 정확하게 이해해야 합니다. 부처님께서 자아라고 말씀하실 때는 편의상 세속의 통념에 맞추어 그 용어를 사용하셨다고 이해해야 합니다. 부처님께서 말씀하신 자아란 우리 정신과 육체를 구성하는 오온으로서의 자아를 말한 것임을, 오온을 떠나서 불변하는 자아가 있다고 말한 것이 아님을 잘 이해해야 합니다.

무아란 진리의 입장에서 나온 가르침이고 자아는 일상의 세속적 진리에서 나온 가르침임을 알아야 합니다. 일상적인 의미의 자아까지 부정한다면 우리는 법문을 들을 수도, 법문을 듣고 노력할 수도 없을 것입니다. 따라서 부처님께서는 교화의 목적으로 세속적인 용어인 자아를 말씀하신 거지요. 예컨대 "자기를 피난처로 삼으라"고 했을 때, 자기란 일상적 의미에서의 나라는 존재라고 이해해야 합니다. 이처럼 부처님께서는 진리의 입장에서 무아를 강조하셨지만, 일상적인 입장에서 '나'라는 용어를 사용하셨다는 사실을 잊지 마십시오.

지금 이 책을 읽는 당신도 없다

바른 이해를 위해서는 우리의 감각 기관이나 감각 대상, 그로부터 발생하는 의식 등에 변하지 않는 자아란 없음을 알아야 합니다. 그런데 이런 견해가 현실과 충돌을 일으킨다고 생각될 수도 있습니다. 하지만 내가 없다고 해서 '일상생활을 살아가는 나'마저 부정하는 것은 아닙니다. 부처님의 무아사상은 우리의 잘못된 견해, 우리 마음속에 깊이 뿌리박혀 있는 영원한 실체에 대한 잘못된 견해를 고쳐주기 위한 가르침이지, 일상생활의 주체로서 자기 자체를 부정하는 것은 아닙니다.

일상생활의 주체인 나를 부정한다면 허무주의에 빠질 수 있습니다. 부처님께서는 외도들이나 불교신자가 아닌 사람들이 와서 "자아가 있습니까, 없습니까?"라고 여쭈면 아무런 대답도 하지 않으셨습니다. 나중에 그 이유를 아난다 존자가 묻지요. "부처님, 평소에는 무아라고 그렇게 말씀하시면서, 왜 그 사람에게는 아무런 답변을 해주지 않으셨습니까?" 부처님께서는 이렇게 대답하십니다. "그 사람은 내 앞에 오기 전까지 자아가 있다고 계속 생각하며 살던 사람이다. 그런데 그 사람에게 자아가 없다고 하면 그 사람은 자기의 생각을 고치지 않은 채 '나는 없구나. 인생은 허무하구나. 살 가치가 없구나'라면서 잘못된 허무주의에 빠질 우려가 있다." 또한 상윳타 니카야를 보면, 부처님께서는 이렇게 말씀하십니다.

"비구들이여, 배움이 없는 범부는 지수화풍의 4가지 요소에 의해 이루어진 육신을 자아라고 여기는 편이 마음을 자아라고 여기는 것보다 더 낫다. 왜냐하면 비구들이여, 이 4가지 요소로 이루어진 육신은 1년 동안 지탱되며, 2년 동안 지탱되며, 3년, 4년, 5년 또는 10년, 길게는 100년 이상이나 지탱된다."[주22)

사대(四大)로 이루어진 우리 육신은 길게는 100~120년 동안 지탱됩니다. 하지만 마음이나 의식이라 불리는 것은 하룻밤이나 낮 동안에도 생겼다가 사라지길 반복합니다. 끊임없는 생멸이 이어지는 것이지요. 마음이 물질보다 17배나 빨리 변한다고 말씀드렸지요? 물질이 한 번 바뀔 때 마음은 17번이나 동요한다는 뜻입니다. 마음은 지금 이 순간과 다음 순간 그리고 그 다음 순간마다 끊임없이 달라집니다. 부처님께서는 그런 마음을 나라고 생각하느니 차라리 육체를 나라고 생각하는 편이 낫다고 말씀하십니다. 우리처럼 보통 사람으로서는 육체를 나라고 보는 것이 오히려 더욱 안정적일 수 있다는 뜻입니다.

과거의 마음은 이미 없어졌고, 미래의 마음은 아직 오지 않았으며, 현재의 마음은 머물러 있지 않으니 마음에는 나라고 점찍을 만한 부분이 없습니다. 부처님은 《숫타니파타》에서 이렇게 말씀하셨습니다. "과거에 있었던 것을 말려버리고, 미래에는 그대에게 아무것도 없게 하시오. 현재에 대해서도 집착하지 않는다면 그대는 적멸을 이룰 것이오(Sn 1099게)."[주23] 그러나 몸이라는 것은 끊임없이 생멸하긴 하지만 지탱하는 시간이 마음보다는 긴 편입니다. 그러니 부처님 법을 배우지 못한 사람이라면 차라리 몸을 나라고 생각하는 편이 더 건전할 수 있습니다. 그런데 우리는 그와는 반대로 생각합니다. 육신이 내가 아니라는 사실은 받아들여도 마음에서 일어나는 현상들이 자기라고 생각하면서 삽니다. 그 마음을 영혼처럼 변하지 않는 자아라고 생각하는 경향이 많습니다. 상윳타 니카야의 〈오비구경〉을 보면 다음과 같은 부처님의 말씀이 나옵니다.

"그 어떤 물질이라도, 그것이 과거의 것이건 미래의 것이건 현재의 것이건, 내적인 것이건 외적인 것이건, 거친 것이건 미세한 것이건, 저열한 것이건 뛰어난 것이건, 멀리 있는 것이건 가까이 있는 것이건 육체나 어떤 물질적인 현상은 나의 것이 아니며, 내가 아니며, 자아가 아니라고 바른 지혜에 의해 있는 그대로 보아야 한다."[주24]

여기서 내적인 물질이란 자기 자신의 육체를 말하고 외적인 물질은 다른 사람의 육체를 말합니다. 또는 내 몸을 제외한 외부에 있는 물질적 현상들을 모두 외적인 것이라고 이야기하지요. 물질에는 거친 것도 있고 미세한 것도 있습니다. 또 열등하고 뛰어난 것도 있습니다. 열등한 것이라면 지옥이나 아귀와 같은 곳에 있는 존재를 말하고, 뛰어난 것이란 색계나 무색계 천상에 있는 존재를 말합니다. 그 모든 것들이 영원히 존재하는 자아가 아님을 바른 지혜에 의해서 있는 그대로 봐야 합니다.

이처럼 오온에 대해 무상하고 고이며 무아라는 사실을 알 때 자아니 나의 것이니 하는 견해가 없어집니다. 존재하는 것들에 실체가 없다는 것을 가리켜 우리는 '공(空)'이라고 합니다. 공이라는 것은 '없다'는 뜻이 아니라 '변하지 않는 실체가 없다'는 뜻입니다. 이와 같은 무아를 보여주기 위해서 《청정도론》에서는 이런 게송을 인용합니다.

"괴로움이 있을 뿐 괴로움을 받는 자는 없다. 괴로움의 원인이 되는 행위가 있을 뿐 행위를 하는 자는 없다. 괴로움이 완전히 소멸한 열반이 있을 뿐 열반에 들어가는 자는 없다. 열반에 이르기 위해서 노력하는 도가 있을 뿐 그 도를 걷는 자는 없다."[주25)

괴로움의 원인이란 우리의 잘못된 여러 가지 행위들이겠지요. 그런데 그런 괴로움의 원인을 소멸하기 위해 노력하는 도가 있을 뿐 그 도를 걷는 자는 없다고 말합니다. 조금 이해하기 어렵지요? 바로 그 도를 걷기 위해 여러분도 이 책을 읽고 있는 것 아닙니까? 그런데 여러분이 없다니요? 그럼 이 책을 읽고 있는 건 누굽니까? 이것은 화두가 아닙니다. 무아는 '내가 없다'는 화두를 주는 것이 아니라 '내가 없다'는 사실을 제대로 이해하는 것입니다. 사실 책을 읽는 행위는 있어도 책을 읽는 자는 없습니다. 고정불변하는 주체가 있어서 책을 읽는 것이 아닙니다. 마찬가지로 우리의 모든 행위는 있지만 그 행위의 주체, 변하지 않는 실체란 있을 수 없습니다.

그러니 괴로운 느낌이 일어나면 어떻게 해야 하겠습니까? 그냥 '괴롭구나' 하고 바라보아야 합니다. 괴로움은 있습니다. 하지만 아무리 애써도 괴로워하는 자는 발견할 수 없습니다. 한번 곰곰이 생각해보십시오. 괴롭거나 즐거울 때 괴로운 자나 즐거운 자가 따로 있는지, 아니면 괴로움이라는 느낌이 있을 때 그 느낌에 대해서 자기가 괴롭다는 생각을 일으키고 있는지를.

연기를 보는 자 여래를 본다

맛지마 니카야에서 부처님은 "연기를 보는 자는 법을 본다. 법을 보는 자는 연기를 본다"고 말씀하셨습니다. 또 《숫타니파타》에는 "현자들은 이처럼 행위(業)를 본다. 그들은 연기(緣起)를 보는 자로서 행위와 그 과보를 잘 알고 있다(Sn 653게)"는 말씀도 있습니다.

연기를 보는 자가 법을 본다니, 무슨 뜻일까요? 연기를 보면 법을 이해하게 된다는 뜻일까요? 이 말은 연기를 보는 자는 그 연기에 의해서 생겨난 법을 본다는 뜻입니다. 조건에 의해서 모든 것이 생겨난다는 연기의 법칙을 이해하게 되면, 실제로 모든 현상들이 조건에 의해서 생겨난 것들임을 이해하게 된다는 뜻입니다.

마음과 육체를 비롯하여 여러 가지 현상들의 상호의존적인 발생 관계를 깨닫는 자는 괴로움의 생존에서 벗어나는 진리로서의 법인 열반을 얻습니다. 열반으로서의 법을 깨달은 자는 다름 아닌 연기의 이치를 깨달은 사람입니다. 연기의 이치는 우리 삶과 동떨어진 진리가 아니라 바로 한 순간 한 순간 마음의 일어남과 몸의 움직임에서 확인되는 진리입니다. 자신의 마음과 육체에서 직접 연기법을 이해하고 체득했다는 것은 바로 자신의 마음과 육체의 본질을 직접적으로 꿰뚫어보았음을 의미합니다. 자신의 마음과 몸을 떠나서 진리를 발견하려는 것은 자기 집 안뜰에 매화를 두고 봄을 찾아 밖으로 헤매는 격이지요.

한편 "연기를 보는 자는 여래를 본다"고도 했습니다. 연기를 보는 자는 부처가 된다고 말하지 않고 여래를 본다, 부처님을 본다고 말합니다. 모든 것이 조건에 의해서 생겨나고 사라진다고 하는 연기법을 관찰하는 자는 바로 부처님을 만나는 것과 같다는 뜻입니다. 혹은 부처님 법을 올바로 이해한 것이라는 의미로 이해할 수 있습니다.

또 업을 보는 자가 연기를 보고 업과 그 과보를 잘 아는 자라고 했습니다. 업이란 우리의 행위와 그 행위의 결과가 쌓여 생기는 습관적이고도 잠재적인 힘이라고 할 수 있습니다. 연기를 보는 자는 바로 그 업을 보게 됩니다. 어떤 업이 어떤 결과를 초래하는지 보게 되고, 지금 일어난 결과들이 과거 어떤 업에 의해서 일어났는지 보게 됩니다.

하지만 업을 이해하기도, 연기법을 이해하기도 우리로서는 쉬운 일이 아닙니다. 부처님께서도 연기법이라는 것이 너무나 미묘하고 복잡하게 얽혀 있어서 중생들이 그것을 다 이해하기는 어렵다고 말씀하셨습니다. 그것을 이해하려면 머리가 쪼개질 정도로 복잡하다고 말씀하셨지요. 부처님의 시자였던 아난다 존자가 연기의 이치를 곰곰 생각한 후 "세존이시여, 이 연기는 참으로 심오합니다. 그리고 참으로 심오하게 드러납니다. 그러나 제게는 분명하고 또 분명한 것으로 드러납니다"라고 말했을 때도 부처님께서는 경책하는 말씀을 하셨습니다. "아난다여, 그와 같이 말하지 말라. 이 연기는 참으로 심오하다. 그리고 참으로 심오하게 드러난다."[주26] 당시 아난다 존자는 수타원의 상태였습니다. 수타원의 상태에서 그토록 오랫동안 부처님의 법을 들으며 모두 외울 정도였습니다. 그럼에도 부처님께서는 아난다 존자가 연기의 법칙을 꿰뚫어서 이해한 것이 아니라고 말씀하십니다.

아난다 존자도 그럴진대 평범한 사람인 우리는 어떻겠습니까? 무명, 행, 식, 명색, 육입, 촉, 수, 애, 취, 유, 생, 노사우비고뇌로 이어지는 십이연기를 외웠다고 해서 그 이치를 이해했다고 생각하면 큰 오류를 범할 수 있습니다. 십이연기의 각 항목이 지니는 의미들은 그야말로 깊고도 깊습니다. 굉장히 많은 숙고와 실제 수행을 통해서 정확하게 관찰해야만 각 항목들을 이해할 수 있습니다. 또 그렇게 하나하나 이해한 후에야 각 지분의 상관관계, 원인과 결과의 관계를 즉시즉시 관찰할 수 있게 됩니다.

물론 우리들은 그렇게까지 깊게 파악하고 체득할 수 없습니다. 그렇다고 포기할 수는 없지요. 일단은 끊임없이 생겨났다 사라지는 조건에 의해서 끊임없이 생성되었다 소멸되는 현상을 정확하게 꿰뚫어보는 것이 연기를 보는 것임을 이해해야 합니다. 그리고 그렇게 연기를 볼 때 연기의 본질이 그대로 보인다는 사실을 이해해야 됩니다.

저 역시 연기의 법칙을 완전한 체험에 의해서 이해했다고는 말할 수 없습니다. 아직은 연기의 법칙을 공부해나가는 과정이지요. 제 몸과 마음에서 일어나는 현상들을 관찰하면서 연기의 흐름을 확인하는 작업을 계속 반복하고 있습니다. 그렇게 반복되는 관찰과 수행을 통해서만 연기라는 진리를 스스로 확인하고 체험할 수 있는 길로 나아갈 수 있다고 봅니다.

괴로움의 발생에 대한 연기

만일 어떤 사람이 생명과 육체가 같다는 견해를 고집한다면 어떻게 될까요? 육체가 죽으면 생명도 없어져버린다는 단견(斷見)에 빠지게 됩니다. 이때 생명이란 자아나 영혼과 같은 존재를 말합니다. 생명의 원리라고도 할 수 있지요. 부처님께서는 단견에 빠진 자는 출가자로서의 삶을 영위하지 못하리라고 말씀하십니다. 죽으면 끝난다고 생각하는 사람이 열심히 수행할 리 없겠지요? 반면 생명(영혼)은 육체와 완전히 다른 것이라는 견해, 즉 상견(常見)을 고집한다 해도 역시 고귀한 삶, 출가자로서의 의미 있는 삶은 불가능하다고 말씀하십니다.

부처님께서는 이런 2가지 양극단을 버리고 조건에 의한 발생, 즉 연기의 중도를 보여주셨습니다. 연기는 단멸론도 아니고 상주론도 아닙니다. 조건이 있으면 생겨나고 조건이 사라지면 없어진다는 의미에서 유무(有無)의 중도라고도 할 수 있습니다.

그렇다면 조건에 의한 발생인 연기란 무엇일까요? 우선 그 구조를 살펴봅시다. (1)어리석음(無明)을 조건으로 해서 업의 형성 작용, 즉 (2)행(行)이 있습니다. 무명으로 말미암아 신구의 3가지인 행위가 있다고도 해석할 수 있지요. 업의 형성 작용을 조건으로 해서 (3)의식(識)이 있습니다. 의식을 조건으로 해서 정신적·육체적 존재인 (4)명색(明色)이 있습니다. 정신적·육체적인 존재를 조건으로 해서 (5)6가지 감각 기관인 육입(六入)이 있습니다. 6가지 감각 기관을 조건으로 해서 감각적인 (6)접촉(觸)이 있습니다. 감각 기관이 대상을 만나서 의식이 생길 때, 그것을 감각적인 접촉이라고 합니다. 감각적인 접촉을 조건으로 해서 (7)느낌(受)이 있습니다. 감각적인 접촉을 하게 되면 즐겁거나 괴롭거나 즐겁지도 괴롭지도 않은 3가지 느낌이 있지요. 그 다음에 느낌을 조건으로 해서 3가지 (8)갈망(愛)이 일어납니다. 감각적 쾌락을 추구하는 갈망, 존재하고자 하는 갈망, 완전히 소멸해버리고자 하는 갈망이지요. 이러한 갈망 때문에 (9)집착(取)이 일어납니다. 그리고 집착을 조건으로 해서 (10)생존(有)의 과정이 일어납니다. 욕계, 색계, 무색계의 생존 양태를 말하지요. 이러한 생존의 과정을 조건으로 해서 (11)태어남(生)이 있습니다. 그 다음에 태어남을 조건으로 해서 (12)늙고 죽음(老死) 및 슬픔, 비탄, 고통, 비애와 절망(憂悲苦惱) 등이 일어납니다. 태어난 존재라면 누구나 슬픔, 비탄, 고통, 비애, 절망 등이 따른다는 얘기입니다.

이처럼 십이연기는 조건에 의한 발생이 어떤 구조로 이어지는지 잘 보여주고 있습니다. 이것은 또한 괴로움의 발생에 대한 고귀한 진리이기도 합니다. 십이연기의 각 지분을 순차적으로 되짚다 보면 십이연기가 우리의 괴로운 현실을 설명하기 위한 가르침이라는 것을 알 수 있습니다. 이처럼 12지분의 순서를 앞에서부터 살피며 고의 발생과정을 설명하는 것을 유전연기(流轉緣起)라고 합니다. 유전연기는 어리석음이 있으므로 괴로울 수밖에 없고, 어리석음에 뒤덮인 업이 형성되면 그 역시 괴로움으로 연결되며, 업의 형성 작용에 의해서 식이 생겨나면 그것도 괴로움으로 연결됨을 보여줍니다.

《청정도론》에서는 "천신도 범천도 이 생사의 윤회를 만든 자는 아니다. 조건에 의존된 갖가지 현상들만이 펼쳐지는 것이다"[주27)라고 합니다. 유신론에서 말하듯 창조신이 생사윤회를 만든 것이 아니라, 이 세상은 조건에 의존한 연기법에 의해서 끊임없이 전개된다는 뜻이지요.

부처님께서는 말씀하십니다.

"비구들이여, (탐친치의) 번뇌가 다한 비구는 선한 업의 형성 작용을 쌓으려고 애쓰는 것도 없고, 선하지 않은 업의 형성 작용을 쌓으려고 애쓰지도 않으며, 흔들림 없는 업의 형성 작용을 쌓으려고 하지도 않는다."[주28)

여기서 번뇌가 다한 비구란 아라한을 말합니다. 아라한은 악업을 짓지 않을뿐더러 굳이 선업을 쌓으려고도 하지 않습니다. 아라한은 번뇌가 없어졌기 때문에 악업은 지을 수조차 없습니다. 흔들림 없는 업의 형성 작용이란 무색계에 태어나는 마음을 말합니다. 따라서 아라한은 선악 및 흔들림 없는 업을 만들지 않는다는 뜻입니다. 아라한은 중생에게 도움이 되는 행위는 하되, 그것이 업이 되게 하지 않은 채 행위만 있게 한다는 의미로 받아들여야 됩니다.

여기서 업의 형성이란 행을 말합니다. 왜냐하면 조건에 의존된 발생이라는 맥락에서 행이란 업의 성격을 띠는 선하거나 선하지 않은 의도 또는 의도적인 행위를 말하기 때문입니다. 이 3가지 업은 모두 존재의 세계 또는 의식 세계에서의 업의 행위를 의미합니다. 선한 업의 형성 작용에 의해서는 색계까지 도달할 수 있습니다. 색계에 가려면 좋은 업을 쌓아야 됩니다. 그중에서도 색계사선을 닦아야만 색계 천상에 올라갈 수 있지요. 한편 무색계는 흔들림 없는 업의 형성 작용에 의해서만 올라갈 수 있습니다.

하지만 아라한에겐 무색계의 어떤 선정을 닦아서 무색계에 가고자 하는 마음이 없습니다. 무색계의 선정에 들어가기는 해도 무색계에 태어나기를 바라지 않습니다. 왜냐하면 태어날 것이 없음을 알았기 때문에 아라한에게는 색계나 무색계에 태어나는 것을 바라는 마음 자체가 사라져 있습니다. 다시 태어나려면 '나'라고 부르는 것이 있어야 합니다. 하지만 아라한은 자아 관념이나 아만, 어리석음을 완전히 제거했기 때문에 더 이상 어떠한 업도 짓지 않습니다. 아라한은 즐기는 존재입니다. 행복하고도 굉장히 깨어있는 마음으로 평온과 안정을 유지하면서 오온이 끊어질 때까지 존재합니다. 그러다 자연스럽게 열반에 들어갑니다.

마땅히 공양 받을 만한 분, 아라한

여러 차례 강조하지만 아라한이 업을 짓지 않는다고 해서 가만히 있는 것은 아닙니다. 아라한은 마땅히 공양 받을 만한 분이라는 뜻에서 응공이라고도 불리지요. 하지만 중생의 복전이라고 해서 공양만 받는 것이 아니라 끊임없이 중생에게 법을 전합니다. 이처럼 성인들은 중생들을 교화하기 위해서 부단히 애쓰는 존재임을 잊지 말아야 합니다. 더 나아가 아직 아라한처럼 성인이 되지도 못했으면서 자기를 위한 수행도, 남을 위한 선행도 하지 않는 우리 자신을 반성해야 합니다.

괴로움의 소멸에 대한 연기

앞서 말한 무명에서 노사우비고뇌(老死憂悲苦惱)까지의 십이연기를 유전연기라고 말씀드렸습니다. 다시 말해, 괴로움이 발생하는 순서대로 나열한 것이지요. 그것을 거꾸로 해서, 즉 노사우비고뇌에서 무명에 이르기까지 괴로움이 소멸하는 과정을 환멸연기(還滅緣起)라고 합니다. 경전은 괴로움의 소멸에 관한 십이연기에 대해 이렇게 말합니다.

"어리석음의 남김 없는 소멸에 의해 업의 형성 작용, 행의 소멸이 있다. 업의 형성 작용의 소멸에 의해 의식의 소멸이 있다. 의식의 소멸에 의해 정신적·육체적인 존재인 명색의 소멸이 있다. 정신·육체적인 존재의 소멸에 의해 6가지 감각 기관인 육입의 소멸이 있다. 6가지 감각의 소멸에 의해 감각적인 접촉의 소멸이 있다. 감각적인 접촉의 소멸에 의해 느낌의 소멸이 있다. 느낌의 소멸에 의해 갈망, 갈애의 소멸이 있다. 갈애의 소멸에 의해 집착의 소멸이 있다. 집착의 소멸에 의해 생존 과정 또는 생존 양태인 유의 소멸이 있다. 생존 양태의 소멸에 의해 태어남, 생의 소멸이 있고, 태어남의 소멸에 의해 늙음과 죽음, 슬픔, 고통, 비탄, 비애, 절망의 소멸이 있다. 이것이 괴로움의 전체 덩어리가 소멸하는 과정이다."[주29]

이로써 십이연기란 괴로움이 발생하는 구조와 괴로움을 소멸하는 구조를 모두 설명하는 가르침임을 알 수 있습니다. 십이연기는 괴로움을 소멸하는 과정이 어떤 조건에서 어떤 결과로 진행되는지 잘 보여줍니다. 또 괴로움의 무더기가 모두 소멸되는 것은 결국 무명의 소멸에서부터 비롯된다는 사실을 보여줍니다.

연기법과 사성제의 관계

연기법은 모든 정신적·육체적인 현상의 관계에 대한 가르침으로, 무아설과 함께 부처님의 가르침을 바르게 이해하고 깨닫는 데 없어서는 안 될 가르침입니다. 무엇보다 연기설은 윤회의 생존과 괴로움이 어떻게 조건에 의존되어 있는지 설명해주며, 이러한 조건들의 제거를 통해서 괴로움을 없애는 방법을 보여줍니다. 이처럼 연기법은 사성제 가운데 두 번째인 고집성제와 네 번째인 고멸도성제를 분명하게 설명하고 있습니다. 연기설은 바로 이 두 진리를 근본에서부터 설명하면서 확고한 철학적인 틀을 제공합니다.

십이연기에 대한 전통적인 해석은 삼세양중인과(三世兩重因果)라고 할 수 있습니다. 삼세에 걸쳐서 원인과 결과가 겹쳐 있다는 뜻입니다. 우선 과거의 원인인 무명과 행이 있었습니다. 이것은 번뇌와 업의 과정으로, 여덟 번째~열 번째(愛, 取, 有)에 해당하는 번뇌와 업도 여기에 들어갑니다. 이처럼 5가지 원인의 항목들이 업의 과정으로 작용해서 현재 윤회의 과정인 식, 명색, 육입, 촉, 수가 생겨납니다. 이는 현재에 생겨난 5가지 결과라고 할 수 있습니다. 그리고 현재 업의 과정인 애, 취, 유가 무명 및 행과 더불어 원인의 역할을 합니다. 그래서 그 결과로 미래에 생과 노사라는 윤회의 과정이 생기지요. 생, 노사라는 윤회의 과정은 세 번째~일곱 번째에 해당하기 때문에 5가지 결과가 생겨난다고 봅니다.

이처럼 전통적인 해석은, 과거의 원인이 현재의 결과를 만들어내고 또 현재의 원인이 미래의 결과를 만들어내어 시간적으로 2가지가 겹치는 부분을 설명합니다. 더불어 5가지 원인과 5가지 결과의 관계를 중층적으로 설명하고 있습니다. 여덟 번째~열 번째에 이르는 갈애, 집착, 존재 양식과 함께 첫째~둘째의 무명과 행의 고리는 5가지 윤회의 업의 원인을 내포하고 있으며 업이 전개되는 과정을 의미합니다. 그 다음에 열한 번째~열두 번째의 생 및 노사와 함께 식, 명색, 육입, 촉, 수에 이르는 고리는 5가지 업의 결과를 내포하고 있으며 윤회의 과정을 의미합니다. 쿳타카 니카야 소부에 속한 《파티삼비다막가》에는 이런 말씀이 있습니다.

"5가지 원인이 과거에 있어서 5가지의 결과가 현재에 생겨났다. 현재에 5가지의 원인이 있으면 미래에 5가지의 결과가 생겨날 것이다."

십이지연기에 대한 전통적인 해석인 삼세양중인과

과거 존재	1. 무명(無明) 2. 행(行)	업의 과정 (5가지 원인 : 1, 2, 8, 9, 10)
현재 존재	3. 식(識) 4. 명색(名色) 5. 육입(六入) 6. 촉(觸) 7. 수(受)	윤회의 과정 (5가지 결과 : 3, 4, 5, 6, 7)
	8. 애(愛) 9. 취(取) 10. 유(有)	업의 과정 (5가지 원인 : 1, 2, 8, 9, 10)
미래 존재	11. 생(生) 12. 노사(老死)	윤회의 과정 (5가지 결과 : 3, 4, 5, 6, 7)

우리는 이미 과거에 대해 어떻게 할 수가 없습니다. 과거는 이미 지나갔기 때문이지요. 미래도 아직 오지 않았기 때문에 우리는 그에 대해 아무 일도 할 수 없습니다. 우리가 할 수 있는 일이란 현재 번뇌로 이어지는 업의 과정을 끊는 것뿐입니다. 전통적인 삼세양중인과론에 따르면 우리가 할 수 있는 일이란 바로 일곱 번째에서 여덟 번째로 넘어가는 고리를 끊는 것 말고는 없습니다. 앞에서도 느낌을 없앨 수는 없다고 말씀드렸습니다.

하지만 갈애는 없앨 수 있습니다. 느낌이 일어날 때 거기서 갈애가 일어나지 않도록 끊어버릴 수 있습니다. 어떤 느낌이 일어나더라도 그것이 갈애로 연결되지 않도록 하는 것이 얼마나 중요한지 여기서도 확인할 수 있습니다.

저는 처음 미얀마에서 위빠사나 수행을 할 때 '도대체 이 수행법이 무엇인가?' 하는 생각을 떨쳐버릴 수 없었습니다. 좌선할 때는 배를 관찰하라고 하는데 왜 하필 배를 관찰하라고 하는지 알 수가 없었습니다. 걸을 때도 다리를 들고 나아가고 놓는 동작들을 관찰하게 하는데, 열심히 시키는 대로 하면서도 왜 그렇게 관찰해야 하는지 궁금했습니다. 그러다 마하시 스님이 십이연기를 해설하신 책^{주30)}을 보고서야 궁금증이 풀렸지요. 그때 실제로 도움을 얻은 것은 바로 "느낌이 일어났을 때 있는 그대로 알아차려 갈애가 생기지 않도록 하는 것이 위빠사나 수행의 핵심이다"라는 부분이었습니다. 이 부분을 읽고서야 알게 되었지요. 배를 관찰하든 다리의 동작을 관찰하든 몸의 아픈 곳을 관찰하든 편안한 마음을 관찰하든, 즐거운 느낌에서 탐심으로, 괴로운 느낌에서 성냄으로, 그리고 무덤덤한 느낌에서 어리석음으로 향하는 고리를 끊는 것이 결국은 수행이라는 것을요. 수행의 본질을 어느 정도 이해하게 된 것입니다. 수행이란 십이연기에서 괴로움이 발생하는 고리를 지금 이곳에서 깨어있는 채로 단절하는 것입니다. 다음은 《숫타니파타》의 949번 게송입니다.

"과거에 있었던 일을 완전히 말려버리고 미래에 그대에게 아무것도 생겨나지 않게 하라. 그리고 그대가 현재에 집착하지 않는다면 평안하게 유행할 것이다."

우리는 과거의 일을 말려버리지 못합니다. 과거가 얼마나 끈끈하게 우리의 현재를 지배하고 있습니까? 과거에 했던 잘못된 생각, 과거에 했던 섭섭한 일, 과거에 있었던 좋은 기억들이 우리의 현재를 계속 잠식시킵니다. 지금 이곳에서 깨어있는 일을 불가능하게 만들 정도로 과거의 일들이 떠오릅니다. 그리고 미래에 대해서도 우리는 끊임없이 걱정하고 이것저것 생각합니다. 미래를 걱정하기 때문에 이런저런 계획도 세웁니다.

저도 미얀마에서 수행할 때 이런저런 망상을 피워댔습니다. 그중에서도 한국에 돌아가서 좋은 수행센터를 짓는 망상을 많이 피웠지요. 1991년의 미얀마는 지금과 달리 여러 가지로 열악했습니다. 빈대도 그곳에서 처음 보았지요. 엄청나게 덥고 눅눅한 곳에서 모기나 빈대한테 수십 번씩 물려가면서 수행하며 '한국에서 수행을 하면 얼마나 좋을까? 한국에 돌아가면 아주 쾌적한 환경의 수행센터를 만들어 여러 사람들과 함께 열심히 수행해야지' 하고 망상을 피우는 겁니다. 수행하는 도중에도 망상이 일어납니다. 하물며 수행하지 않을 때는 어떻겠습니까?

끊임없이 과거와 미래를 왔다 갔다 한다면 현재를 살 수 없습니다. 우리가 그렇게 살고 있지요. 여러분은 지금 이 순간 깨어있습니까? 머릿속에 이 생각 저 생각 자리 잡고 있지 않습니까? '이 일이 끝난 다음엔 뭐 할까?', '어제 그런 말을 하는 게 아니었는데' 하고 이것저것 생각을 합니다. 그러다 어떤 느낌이 일어나면 그 느낌에 몰두하기 때문에 알아차리지를 못합니다. 느낌을 알아차리지 못하니까 그 다음에 탐진치 삼독이 생겨나지요. 탐심은 즐거운 느낌에서, 분노는 괴로운 느낌에서, 어리석음은 무덤덤한 느낌에서 생겨납니다. 이 사실을 알지 못하면, 우리가 느낌을 제대로 알아차리지 못하면 결국은 갈애로 연결되는 씨앗을 계속 뿌리게 됩니다. 느낌을 잘 알아차려서 괴로운 느낌은 괴로움으로, 즐거운 느낌은 즐거움으로 멈추고 더 이상 갈애로 번져나가는 것을 막을 수 있는 통찰력이 필요합니다.

보통 사람의 바른 이해와 성자의 바른 이해

바른 이해에는 2가지가 있습니다. 그중 하나는 아직 수타원에 이르지 못한 범부들이 닦는 것이고(세간의 바른 견해), 또 하나는 성인이 된 다음 아라한과에 이르기 전까지 닦는 것입니다(출세간의 바른 견해). 맛지마 니카야에는 그에 대해 이렇게 설명합니다.

"세간의 바른 견해란 보시 혹은 공양을 받거나 베푸는 것은 어떤 결과가 있다는 견해, 선행과 악행 모두는 결실과 과보가 있다는 견해, 이 생이 있는 것처럼 다음 생도 있다는 견해, 부모가 있어 태생이나 난생으로 태어나는 존재도 있듯이 화생으로 태어나는 존재도 있다는 견해이다."[주31]

부처님께서는 이러한 견해를 아직 번뇌가 남아 있긴 하지만 세간적인 좋은 결실을 가져다주는 세간의 바른 견해라고 말씀하셨습니다. 원인에는 결과가 있으며, 보시를 행하면 좋은 과보가 있고, 이 생이 있는 것처럼 죽은 후에는 다음 생도 있고, 부모로부터 태어나는 존재도 있지만 그렇지 않은 존재도 있다는 견해가 세간적인 바른 견해라는 뜻입니다.

따라서 여러 가지 생존 양식이 있다는 견해를 받아들여 천상에 태어나기 위해서 열심히 공덕을 짓고 사는 것은 세간적으로 보았을 때 바른 태도라고 할 수 있습니다. 부처님께서는 재가자들에게 세간적인 바른 견해에 입각해서 천상에 태어나기 위한 수행을 많이 하라고 가르쳐주셨습니다. 탐욕을 덜어내기 위해서 베풀고, 자신을 보호하고 거친 번뇌를 다스리기 위해서 계를 지키고, 천상에 가기 위해 선정 수행을 열심히 닦으라고 하셨습니다. 그렇게 하면 천상에 태어날 수 있는 기반이 마련된다고 강조하셨지요. 따라서 보시와 지계, 수행이라는 덕목은 생천(生天), 즉 천상에 나기 위한 3가지 덕목입니다.

세간의 바른 견해를 바탕으로 출세간의 바른 견해, 깨달은 성인의 바른 견해가 생겨납니다. 세간의 바른 견해를 바탕으로 하지 않는다면, 선행도 짓지 않고 악행을 저질러도 두려워하거나 부끄러워하지 않는 잘못된 견해에 빠지게 됩니다. 이처럼 세간적인 바른 견해는 출세간의 바른 견해로 나아가기 위한 기본이 된다는 사실을 잊지 말아야 합니다.

후세에 반야사상이나 중관사상에서는 이러한 세간과 출세간의 바른 견해를 일러 속제(俗諦)와 진제(眞諦)라고 했습니다. 다시 말해 진리를 세속과 깨달음의 차원으로 나눈 것이지요. 인과응보 사상처럼 세속인들이 상식적으로 받아들일 수 있는 진리는 속제이며, 속제를 넘어서 성인들이 추구하는 진리는 진제입니다.

깨닫지 못한 우리와 같은 보통 사람들은 일단 인과응보 사상을 받아들여 좋은 행위, 착한 행위를 열심히 해야 됩니다. 이런 속제를 부정하고서는 진제로, 깨달음의 세계로 나아갈 수 없습니다. 그래서 보시를 행하고, 계를 닦고, 열심히 수행하는 일이 그처럼 강조되어온 것이지요. 이처럼 세간에서의 정화 과정이 없이는 그 다음 단계인 출세간으로 넘어가기 어렵습니다. 부처님께서는 다시 말씀하십니다.

"번뇌가 남아 있지 않은, 도와 결합되어 있는 수타원, 사다함, 아나함, 아라한의 지혜, 통찰, 바른 이해가 있다. 즉 마음은 세간적인 것에서 고개를 돌려, 추구하고 있던 성인의 도와 결합되어 있다. 이러한 견해를 세간적이지 않은, 출세간적이며 도와 결합되어 있는 이른바 번뇌가 없는 출세간의 바른 견해라고 한다."

아라한이 되기 전인 수타원이나 사다함, 아나함까지는 어느 정도의 번뇌가 남아 있습니다. 하지만 세간의 중생에 비하면 번뇌가 훨씬 적습니다. 맛지마 니카야의 〈사십대경〉을 보면 그 사실을 확인할 수 있습니다. 번뇌가 남아 있다는 말은 유루(有漏)라고 하고, 번뇌가 없다는 말은 무루(無漏)라고 하지요. 세간의 팔정도를 닦아나갈 때는 무언가 하고 있는 유위의 상태이긴 하지만, 도를 닦는 일 자체가 번뇌를 점점 덜어나가는 길이기 때문에 아직 해결되지 않은 번뇌가 남아 있다 하더라도 무루라고 봅니다.

따라서 아직 우리가 세간적으로 살아간다 하더라도 유위법으로서의 팔정도를 닦을 때는 무루의 도를 닦는 것으로 볼 수 있습니다. 무루의 길, 번뇌가 없는 길을 간다고 보는 것이지요. 하지만 완벽하게 깨달음을 이루지 못했기 때문에 아직 내면에는 번뇌가 남아 있습니다.

그러니 부처님께서 말씀하신 세간의 바른 이해를 갖추고 선행을 해야 합니다. 선행에는 즐겁고 행복한 결실이 따르고, 악행에는 괴로운 과보가 따른다는 견해를 일단 받아들여야 합니다. 또 이 생에서 업이 다 소멸되지 못하면 다음 생이 있다는 견해도 받아들여야 합니다.

물론 내세가 없다고 하더라도 열심히 선행을 하면서 사는 것 자체로 의미는 있습니다. 유명한 수학자이자 철학자인 파스칼은 내세가 없다고 하더라도 선행을 한 것만큼은 우리에게 이롭다고 말했습니다. 부처님도 마찬가지입니다. 선행을 열심히 해서 다음 생에 그 결과를 받는다 해도 좋은 일이고, 내세가 없다 하더라도 선행을 한 자체로 의미가 있다고 말씀하셨습니다. 반면 악행을 지었다면 내세가 없다고 해도 좋은 일이 될 수 없습니다. 악행은 스스로도 괴롭고 남을 괴롭히는 일이기 때문이지요. 내세가 있다면 그 악행의 과보를 내생에도 받아야 하기에 또한 괴로운 일이 될 테고요.

이처럼 세간적인 진리를 무시하면 안 됩니다. 부처님은 세상 사람들이 비난하는 일을 하면 안 된다고 많이 강조하십니다. 실제로 율장을 만들 때도 세상 사람들이 비난하는 일 때문에 율을 제정한 경우가 많습니다. 세속의 시각이 율을 제정하는 데 반영된 것이지요. 이처럼 출세간의 성인조차 세속의 윤리나 도덕을 무시할 수 없습니다. 출세간의 법은 세간법을 넘어서 있지만 세간법을 위배하진 않습니다.

따라서 출가자들도 세간 사람들이 윤리적으로 비난하는 일을 해서는 안 됩니다. 《숫타니파타》의 〈자애경〉을 보면, 부처님께서는 현자들이 비난할 만한 것이라면 사소한 일도 행하지 말라고 말씀하십니다. 일단은 세간의 바른 견해를 지닌 채 선업을 지으며 살되, 그런 좋은 업에도 묶이지 말고 출세간의 도를 닦아서 깨달음의 길을 열어 나아가라고 말씀하십니다. 선행을 하고 선행을 놓아버릴 때, 선행은 완성되고 선행에서 자유로워집니다.

부처님은 인과응보에 대한 선인낙과 악인고과(善因樂果 惡因苦果)도 중요시하셨지만, 거기서 머물지 않고 출세간으로 나아가는 법을 가르치셨습니다. 불교의 장점은 이처럼 세간법을 존중하되 그 법에도 묶이지 않고 출세간의 깨달음으로 나아가는 길을 열어놓는다는 것입니다. 우리 중생의 근원적인 번뇌는 세간법만으로는 해결되지 않습니다. 그래서 전문적으로 수행하고 그 수행의 결과인 깨달음을 통해서 세상 사람들을 가르칠 수 있는 집단인 승가가 형성되었겠지요. 그러므로 세간에 사는 우리로서는 우선 인과응보나 윤회에 대한 부분을 기본적으로 받아들이고 열심히 수행해야 합니다. 그런 후 세간법을 넘어서서 출세간의 깨달음으로 들어가야 합니다. 그러면 결국엔 세간의 모든 법들을 다 뛰어넘어 출세간의 깨달음에 이르게 됩니다.

보통 사람의 길과 성인들의 길

팔정도에도 2가지가 있습니다. 아직 수타원이 되지 못한 범부들이 닦는 세간의 팔정도와 성인이 닦는 출세간의 팔정도입니다. 우리와 같은 보통 사람들은 인과응보의 견해에 입각해 팔정도를 닦습니다. 그래서 번뇌가 아직 남아 있는 팔정도라고 하지요. 하지만 번뇌는 수타원에서부터 없어지기 시작해 아라한에 이르러 완전히 사라지게 됩니다. 이처럼 범부와 성인의 팔정도는 차이가 있으나 기본적으로 닦는 방법은 같습니다. 또 범부로서 닦는 수행의 주제가 성인이 되었다고 완전히 바뀌는 것이 아닙니다. 범부와 성인이 완전히 다른 법을 닦는 것이 아니라는 말이지요. 범부의 팔정도는 성인이 되어 닦는 팔정도의 기반이 됩니다.

바른 이해와 다른 덕목들의 관계

바른 이해를 갖추기 위해서는 팔정도의 다른 덕목들을 함께 닦아야 합니다. 우선은 잘못된 이해, 즉 사견을 잘못된 이해라고 알아야 합니다. 그리고 바른 이해를 바른 이해라고 알면서 바른 이해를 닦습니다. 다시 말해 잘못된 견해와 바른 이해를 분명히 알아야 한다는 말이지요.

만약 자신에게 잘못된 이해가 있다면 잘못된 이해를 극복하고 바른 이해를 일으키기 위해서 노력해야 합니다. 이런 바른 노력은 팔정도의 여섯 번째 항목에 해당됩니다. 그러므로 잘못된 이해가 있다면 '아, 이것은 잘못되었으니 버려야겠구나'라면서 바른 노력을 하고, 반대로 바른 이해를 갖추었다면 '바른 이해를 더 성숙시켜야겠구나' 하며 바른 노력을 기울여야 합니다.

바른 이해, 바른 노력과 함께 또 하나 필요한 것은 바른 마음챙김입니다. 잘못된 이해를 알아내고 극복하려면 잘못된 이해에 대해서 깨어있어야 하겠지요. 알아차려야겠지요. 바른 이해를 지니고 있는 상태에서 깨어있는 마음을 지니면 바른 마음챙김을 닦는 것이 됩니다. 이처럼 바른 이해와 바른 노력, 바른 마음챙김의 3가지는 함께하는 덕목입니다. 맛지마 니카야의 〈염처경〉을 보면 부처님께서 이렇게 말씀하십니다.

"비구들이여, 여기 이 가르침에서 어떤 비구가 몸에서 몸을 거듭 관찰하는 수행을 하면서 지낸다. 그리고 열심히, 분명한 앎을 지니고, 마음챙김을 지니고…."

부처님의 제자라면 열심히, 분명한 앎을 지니고, 마음챙김을 지닌다고 말씀하십니다. 열심히 한다는 것은 바른 노력을 뜻하고, 분명한 앎이란 바른 이해를 말합니다. 또 마음챙김을 지닌다는 것은 바른 마음챙김이 있다는 것입니다. 이 내용은 디가 니카야의 〈대념처경〉에도 나옵니다. 분명하게 알고 바른 노력을 하면서 마음챙김을 지니는 것, 이것이 바로 위빠사나 수행의 기본적인 3가지 요소라고 할 수 있습니다.

이처럼 바른 이해와 바른 노력, 바른 마음챙김의 3가지는 위빠사나의 지혜를 일궈내는 데 필요한 덕목이기도 합니다. 이 3가지는 떨어져 있을 수 없습니다. 깨어있는 마음으로 잘못된 이해가 잘못된 이해인 줄 알고 바른 이해가 바른 이해인 줄 알며, 잘못된 이해는 극복하고 바른 이해는 더 유지하려고 바른 노력을 기울여야 합니다. 이것이 바른 마음챙김입니다.

따라서 바른 노력 없이 바른 이해가 생길 수 없고, 바른 마음챙김 없이 바른 이해를 지닐 수도 없습니다. 바른 노력을 통해 바른 마음챙김이 생기고, 바르게 마음을 챙겼을 때 바르게 대상을 놓치지 않고 알아차리는 바른 이해가 생겨납니다. 올바른 방향으로 노력하면서 바른 마음챙김을 지닐 때 바른 이해라는 지혜가 갖추어집니다.

바른 이해와 바른 노력, 바른 마음챙김은 바른 사유를 위해서도 필요한 요소들입니다. 바른 언어에서도 마찬가지입니다. 팔정도는 각각의 덕목이 떨어질 수 없는 관계에 놓여 있습니다. 그 바탕에는 바른 이해와 바른 노력, 바른 마음챙김의 3가지가 항상 있음을 잊지 말아야 합니다.

바른 이해가 없는 바른 노력이란 있을 수가 없습니다. 그리고 자기의 마음상태를 바르게 알아차려야만 노력한 결과가 있으며, 바른 이해를 갖추게 됩니다. 이처럼 바른 이해와 바른 노력, 바른 마음챙김의 3가지는 세 발 달린 솥의 3개의 발처럼 서로 의지하면서 함께 성숙되는 팔정도의 덕목이라고 할 수 있습니다.

바른 이해를 통해 진정한 자유로

지금까지 바른 이해에 대해 살펴봤습니다. 바른 이해에서 다루는 내용들이 상당히 많기 때문에 지면도 그만큼 많이 할애했습니다. 핵심을 간추리자면, 우리 몸과 마음이 무상, 고, 무아라는 사실을 올바로 보는 것이 바른 견해이자 지혜라는 것입니다. 그런 맥락에서 사성제나 십이연기를 설했지요. 십이연기에서는 우리가 느낌에서 갈애로 이어지는 연기의 고리를 끊을 때만 괴로움의 소멸로 나아가는 길로 들어서게 된다는 내용을 살펴봤습니다.

부처님의 가르침은 우리가 이해할 수 있는 부분도 있지만, 우리들이 이해하는 수준보다 훨씬 더 깊은 부분도 있습니다. 따라서 부처님께서 가르치신 의도를 잘 헤아린다면 어려운 내용이라 하더라도 우리 삶 속에서 확인하며 이해하는 데 큰 무리가 없을 것이라 생각합니다. 또한 아직 이해할 수 없는 부분을 마주친다 하더라도 '아직은 이해가 잘 안 되네. 좀 더 수행을 하고 지혜가 성숙되면 이해할 수 있겠지'라며 어느 정도 묻어둘 수 있는 여유도 필요합니다. 부처님의 가르침은 수행을 거쳐야 확인할 수 있는 내용이 대부분인데, 수행도 하지 않은 채 글만 보고 말만 듣는다면 피상적으로 이해하는 데 그칩니다.

거듭 말하지만, 지혜의 핵심은 오온의 무상 고, 무아를 있는 그대로 보는 것입니다. 그리고 이는 바른 이해의 실질적인 내용이기도 합니다. 이것을 바탕으로 나아가지 않으면 마음의 자유를 이룰 수 없습니다.《반야심경》을 보면, 관자재보살이 오온이 모두 무아이며 고정불변의 실체가 없다는 것을 바로 깨달아 보았다는 내용이 나옵니다. 그것이 바로 바른 이해에 해당합니다. 이처럼 궁극적으로 지혜를 얻는다는 것은 자기 자신의 몸과 마음이 끊임없이 변하고 있고 편하지 않으며 실체가 없다는 것을 수행과 노력을 통해서 꿰뚫어 아는 것을 뜻합니다. 그럴 때 몸이나 마음 어디에도 집착하지 않고, 즐기는 마음과 탐욕을 부리는 마음을 극복하며, 마음의 자유를 이루게 되어 근본번뇌에서 벗어나게 됩니다.

그처럼 잘못된 행위에서 하나하나 벗어나는 것을 별해탈(別解脫)이라고 합니다. 별해탈은 부처님께서 비구들을 위해 제정해주신 계율이기도 합니다. 별해탈을 쉽게 설명하자면, 하나하나의 잘못된 행위를 하지 않으면 하나하나의 그 상태에서 마음이 자유로워진다는 뜻입니다. 거짓말을 하지 않으면 거짓말로부터 자유로워져 그만큼 마음이 가벼워지고 편안해집니다. 이간질하는 말을 하지 않으면 이간질에서 벗어나게 됩니다. 하지만 마음이 하나하나의 잘못을 저지르기 시작하면 마음은 점점 속박되기 시작합니다.

거짓말을 자꾸 하면 거짓말에 속박됩니다. 거짓말에 완전히 속박되면 이제 거짓말을 하지 않고선 못 살 정도로 되고 맙니다. 입에서 나오는 말들은 모두 거짓말이 되고 말지요. 뻔히 그 다음 순간에 밝혀질 것도 거짓말하는 사람이 있습니다. 앞의 거짓말이 뒤의 거짓말을 낳고 뒤의 거짓말은 그 다음의 거짓말을 낳습니다. 그러다 거짓말끼리 서로 앞뒤가 안 맞아 또다시 거짓말을 해야만 하는 상황에 놓이게 됩니다. 이처럼 좋지 않은 행동의 연쇄반응이 일어납니다. 따라서 좋지 않은 일이 일어나는 것을 스스로 방지하고 행하지 않음으로써 마음은 그런 잘못으로부터 벗어나게 됩니다.

별해탈은 해탈의 가장 기본적인 단계입니다. 우리가 계를 잘 지킬 때,

10가지 불선업을 하나하나 극복해나갈 때 그 하나하나가 바로 해탈입니다. 이렇듯 마음이 잘못된 행위와 언어활동에서 벗어나게 되면 일시적으로 일어나는 번뇌들을 극복하게 됩니다.

번뇌에는 거친 번뇌와 미세한 번뇌, 근본번뇌가 있습니다. 거친 번뇌란 말과 행동으로 나타나는 번뇌를 말합니다. 이것은 우리가 계를 지키거나 마음집중을 닦음으로써 어느 정도 가라앉힐 수 있습니다.

마음에서 일어나는 번뇌는 육체와 말로 나타나는 번뇌보다 더 미세합니다. 마음집중을 통해 이러한 미세한 번뇌들을 일단은 다스릴 수 있습니다. 이때 선정 수행은 번뇌를 끊어내는 것이 아니라 번뇌들의 작용을 무력화시킵니다. 일시적으로 마음이 고정되고 집중되면, 예컨대 염불을 열심히 하거나 기도를 열심히 하면 다른 마음들이 스며들지 않습니다. 욕심도 들어오지 않고 성내는 마음도 들어오지 않습니다. 그때만은 깨어있어서 어리석은 마음도 많이 극복됩니다. 남을 향해서 일으키는 원한의 마음이나 스스로에게 일으키는 짜증도 많이 가라앉습니다. 이처럼 마음이 잘 집중되어 있는 상태에서는 번뇌의 활동이 둔화되어 마치 번뇌의 활동이 없는 듯 느껴지기도 합니다. 하지만 이것은 마음이 집중된 그 순간에만 번뇌의 활동이 억제되어 누리는 마음의 해탈이라 할 수 있습니다. 마음이 집중된 상태에서 나오게 되면, 예컨대 염불을 그만하거나 기도를 그만두거나 선정 수행을 그만 닦을 때 마음은 다시 여러 가지 동요로 휩싸이기 시작합니다.

부처님께서 출가한 후 처음 만난 두 스승에게서 선정의 가장 높은 단계를 배웠음에도 그것이 궁극적인 목표가 아니라고 하신 이유가 바로 거기에 있습니다. 무소유처와 비상비비상처라는 깊은 단계의 마음집중을 이룰 때는 마음이 안정되지만, 거기서 나와 일상생활로 돌아오면 마음이 다시 흐트러지는 것을 보신 것입니다. 그래서 그때의 선정 체험이 궁극적인 체험은 아니라는 사실을 깨달으십니다. 궁극적인 체험이라면 그곳에서 나와도 마음이 안정되어야 하겠지요? 하지만 선정 상태를 떠나버리면 마음에 다시 여러 가지 번뇌들이 활성화됩니다. 잡초 위에다 돌을 얹어놓으면 돌에 눌려서 일시적으로는 잡초가 자라지 못합니다. 하지만 그 돌을 치워내면 아래 있던 풀은 다시 살아나기 시작합니다. 이처럼 선정에 의한 마음의 해탈은 선정이라는 집중된 상태에서 일시적으로 경험하는 마음의 해탈입니다. 거기에 머문 채 지혜를 계발하지 않으면 선정 자체의 한계에 빠져서 더 이상 궁극적인 번뇌의 소멸에는 이르지 못합니다.

이런 경지에서 얻는 즐거움은 욕계나 색계, 무색계의 천상에 가서 얻는 즐거움과 비슷합니다. 열심히 선정을 닦아서 색계에 태어나면 그 선정을 닦은 공덕으로 천상 세계에서 오랫동안 행복을 누리며 살 수 있습니다. 하지만 선정을 닦은 그 힘이 사라지기 시작하면 다시 불안해집니다. 그래서 그 업이 모두 사라져버리면 결국 그 존재는 색계에서 다시 죽어 욕계나 그 아래의 세계에 태어날 수밖에 없습니다. 그 이전에 선정의 업뿐 아니라 여러 가지 다른 무거운 업들도 지었기 때문에 그 업에 의해서 다시 하계(下界)로 떨어질 수밖에 없습니다.

하지만 천상 세계에 태어나서 열심히 선정을 닦는다면 상황은 달라집니다. 수행을 하는 것은 씨를 뿌리는 것이고, 그 결과로 즐거움을 얻는 것은 열매를 따먹는 것과 같습니다. 열매만 따먹지 않고 부단히 씨를 뿌리고 농사를 짓는다면 계속해서 열매를 따먹을 수 있겠지요.

수행도 마찬가집니다. 염불을 열심히 하면 그 동안은 마음이 안정되지만, 염불을 놓는 순간부터 그 마음이 점점 약해지며 일상생활로 돌아오고 말지요. 선정 수행을 하는 동안 안정되었던 마음도 수행을 놓으면 다시 힘들어지고 불안해집니다. 이런 사실만 보더라도 선정의 효과와 한계를 알 수 있습니다.

내가 보는 것이 내 의식을 만든다

요즘 템플스테이나 수련회를 통해 집중적인 수행을 하는 경우가 많이 있습니다. 절에서 지내는 동안은 마음이 편안합니다. 절을 하며 고생스러워도, 새벽예불에 참석하기가 어렵더라도 절에 가 있는 것만으로 우리는 마음의 안정을 얻습니다. 이는 곧 좋은 환경에 있는 것만으로도, 수많은 감각적 자극에서 벗어나 있는 것만으로도 우리 마음이 많이 안정된다는 뜻입니다. 우리가 경험하는 것이 바로 나입니다. 우리가 보고 듣고 냄새 맡고 맛보고 접촉하고 사유하는 세상이 나의 의식 세계를 형성합니다. 내 눈으로 본 것이 내 의식 안에 자리 잡지 않습니까? 이처럼 내가 보는 것이 내 의식을 만듭니다. 따라서 좋은 환경을 만들어놓고 산다는 것, 좋은 환경에 가서 지낸다는 것은 우리 의식을 정화하는 데 매우 중요한 영향을 끼칩니다.

궁극적인 마음의 자유와 해탈은 지혜에 의해서만 가능합니다. 지혜에 의해서 우리 몸과 마음, 오온이 끊임없이 변하고 있다는 것을 있는 그대로 꿰뚫어서 관찰할 때, 그것들이 편안하지 않고 안정되지 못하다는 것을 꿰뚫어 알 때, 그 안에는 영원한 나라고 하는 실체가 없다는 것을 알 때, 즉 무상, 고, 무아가 있는 그대로 체험될 때 마음의 해탈을 이룰 수 있습니다.

이때의 해탈도 단계적으로 일어납니다. 처음에 맛보는 해탈은 수타원의 해탈입니다. 수타원이 되면 거친 번뇌, 잘못된 견해가 없어집니다. 올바른 수행을 하는 데 방해가 되는 의심이나 오온이 나라고 하는 생각, 팔정도 외에 다른 어떤 것을 통해서 해탈할 수 있다는 잘못된 견해가 없어지게 됩니다. 그러면서 굉장한 자유를 누립니다. 사다함이 되면 탐욕과 성내는 마음이 약해집니다. 그리고 아나함이 되면 탐욕과 성내는 마음이 완전히 끊어진 자유로움을 느끼게 되지요. 마지막으로 아라한이 되면 색계와 무색계의 존재 세계에 대한 욕망과 어리석은 마음, 아직 완성되지 않아서 들뜨는 마음과 근본무명이 완전히 끊어지게 되는 자유를 얻게 됩니다. 이처럼 아라한이 되면 10가지 속박에서 벗어나 진정한 해탈, 청정한 삶이 가능하게 됩니다.

자유는 스스로 만드는 것

계정혜 삼학은 해탈을 이루기 위한 3가지 단계라고 말할 수 있습니다. 즉 계를 통해서 얻는 자유, 정을 통해서 얻는 자유, 지혜를 통해서 얻는 자유입니다. 하지만 앞에서도 살펴보았듯이, 계와 정을 통해서 얻는 해탈에는 한계가 있습니다. 지혜를 통해서 얻는 자유와 해탈만이 궁극적으로 우리를 자유롭게 해줍니다.

그렇다 하더라도 지혜가 완성되지 않은 상태에서는 계를 지키고 선정을 닦아야 보호를 받을 수 있고 마음의 안정을 직접 경험할 수 있습니다. 지혜는 마지막에 완성됩니다. 그런데 지혜가 있어야 자유롭게 해탈한다고 해서 지혜가 없는 사람에게 지혜만 고집한다면 얼마나 막막하겠습니까? 그러니 일단은 십선업을 통해 신구의 삼업 가운데 특히 몸과 말로 짓는 좋지 않은 업을 제어하는 계를 지키고, 그런 후에 마음을 맑히는 선정을 닦아야 합니다. 그래야 지혜가 발현될 수 있는 토양이 마련됩니다.

또한 지혜로우면 아라한이 된다고 해서 지혜만 닦을 수도 없는 노릇입니다. 삼층집을 지으면서 일층과 이층은 대충 짓고 삼층집만 멋있게 지을 수 있나요? 오히려 삼층을 올리지 않고 일층만 지어도 얼마든지 살 수 있습니다. 또 일층의 토대가 튼튼하다면 이층을 짓는 것은 일도 아닙니다. 그런 후에 삼층까지 멋진 집을 지어 올린다면 전망 좋은 삼층에서 자유롭고 행복하게 살 수 있겠지요. 계정혜 삼학 또한 이처럼 순차적인 관계입니다. 우리 마음의 자유는 계를 통해 얻고, 선정을 통해서 깊어지고, 지혜를 통해서 완성됩니다.

우린 흔히 이렇게 생각합니다. '그런 일은 스님이나 불교를 많이 배운 사람들 얘기지, 우리처럼 하루하루 살기 바쁜 재가자들이 가능하겠어?' 이런 생각은 '나는 평생 괴롭게 살다 그냥 갈래' 하고 자포자기하는 것과 다를 바 없습니다. 불교에서는 이런 생각을 가장 위험한 생각 가운데 하나라고 말합니다. 자신에 대한 믿음이 없다 하더라도 계를 조금씩 지켜보세요. 그런 후에 집중 수행을 해보십시오. 기도를 열심히 해도 좋습니다. 염불을 열심히 해도 좋습니다. 아니면 템플스테이에 참가해 절에 가서 하루를 지내고 와도 좋습니다. 스님들이 하는 것처럼 아침에 일어나서 공양하기 전까지 한 시간 정도 좌선을 해보십시오. 그리고 절을 청소하거나 경행을 하면서 자기 마음을 되돌아보는 시간을 가져보세요. 이런 일들이 모두 자기 마음을 자유롭게 만드는 일임을 알 수 있습니다.

다른 누군가가 내 길을 만들어주진 않습니다. 누가 나에게 자유를 가져다줄 수 있겠습니까? 스스로 내 몸과 마음에 대해 올바르게 이해함으로써 자유와 해탈로 나아가야 합니다. 부처님께서는 "불사의 문은 열렸다. 와서 귀를 기울여라" 하고 말씀하셨습니다. 우리는 귀를 기울여서 들어야 합니다. 자유를 이룰 수 있는 길은 부처님께서 자세히 가르쳐주시지 않았습니까? 우리가 할 일은 다만 내게 적합한 방식이 무엇인지 탐구하고, 길을 찾았다면 반복적인 실천을 통해 자기 것으로 소화하는 일입니다. 그럴 때 비로소 마음의 번뇌를 다스려 진정으로 자유로워질 수 있습니다.

3. 바른 사유

〈대념처경〉을 보면 다음과 같은 부처님의 말씀이 나옵니다.

"비구들이여, 바른 사유란 무엇인가? 감각적인 욕망이 없는 마음가짐, 나쁜 의도가 없는 마음가짐, 남을 해치려는 의도가 없는 마음가짐, 이것이 바른 사유이다."

감각적인 욕망이 없는 사유, 나쁜 의도가 없는 사유, 남을 해치려는 의도가 없는 사유가 올바른 사유라는 뜻입니다. 우리의 안, 이, 비, 설, 신, 의로 느낄 수 있는 감각적 욕망을 멀리하는 사유란 탐심을 제거하는 마음가짐이라고 할 수 있습니다. 이처럼 마음속 욕심을 다스리는 생각들이 바른 사유에 해당합니다. 그 다음에 나쁜 의도가 없는 사유와 남을 해치거나 남에게 상처주려는 의도가 없는 사유가 바른 사유입니다. 이 2가지는 화를 다스리는 부분에 해당합니다. 따라서 바른 사유에서 다스리는 번뇌란 다름 아닌 탐욕과 성냄이라는 것을 알 수 있습니다. 3가지 근본번뇌인 탐진치 가운데 탐욕과 성냄은 바른 사유로 어느 정도 다스릴 수 있다는 뜻이지요. 삼독 가운데 어리석음은 앞서 살펴본 바른 이해로 다스릴 수 있습니다. 이처럼 바른 이해와 바른 사유를 통해 탐진치 삼독을 극복하게 됩니다.

자애로운 마음과 연민의 마음

바른 사유 가운데 나쁜 의도가 없는 마음은 자심(慈心), 즉 자애로운 마음을 말합니다. 그리고 남을 해치려는 의도가 없는 마음은 비심(悲心), 즉 연민의 마음을 뜻하지요. 따라서 나쁜 의도가 없는 마음과 남을 해치려는 의도가 없는 마음은 자비심을 갖춘 마음이라고 이해할 수 있습니다.

자비심을 갖추면 남이 잘못되길 바라는 마음을 지닐 수가 없습니다. 남이 괴로워하고 불행해지기를 바라는 마음이란 나쁜 의도라고 할 수 있지 않습니까? 우리가 자애의 문구를 외울 때 "모든 존재들이 행복하고 평화롭기를 기원합니다"라고 하지요? 이처럼 모든 존재들이 행복하고 잘되고 평화롭기를 바라는 마음도 나쁜 의도와 반대되는 마음입니다. 이런 자심에 의해서 나쁜 의도를 다스릴 수 있습니다. 따라서 우리가 자애의 마음을 일으킬 때, 생명 있는 존재들이 모두 잘되고 행복하고 평화롭기를 바라는 마음을 일으킬 때 팔정도의 바른 사유를 닦고 있는 것이라고 생각할 수 있습니다.

또한 내가 누군가를 해치게 되면 그 사람은 고통을 받고 괴로워하게 됩니다. 내게 있던 남을 해치려는 의도가 실제로 누군가에게 피해를 주는 겁니다. 하지만 비심을 갖춘 사람은 곤경에 처한 사람들이 그로부터 벗어나기를 바랍니다.

이처럼 욕망을 다스리고 자비심을 일으키는 것, 이것이 바른 사유입니다. 스스로 욕망을 다스리고, 다른 존재들이 잘되고 행복하길 바라는 마음을 일으키고, 고통 받고 곤경에 처한 존재들이 그 고통과 곤경에서 빨리 벗어나기를 바라는 연민의 마음을 일으키는 것, 이 3가지가 바른 사유의 핵심 내용입니다.

앞에서 살펴본 바른 이해가 지혜를 닦는 것이라면 바른 사유는 자비를 닦는 것이 됩니다. 지혜와 자비는 함께 갖추는 덕목이라, 지혜로운 사람이 무자비할 수 없고 자비로운 사람이 어리석을 수 없습니다. 우리는 가끔 "사람은 정말 착한데 좀 바보 같아"라고 말하는 경우가 있지요? 하지만 정말 자비로운 사람이라면 그만큼 지혜로워야 합니다. 진정으로 다른 사람이 잘되고 행복하기를 바라는 마음을 일으킬 수 있다면 그만큼 지혜로운 것이라고 봐야 합니다. 이것이 바로 초기불교에 나타나는 자리이타(自利利他)의 실천입니다.

상윳타 니카야[주32]에는 이와 관련해 재미있는 이야기가 나옵니다. 부처님께서 세다카라는 순바 사람들의 마을에 머무실 때 비구들에게 들려주신 이야기입니다. 옛날에 어느 대나무 곡예사가 곡예용 대나무를 세워놓고 조수에게 이렇게 말했다고 합니다. '메다카타리카여, 어서 가까이 오라. 와서 곡예용 대나무에 올라가서 내 어깨 위에 서있으라. 그대는 나를 보호하라. 나는 그대를 보호할 것이다. 이와 같이 우리들은 서로서로 지키고 서로서로 보호해서 이 곡예를 보여주고 이익을 얻고 무사히 곡예용 대나무에서 내려와야 할 것이다.” 그러자 조수인 메다카타리카가 이렇게 말합니다. “스승이시여, 하지만 그렇게 되어서는 안 될 것입니다. 스승이시여, 당신께서는 자신을 보호하시고 나는 나 자신을 보호해야 할 것입니다. 그와 같이 우리들이 자기를 지키고 자기를 보호해서 곡예를 보여주고 이익을 얻은 후 무사히 곡예용 대나무에서 내려와야 할 것입니다.”

스승은 상대방을 보호해주어야 안전하게 곡예를 끝낼 수 있다고 말했지만, 조수는 스스로를 지키지 못하면 상대방을 지키지 못한다고 말했습니다. 자기의 책임을 다하고 스스로를 보호하지 못하면 다른 사람 또한 보호해주지 못한다는 뜻이지요. 부처님은 이야기를 마치시며 이렇게 말씀하십니다.

“조수 메다카타리카가 그의 스승에게 말한 것처럼 비구들이여, ‘나는 나 자신을 보호할 것이다’라고 하면서 마음챙김의 확립을 닦아야 하고, ‘나는 다른 사람을 보호할 것이다’라고 생각하면서 마음챙김의 확립을 닦아야 한다. 자기를 보호할 때 남을 보호하는 것이며 남을 보호할 때 자기를 보호하는 것이다. 비구들이여, 그러면 어떻게 자신을 보호할 때 남을 보호하는 것인가? 4가지 마음챙김의 확립을 받들어 행하고 많이 닦음에 의해서 자기를 보호할 때 이와 같이 자기를 보호하는 사람이 남을 보호한다. 비구들이여, 그러면 어떻게 남을 보호할 때 자기를 보호하는 것인가? 인내하는 마음, 해치지 않으려는 마음, 자심, 비심에 의해서이다. 비구들이여, 정말로 이와 같이 남을 보호할 때 자기를 보호하는 것이다.”

여기서 부처님께서는 4가지 마음챙김, 즉 사념처(四念處) 수행을 말씀하셨습니다. 사념처를 닦아서 자기 자신을 보호해야 한다고 가르치셨습니다. 자기의 감각적 욕망을 잘 다스리고 몸과 마음을 있는 그대로 관찰함으로써 지혜를 계발하며 자기를 보호하는 사람만이 남을 보호할 수 있다는 것입니다. 또 남을 보호하기 위해서는 일단 인내가 필요하다고 말씀하십니다. 인내, 인욕을 하지 못하면 우리는 분노에 휩싸여서 분노의 노예가 되고 맙니다. 또한 인내를 한 후에도 마음속에 뭔가 남아 있다면 잘 풀어줘야 합니다. 그때 필요한 것이 바로 다른 사람에 대한 자비심이지요. 따라서 인내와 해치지 않음과 자애와 연민을 통해서 남을 보호하는 것이 바로 자기 자신을 보호하는 것입니다. 이처럼 남에 대한 배려는 자기에 대한 배려로 직결됩니다.

감각적 욕망을 다스리는 방법은 따로 있지 않습니다. 눈으로 어떤 대상을 볼 때, 귀로 소리를 들을 때, 코로 냄새를 맡을 때, 혀로 맛을 볼 때, 몸으로 감촉을 느끼는 바로 그 순간에 갈망, 감각적 욕망이 일어난 것을 바르게 알아차리면 감각적 욕망을 다스릴 수 있습니다. 올바로 깨어있어서 느낌 다음에 여러 가지 번뇌가 일어나는 것을 정확히 알아차릴 수 있을 때만 감각적 욕망을 다스릴 수 있습니다. 또한 그렇게 함으로써 자기를 보호할 수 있게 됩니다. 이것을 떠나서 자기를 보호하는 길은 없습니다.

이렇게 자기를 보호할 때 비로소 남을 보호할 수 있는 마음이 생깁니다. 마음에 들지 않는 상황이 생기더라도 참고 견딜 줄 알아야 하고, 다른 이를 해치지 않는 마음과 상대방이 잘되고 행복하기를 바라는 마음, 그 사람이 괴로움과 어려움에서 벗어나기를 간절하게 바라는 마음을 일으켜야 합니다.

이처럼 지혜와 자비가 함께할 때 자신과 다른 이를 보호할 수 있습니다. 지혜는 우리 자신을 보호하면서 남도 보호하는 마음이고, 자비는 남을 보호하면서 자기를 보호하는 마음임을 잊지 말아야 합니다. 따라서 바른 사유를 통해 자비를 말했지만 이것은 지혜가 바탕이 되는 자비임을 알 수 있습니다. 그래서 바른 이해와 바른 사유의 2가지가 지혜의 항목으로 들어가는 것이지요.

불교의 모든 수행은 결국 지혜를 완성하고 자비를 실천하는 데 있습니다. 지혜의 완성은 스스로를 이롭게 하는 '자리행'이며, 자비를 실천하는 일은 남을 이롭게 하는 '이타행'입니다. 부처님은 평생을 통해서 자리이타를 가르치셨고 몸소 보여주셨습니다. 자리이타의 정신은 초기불교에서부터 부파불교, 대승불교에 이르기까지 계속 이어지고 있습니다.

스스로의 행복을 추구하는 것은 결코 잘못이 아닙니다. 자기가 행복하지 않다면 어떻게 남의 행복을 바랄 수 있겠습니까? 문제는 자기만 행복하려는 데 있지요. 자기만 행복해지려고 주변사람들에게 피해를 주거나 아픔을 준다면 잘못된 일입니다. 하지만 스스로의 행복을 통해 다른 이의 행복을 추구하는 것은 불교에서 강조한 덕목입니다. 내가 행복해지기 위해서는 나 자신이 지혜로워야 하고, 내가 지혜롭다면 결국 주변 다른 사람들과 함께 삶을 잘 이끌어나가는 마음가짐을 지닐 수 있기 때문입니다.

남에게 고통을 주면서 나 자신이 행복할 수는 없는 일입니다. 남에게 준 고통보다 더 큰 고통이 자신을 기다리고 있기 때문이지요. 그래서 불교의 윤리는 서로 화목하게 화합하고 이해하면서 스스로 자신의 삶을 굳건하게 잘 다지는 길을 추구합니다. 그리고 남을 향해서는 참고, 해치지 않는 마음을 내고, 자애심과 연민의 마음을 일으킴으로써 결국은 자기 스스로가 보호받는 구조로 되어 있지요.

보통 사람의 바른 사유와 성자의 바른 사유

팔정도에는 출세간의 팔정도와 세간적인 팔정도가 있다고 말씀드렸습니다. 아직 번뇌가 남아 있는 보통 사람들이 닦는 팔정도와 아라한이 되기 전까지의 성자들이 닦는 팔정도가 있습니다. 아라한은 이전까지 꾸준히 팔정도를 닦았기 때문에 팔정도를 따라서 사는 일이 습관화되어 있습니다. 그래서 더 이상 애쓰지 않아도 말과 행동과 마음씀씀이가 팔정도에 위배되지 않습니다. 따라서 아라한이 '깨달았으니까 나에게는 계가 필요 없어, 선정도 필요 없어'라고 마음먹는 것은 불가능합니다.

바른 견해처럼 바른 사유도 세간적인 것과 출세간적인 것으로 나뉩니다. 부처님께서는 말씀하십니다.

"비구들이여, 바른 사유에는 2가지가 있다. 2가지란 세간적인 바른 사유와 출세간적인 바른 사유이다. 감각적인 욕망, 나쁜 의도, 남을 해치려는 의도가 없는 마음가짐, 이것을 일컬어 아직 번뇌가 남아 있지만 세간의 바른 사유라고 한다. 이 세간적인 바른 사유에 의해 세상에서 누리는 복덕과 선한 결실을 얻는다."

세간적인 바른 사유란 감각적인 욕망, 나쁜 의도, 남을 해치려는 의도가 없는 것으로, 세간에서의 복덕과 선한 결과를 불러들인다는 뜻이지요.

"하지만 비구들이여, 고귀하고 번뇌가 없으며 출세간의 깨달음 요소인 바른 사유가 있다. 고귀한 성자의 마음, 번뇌가 없는 마음, 성자의 도를 닦은 결과로서의 사고, 분별, 사유, 몰두, 마음을 오롯이 함, 마음의 언어적인 잠재력, 이것들이 고귀하고 번뇌가 없으며 출세간의 깨달음 요소인 바른 사유이다.”

출세간의 바른 사유에 감각적인 욕망이나 나쁜 의도, 남을 해치려는 의도가 들어가지 않는 것은 당연한 일입니다. 성자들은 세속에서 이미 그런 바른 사유를 닦아 출세간에 이른 존재들입니다. 하지만 성자가 된 후로는 그런 바른 사유를 기본으로 사유하고 몰두하며 심리적인 언어활동을 합니다.

물론 보통 사람인 우리도 감각적인 욕망이나 나쁜 의도, 남을 해치려는 의도 없이 사유할 수 있습니다. 하지만 아직 번뇌가 남아 있기 때문에 탐심과 진심, 어리석음을 어느 정도 지닐 수밖에 없습니다. 그래서 그런 번뇌를 제거하기 위해 수행해야 하지요. 성자들에게는 그런 번뇌들이 어느 정도 사라졌거나 대부분 사라진 상태입니다. 그런 바른 사유를 바탕으로 여러 가지 사유와 심리적인 언어활동을 합니다. 여기서 언어활동을 언급한 이유는 우리가 생각을 대부분 언어로 하기 때문입니다.

세속에서 바른 사유의 길을 열심히 닦아서 출세간의 성인이 되었을 때도 사유는 하되, 사유의 내용에는 번뇌나 이기적인 마음이 없기 때문에 남을 위해서 언제든지 자비를 행할 수 있습니다. 성인은 감각적인 욕망에 휘말리지 않고, 남을 해치려는 마음이나 남에게 악의를 품는 마음이 아예 뿌리째 끊겨 있기 때문에, 매우 긍정적인 심리활동이 일어나서 자신은 물론 타인에게도 많은 도움을 줍니다.

우리가 아직 성인이 되지 못했다 해도 중생들의 바른 사유를 통해 성인의 바른 사유로 올라가야 합니다. 범부가 닦는 팔정도, 범부가 닦는 바른 사유 없이는 성인의 사유를 할 수 없습니다. 성인 흉내를 낼 수 있을지는 몰라도 성인이 될 순 없습니다. 범부인 자신의 모습을 있는 그대로 충실히 이해한 다음에 거기서 할 수 있는 최선의 일을 해야 합니다. 감각적인 욕망을 다스리고, 나쁜 의도를 제거하고, 남을 해치려는 마음을 없애면서 지혜와 자비를 끊임없이 닦을 때만 비로소 성인들의 바른 사유로 나아갈 수 있습니다.

부처님과 부처님의 제자들은 남을 향해 악의를 품거나 해를 끼치는 일이 없습니다. 외도들이 돌팔매질을 하고 폭행을 가해올 때도 그들을 원망하거나 미워하지 않았습니다. 그 대표적인 예가 목갈라나 존자이지요. 목갈라나 존자는 신통력이 있었기 때문에 외도들의 스승이 죽은 후 지옥에 가 있는 것을 보게 됩니다. 그리고 악의에 의해서가 아니라 가르침을 주던 도중 그 내용을 말하게 되지요. 그 이야기가 외도들의 제자들에게 알려지면서 목갈라나 존자는 폭행을 당해 돌아가시고 맙니다. 하지만 외도들에게 폭행을 당했을 때도 목갈라나 존자나 승단은 그 사실을 그대로 받아들였습니다. 아라한이 되었어도 목갈라나 존자는 전생에 지었던 악업의 과보 탓에 그처럼 죽음을 당할 수밖에 없었기 때문입니다. 그래서 아무런 원망도 한탄도 없이 그대로 육신의 죽음을 맞이합니다. 아라한으로서 맞는 최고의 마지막 모습인 셈입니다.

또 하나 대표적인 예로 앙굴리말라를 들 수 있습니다(1권, pp. 267~269). 말씀드렸다시피, 앙굴리말라는 부처님을 만나기 전에 자신의 스승인 어떤 바라문의 잘못된 가르침 탓으로 엄청나게 많은 사람들을 죽였습니다. 그리고 부처님을 만나 교화를 받고 아라한이 되지요. 하지만 그전에 죽였던 사람들의 가족들에게 보복을 당해 돌아가시게 됩니다. 그때도 앙굴리말라는 그 모든 것을 받아들이면서 아무런 번뇌 없이 자연스럽게 죽음을 맞이합니다.

이처럼 성자들은 욕망이나 나쁜 의도, 남을 해치려는 의도를 극복한 상태에서 자연스럽게 세상 사람들을 위한 지혜와 자비의 마음을 일으킵니다. 부처님은 물론 승단이 분노나 원한 때문에, 또는 악의 탓으로 세상 사람들을 대한 적은 한 번도 없었습니다. 부처님께서는 누가 부처님을 비난하더라도, 법을 비난하더라도, 승단을 비난하더라도 대응하지 말라고 누누이 당부하셨습니다. 말이나 몸으로 싸우거나 집단적으로 대응하지 말라고 하셨지요. 부처님의 그런 말씀에 따라 걸어왔기 때문에 불교는 평화롭게 인도에서 아시아 전역으로 전해질 수 있었습니다.

스님 때문에 전쟁이 일어난 적이 있었다고?

스님 때문에 전쟁이 일어난 적이 한 번 있긴 합니다. 그 주인공은 바로 구마라집 법사였습니다. 우리에겐 《법화경》이나 《금강경》을 번역한 인물로 유명한 이분은 워낙에 훌륭하고 출중한 법사였기 때문에, 각 나라에서 서로 모셔가려고 전쟁을 벌였다고 합니다. 이때도 구마라집 스님이 전쟁을 일으킨 건 아니니 스님 잘못은 없습니다. 구마라집 법사는 7살 때 고향인 중앙아시아의 쿠차국에서 캐시미르(현재 파키스탄 북부)로 유학을 떠납니다. 당시는 5세기쯤으로 설일체유부라는 부파불교가 맹위를 떨치고 있었습니다. 스님은 거기서 2, 3년 동안 아비달마를 배운 후 여러 곳을 다니며 대승경전을 배웁니다. 그렇게 해서 천재적인 역경가가 되지요. 산스크리트어와 중국어, 그밖에 여러 가지 중앙아시아 언어들에 능통하여 《대지도론(大智度論)》이나 여러 가지 중관(中觀) 계통의 논서들을 번역합니다. 또 《묘법연화경》, 《반야심경》, 《법화경》 등의 경전을 번역합니다. 오늘날 우리가 독송하는 《금강경》도 구마라집 법사가 번역한 것입니다. 이렇게 구마라집 스님은 7세기 현장 스님이 출현하기 전까지 가장 뛰어난 번역가로 활동합니다.

부처님은 법구경에서 "원한은 원한에 의해서 사라지지 않는다"고 말씀하셨습니다. 증오는 증오에 의해서 사라지지 않기 때문에 오직 증오를 버림으로써, 즉 자애심에 의해서만 증오가 사라진다는 뜻으로 받아들여야 합니다. 미워하는 사람에게 피해를 준다면 또 다른 미움이 생겨납니다. 미움을 더 키우는 격이지요. 실제로 미워하는 사람을 없애버리는 일이 아닙니다. 미워하는 사람을 없애는 방법은 내 마음에 깃든 미워하는 마음을 자비의 마음으로 극복해내는 것입니다. 바로 그것이 바른 사유의 핵심적인 내용입니다. 누군가를 미워해서 해를 끼치려는 마음은 자기를 해치는 마음과 같습니다. 이렇게 이해하고 나와 남이 함께 상생할 수 있는 마음을 끊임없이 일으키는 것이 바른 사유입니다.

바른 사유와 다른 덕목들의 관계

부처님께서는 바른 사유와 다른 덕목과의 관계에 대해 이렇게 말씀하십니다.

"비구들이여, 잘못된 사유를 잘못된 사유라고 알고 바른 사유를 바른 사유라고 알 때 그는 바른 이해를 닦는 것이다. 잘못된 사유를 없애고 바른 사유를 일으키려고 노력할 때 그는 바른 노력을 닦는 것이다. 잘못된 사유를 극복하고 바른 사유를 지니고서 마음챙김을 지니고 있을 때 그는 바른 마음챙김을 닦는 것이다. 따라서 바른 사유는 3가지 덕목과 동반되어 생겨난다. 바른 이해, 바른 노력, 바른 마음챙김이 그 3가지이다.”

앞에서 살펴본 바른 이해와 마찬가지로, 바른 사유에도 바른 이해와 바른 노력, 바른 마음챙김의 3가지가 동반됩니다. 팔정도의 모든 덕목에는 바른 이해와 바른 노력, 바른 마음챙김이 함께합니다. 이것들은 바른 사유가 지니고 있는 덕목을 보충해주면서 또 서로를 지탱해줍니다. 따라서 바른 사유만 동떨어져서 존재하는 것이 아니라, 올바르게 이해를 해야 되고, 노력을 해야 되고, 바른 마음챙김을 지녀야만 바른 사유를 갖출 수 있음을 알 수 있습니다.

바른 사유의 핵심은 지혜를 바탕으로 한 자비심에 있습니다. 자비로운 마음을 끊임없이 일으키고 실천하는 것이지요. 그렇다면 우리가 일상생활에서 괴롭고 번거롭고 힘든 이유는 지혜롭지 못하고 자비롭지 못한 생각을 끊임없이 일으키기 때문임을 알 수 있습니다. 바른 사유를 지닌 사람은 지혜롭고, 모든 존재가 행복하고 잘되기 바라는 마음을 일으키며, 고통 받는 존재들이 그 고통에서 벗어나기를 바라는 연민의 마음을 일으킵니다.

4. 바른 언어

바른 이해와 바른 사유를 통해 지혜, 즉 혜학을 살펴봤습니다. 이제 남은 것은 계학과 정학, 즉 계와 정을 닦는 일이지요. 그중에서도 계를 닦는 일인 계학에는 3가지가 있습니다. 바른 언어와 바른 행위, 바른 생계(생활수단)가 그것입니다.

진실을 말한다

부처님께서는 바른 언어의 첫째 덕목을 말씀하십니다.

"여기 어떤 사람이 있어서 거짓말을 버리고 진실을 말하고, 진실을 따르며, 신뢰할 만하고, 성실하며, 세상 사람들을 속이지 않는다. 그 사람이 어떤 모임에 있을 때, 사람들과 함께 있을 때, 친척들과 함께 있을 때, 조합에 있을 때, 국가의 법정에 있을 때 증인으로 불려 알고 있는 것을 말하라는 질문을 받으면 그는 모르면 모른다, 알면 안다고 대답한다. 본 것이 있으면 보았다고, 본 것이 없으면 보지 않았다고 대답한다. 이처럼 이 사람은 자신의 이익을 위해서, 다른 사람의 이익을 위해서, 또는 그 어떤 이익을 위해서도 결코 거짓말을 하지 않는다."

부처님께서는 바른 언어 가운데 '거짓말을 하지 않는다'라는 덕목을 말씀하셨습니다. 그러나 단순히 거짓말을 하지 않는 것이 아니라, 진실을 말한다는 적극적인 표현이 포함돼 있음을 알아야 합니다. 여러 가지 상황에서 자기의 이익이나 다른 누군가의 이익을 위해서 진실을 속이고, 모르는 것을 안다고 하거나 아는 것을 모른다고 하지 않는다는 뜻입니다.

사실 이렇게 정직하게 살기란 쉽지 않습니다. 하지만 정직이 최상의 정책이라는 말도 있지 않습니까? 거짓말을 해서 이익을 얻는 듯 보여도 실제로나 결과적으로는 진실을 말하는 것이 이득이란 소리지요. 정치나 기업, 학교에서도 마찬가지입니다. 자신이 잘 모르는 것이 있다면 "아, 그것은 제가 잘 모르겠네요. 같이 한번 생각해봅시다”라고 말해야 합니다. 그러나 모르면서도 마치 아는 것처럼 이런저런 얘기를 둘러대며 말하는 경우가 있습니다. 정직하지도 올바르지도 못한 자세이지요.

자기가 모르는 부분을 인정하기 싫더라도 “잘 모르겠습니다. 그것은 미처 생각하지 못했군요”라고 정직하게 말해야 합니다. 모르는 건 부끄러운 일이 아닙니다. 모르니까 알려고 하고, 서로 도와주는 거지요. 자기가 모르는 것을 누가 지적해주면 ‘그럴 수도 있겠구나’ 하고 받아들이는 자세가 중요합니다.

학계에서도 그런 일들이 있습니다. 논문을 쓰면서 남의 글을 인용할 때 분명하게 출처를 밝히면 오히려 논문의 가치를 높일 수도 있는데, 어떤 사람은 남의 글을 인용한다는 말도 하지 않고 슬쩍 자기 글처럼 써버립니다. 정직하지 못한 태도이지요. 이것도 일종의 거짓말이라고 할 수 있습니다.

또 어떤 일을 여럿이 함께해나갈 때, 권위자의 말이기 때문에, 친한 사람의 충고이기 때문에 그 말을 따라야 된다고 생각하는 경우가 많이 있습니다. 이것은 매우 현명하지 못한 태도입니다. 누가 말했는가 하는 것보다 중요한 것은 어떤 말이 진실하고, 어떤 말이 그 상황을 풀어나가는 데 가장 적절한가입니다.

그처럼 좋은 의견을 공유해서 가장 현명한 길을 찾아나가려면 마음이 서로 열려 있어야 합니다. 주고받는 말들이 서로의 마음을 전달하고, 그렇게 전달된 마음에서 가장 합리적이고 적절한 해결책을 찾을 수 있습니다. 어떨 때는 한 사람보다는 두 사람이, 두 사람보다는 세 사람이 더 현명한 판단을 하는 데 도움이 될 수도 있습니다. 그 바탕에도 역시 필요한 것은 정직한 말이겠지요.

이간질하지 않는다

부처님께서는 바른 언어의 두 번째 덕목을 말씀하십니다.

"그는 이간질하는 말을 버리고 이간질하는 말을 삼간다. 그는 여기서 들은 말을 저기서 되풀어 말하지 않는다. 양방의 싸움의 원인이 되기 때문이다. 그는 저기에서 들은 말을 여기에서 되풀어 말하지 않는다. 양방의 싸움의 원인이 되기 때문이다. 이처럼 그는 사이가 좋지 않은 양방의 말을 듣고 이들을 잘 화합시키고 잘 지내라고 관계를 개선시켜준다. 서로 화합한 사람들은 그를 기쁘게 하며 그는 화합을 즐기며 반가워한다. 이렇게 그는 서로 이간질하는 말을 피하고 양방을 화합시키는 말을 함으로써 화합을 도모한다."

사람들을 만나서 다른 사람의 좋은 면만 말한다면 별 문제가 없습니다. 하지만 우리는 종종 다른 사람의 나쁜 점이나 서운한 점 등을 또 다른 사람에게 말하곤 합니다. "나한테 이런 짓을 하다니, 너무 섭섭해", "그 사람이 너에 대해 이렇게 말하던데, 참 못됐지?"라는 식으로 남을 헐뜯는 경우가 많습니다. 정말 아끼는 마음으로 당사자가 있는 자리에서 그의 잘못을 지적하는 말이라면 상관없겠지요. 하지만 보통은 그 사람이 없는 자리에서 흉보기 위해 남의 말을 합니다.

이간질하는 말은 개인의 신뢰도와도 깊은 관련이 있습니다. A라는 사람이 계속해서 내게 B를 욕한다고 생각해보세요. A를 믿을 만한 사람이라고 생각할 수 있을까요? 아닙니다, '지금 B를 흉보는 것처럼 다른 데서는 내

흉을 보고 다니지 않을까?' 하고 생각하게 됩니다. 남을 헐뜯는다고 해서 자기가 나아지는 법은 없습니다. 남을 비방한다고 자기가 좋은 사람이 되는 것도 아닙니다. 오히려 타인의 좋은 점을 끌어내서 칭찬해줄 때 내 덕이 쌓입니다. 하지만 우리는 남을 칭찬하고 북돋아주는 태도가 참 많이 부족합니다.

형제, 자매들도 보통 때는 서로 잘 지냅니다. 그러다가 싸움이 일어나면 가장 먼저 나오는 말이 바로 이간질하는 말입니다. "형이 잘못했어", "쟤가 먼저 시비 걸었어"라며 서로가 부모에게 상대방의 잘못을 이르는 거지요. 그럴 땐 절대 서로 잘한 일은 말하지 않습니다. 화가 나니까 상대방이 잘못한 일만 콕 집어서는 드러내느라 바쁘지요. 남을 나쁘게 이야기하면 결국 그 나쁜 점이 드러나서 상황은 호전될 수 없습니다. 싸움이 일어났다면 더 큰 싸움으로 번지기 쉽지요.

여성들은 보통 말이 통하는 사람과 이야기하면서 스트레스를 푼다고 합니다. 그럴 때도 좋은 이야기를 해야 스트레스가 풀리겠지요. 해놓고도 찜찜한 말은 스트레스도 가중시킬 뿐 아니라 인간관계마저 악화시킵니다. 설사 스트레스가 풀린다 해도 나쁜 말을 하는 것은 좋은 업을 짓는 것이 아니겠지요. 그러니 일상생활에서 일어나는 좋은 일에 대해 이야기를 많이 하도록 노력해야 합니다.

거친 말을 삼간다

바른 언어의 세 번째는 거친 말을 하지 않는 것입니다. 부처님께서는 말씀하십니다.

"그는 거친 말을 버리고 거친 말을 삼간다. 그는 부드럽고 귀에 거슬리지 않으며 마음에 와 닿는 포근한 말을 하며, 용기를 북돋아주는 말을 하며, 우정 어린 말을 하고, 많은 사람들이 받아들일 수 있는 말을 한다."

부처님은 어떤 말을 하지 말라고 하기보다 적극적으로 좋은 측면을 많이 강조하셨습니다. 부드럽고 남의 귀에 거슬리지 않는 말, 마음에 와 닿는 말, 용기를 북돋아주는 말, 우정 어린 말, 많은 사람들이 받아들일 수 있는 말을 하라고 이르셨지요. 이런 말들은 마음이 넉넉하고 지혜로워야 나옵니다. 거친 말이란 분노에 의해서 하는 말이지요. 그러니 분노를 삭일 줄 알아야 하고, 그렇게 삭인 분노가 마음에서 작용하지 못하도록 하는 지혜가 있어야 합니다. 인내심과 사랑, 연민의 마음이 있어야만 거친 말을 삼갈 수 있습니다. 맛지마 니카야에는 이와 관련된 부처님의 말씀이 있습니다.

"비구들이여, 도적이나 살인자들이 톱으로 그대들의 사지를 자를지라도 그대들이 그곳에서 화를 낸다면 나의 가르침을 거스르는 것이다. 따라서 다음과 같이 그대들은 스스로 자신을 잘 다스려야 한다. 마음은 동요가 없으리라. 입으로는 나쁜 말을 내뱉지 않으리라. 우애롭고 자비에 가득 찬 마음으로 있으리라. 마음속에 숨겨둔 그 어떤 나쁜 생각도 없이 넓고 깊고 한없는 사랑의 마음으로 성냄과 미워함 없이 그 사람을 대하리라."

톱으로 팔다리가 잘릴지라도 결코 성내거나 화내거나 나쁜 마음을 내지 않는다는 말씀입니다. 이와 비슷한 말씀이 《금강경》에도 나오지요. 부처님께서는 가리 왕이 당신의 팔다리를 자를 때조차 한 번도 화낸 적이 없었다고 합니다.

《붓다의 러브레터》(정신세계사, 2005)에는 티베트의 한 스님에 관한 이야기가 나옵니다. 새롬이라고 하는 수행지도자가 이 티베트 스님을 만났는데, 이 스님은 뚜모 수행에 통달한 분이었다고 합니다. 뚜모 수행은 아주추운 곳에서 분노의 에너지를 이용해 몸에서 열을 내는 수행이라고 합니다. 티베트 스님들은 이 수행으로 온도가 영하 20~30도 이하로 내려가는곳에서도 별다른 난방장치 없이 견딜 수 있답니다. 굉장한 일이지요?

뚜모 수행

하버드대학교 의과대학 하버트 벤슨 교수가 티베트 스님들의 수행을 의학적으로 검증하기 위해 달라이라마를 찾아갔다고 합니다. 그리고 뚜모 수행을 오랫동안 닦은 스님들의 몸에다 열감지 장치를 부착하고는 체온의 변화를 실험했습니다. 그런데 정말놀랍게도 스님들이 수행에 들어가자 피부의 온도가 화씨 8도가량 올라갔다고 합니다. 뚜모 수행을 통해서 마음이 육체에 영향을 준다는 사실을 과학적으로 확인해낸 것이지요.[주33)]

사람들이 뚜모 수행에 통달한 스님에게 "스님께서는 수행할 때 누구나배워야 하는 예비적인 단계를 다 밟지도 않으셨잖습니까? 그런데 어떻게이처럼 수행이 향상될 수 있었습니까?"라고 묻자 그 스님은 다음과 같은 이야기를 들려주십니다. 스님은 세속에 있을 때 게릴라 요원이었다고 합니다. 그래서 중국인들을 잡아서 고문하고 죽이기도 했다지요. 그러다 중국인에게 잡혀서 감옥에 갇히게 되었는데, 이때 고문을 받으며 말할 수 없는괴로움을 겪게 됩니다. 하지만 스님은 온갖 고초를 겪으면서도 중국인들을미워하지 않겠노라 스스로 다짐합니다. 실제로 독립운동을 하다 중국인에게 잡혀 고문을 당한 티베트인들의 이야기를 들어보면, 고문을 받으면서 중국인들을 미워하는 마음이 생길까봐 가장 두려웠다는 고백을 많이 합니다. 더구나 이 스님처럼 게릴라활동을 할 정도였다면 중국인에 대한 분노가 얼마나 깊었겠습니까? 그런데도 고문을 받으면서 중국인을 미워하지 않겠다고 다짐을 한 겁니다. 자기가 겪는 고통을 이전에 지은 업의 결과라고 받아들이고, 자신 이외에 그 누구도 정신적으로 자기를 괴롭힐 자는 없다고 이해했다고 합니다. 실제로 몸은 괴롭힐 수 있어도 마음은 괴롭힐 수 없다는 말이지요. 그래서 자신이 육체적으로 겪고 있는 지독한 고문에 증오와 씁쓸함의 불길을 더하지 않기로 결심한 겁니다. 스님이 수행에서 굉장한 진전을 보게 된 것도 이런 결심 때문이었다고 합니다. 정식으로 티베트불교의 교학과정을 다 거치지도 않았는데, 증오심과 분노를 일으키지 않겠다는 이 결심이 바탕이 되어 수행의 진전을 볼 수 있었던 것입니다.

하지만 우리는 누가 내 몸을 살짝 건드리기만 해도 짜증을 냅니다. 상대방에게 분노를 일으키면서 욕설을 퍼부어대지요. 그럴 경우에는 상대방에게 상처를 주는 것은 물론 자기 자신도 상처를 받습니다. 티베트의 그 스님처럼 내 마음속의 분노는 내게 피해를 준다는 사실을 이해할 때, 거친 말을 하지 않게 되는 여유가 생깁니다. 거친 말을 삼가기 위해서는 무엇보다 분노심을 다스릴 줄 알아야만 합니다.

만약 마음속에 분노가 생겼다면 일단 말을 하지 마십시오. 그런 후 표출하지 못한 화가 울화병으로 이어지지 않도록 자애관으로 스스로를 쓰다듬어주어야 합니다. 자신이 정말 행복하고 평화롭기 바라는 마음으로 자기 안에 쌓여 있는 것들을 쓸어내려 소화시켜야 합니다. 남이 내게 하는 욕이나 폭력이 내 귀와 내 몸은 아프게 할지언정 내 마음은 아프게 하지 못한다는 사실을 꼭 기억하세요. 그럴 때만 거친 말을 삼갈 수 있는 여유를 갖게 됩니다.

쓸모없는 말을 하지 않는다

바른 언어의 마지막 덕목은 쓸모없는 말을 하지 않는 것입니다. 앙굿타라 니카야에는 다음과 같은 말씀이 있습니다.

"그는 적절한 때에 사실에 근거해서 유용한 것을 말하며, 가르침과 계율에 대해서 말한다. 그의 말은 보배와 같아 적절한 때에 조리에 맞고 부드럽게 그러면서도 의미 있는 말을 한다."

근거도 없이 하는 말, 꾸며서 하는 말, 아부하는 말, 아첨하는 말들이 모두 쓸모없는 말에 해당합니다. 그런 말 대신 부처님의 가르침과 율에 들어맞는 말을 해야 합니다. 그리고 그렇게 좋은 말도 적절한 때에 하는 것이 중요합니다. 적절한 때가 아니면 아무리 좋은 말도 효과를 발휘하지 못합니다.

화가 난 사람한테 그 사람의 잘못을 지적하는 것은 불난 집에 기름을 끼얹는 격입니다. 화를 가라앉혀주려면 가만히 놔두는 것도 방법입니다. 화는 시간이 지나면 가라앉게 되어 있습니다. 그런데 우리는 그 시간을 기다리지 못하고 기름을 끼얹고 부채질을 해대지요. 서로 잘못했다고 막 쏘아대고 상처를 줍니다. 그렇게 해야 나 자신을 보호할 수 있다고 생각합니다. 자신을 보호하기 위한 장막으로 분노를 내세우는 겁니다.

하지만 분노는 우리를 보호해주지 못합니다. 우리를 점점 더 침식하고,

더욱 힘들게 할 뿐입니다. 혈압이 높은 사람이라면 화를 내다가 죽는 수도 있습니다. 자기의 분노가 자기를 죽이는 겁니다. 진정으로 자기를 보호하려면 우선 스스로를 잘 다스리고 적절한 때에 유용하고 의미 있는 말을 해야 합니다.

보통 사람의 바른 언어와 성자의 바른 언어

바른 언어에도 세간적인 바른 언어와 출세간적인 바른 언어가 있습니다.

"비구들이여, 2가지 바른 언어가 있다. 세간의 바른 언어와 출세간의 바른 언어이다. 거짓말을 삼가는 것, 이간질하는 말을 삼가는 것, 거친 말을 삼가는 것, 쓸모없는 말을 삼가는 것, 이것을 아직 번뇌는 남아 있지만 세간적인 바른 언어라고 한다."

우리와 같은 보통 사람들은 아직 번뇌가 남아 있는 상태입니다. 그렇다 하더라도 거짓말, 이간질하는 말, 거친 말, 쓸모없는 말을 하지 말아야 합니다. 그럴 때 세간에서의 좋은 결과를 보게 됩니다. 여전히 번뇌는 남아 있지만 바른 언어로 인한 공덕이 생기기 때문에 좋은 결과를 받을 수 있다는 뜻이지요. 부처님은 다시 말씀하십니다.

"거짓말, 이간질하는 말, 거친 말, 쓸모없는 말을 삼가며 멀리하고 없애 버리고 하나하나 제거하면서, 고귀한 마음을 지니고 번뇌가 없는 마음을 지니며 고귀한 도와 관련된 바른 언어가 있다. 이것을 출세간의 바른 언어라고 한다."

수타원에서 아라한에 이르는 성인들은 이미 세간적인 바른 언어를 완전하게 익힌 뒤에 더 나아가 성인의 깨달음과 관련된 여러 가지 바른 말을 합니다. 이것이 출세간적인 팔정도 가운데 바른 언어입니다.

바른 언어와 다른 덕목들의 관계

바른 언어와 다른 덕목과의 관계는 앞서 살펴본 바른 이해 및 바른 사유에서의 관계와 같습니다. 잘못된 언어를 잘못된 언어라고 아는 것, 바른 언어를 바른 언어로 아는 것이 바른 이해입니다. 잘못된 언어를 삼가고 바른 언어를 행하는 것, 바른 언어를 더욱 더 찾아내서 행하는 것을 바른 노력이라고 합니다. 또 마음챙김을 지니고 잘못된 언어를 삼가고 바른 언어를 행하는 것을 바른 마음챙김이라고 합니다. 마음챙김 없이 말을 하게 되면 자기가 무슨 말을 하고 있는지도 모를 수 있습니다. 그러면 바른 언어를 쓰는 것이 어려워지겠지요. 마음챙김이 없으면 계를 지킬 수 없습니다. 계를 지키려면 자기가 지키려는 계를 잘 알고 있어야 하는데 마음챙김이 없으면 이것을 잘 놓쳐버리지요.

마음챙김을 잘 확립하고 말을 하면 적절한 때에 조리 있고 필요한 말을 합니다. 하지만 우리는 보통 마음챙김을 놓쳐버리기 때문에 습관적으로 이런저런 얘기를 떠들어댑니다. 말을 해놓고도 무슨 말을 했는지 기억하지 못합니다. 상대방도 거기에 맞장구를 쳐가며 이런저런 얘기를 해댑니다. 어쩔 때는 가만히 있기가 서먹해 이 얘기 저 얘기 꺼낼 때도 있지요. 하지만 이런 때는 괜한 말을 꺼내기보다 가만히 있는 것도 방법입니다.

이처럼 바른 이해와 바른 노력과 바른 마음챙김이라는 3가지 덕목은 바른 언어와 함께합니다. 바른 언어를 하기 위해서는 올바른 지혜를 지니고 노력하며 마음을 챙겨서 대상을 분명하게 놓치지 않아야 함을 알 수 있습니다.

말 한마디에 천 냥 빚을 갚는다는 말도 있고 사람은 저마다 입에 도끼를 가지고 나온다는 말도 있습니다. 천 냥 빚을 갚는 말도 자기 마음에서 나와 입으로 하고, 도끼처럼 남을 찍어서 상처를 입히는 말도 결국 자기 입에서 나옵니다. 그러니 언어가 얼마나 중요한지 깨닫고 4가지 좋은 말을 하려고 노력해야 합니다.

말을 잘하기란 사실 굉장히 어려운 일입니다. 어려운 일이니만큼 말을 잘하고 살 때 얻을 수 있는 이익도 많습니다. 말은 마음을 쓰는 대로 나오기 마련입니다. 별 생각 없이 마음을 챙기지 않으면 습관대로 말이 나옵니다. 그러니 조심해야 됩니다. 남자들 같은 경우에는 술을 먹게 되면 신경이 둔해지고 판단력이 흐려져서 감정을 조절하기가 힘들어집니다. 그래서 기분 나쁜 상대가 눈앞에 있으면 윗사람인지 아랫사람인지도 모르고 말을 막 하게 됩니다. 이처럼 술을 마시게 되면 말과 마음과 행동을 제어하기 어려워지기 때문에 부처님께서는 술을 마시지 말라고 말씀하셨습니다.

그런데 우리는 평상시에 술을 마시지 않고도 술에 취한 것보다 더 취한 채로 살고 있습니다. 탐진치 삼독에 취해서 비몽사몽간에 살고 있습니다. 철두철미하게 깨어서 자기 자신을 되돌아보지 않는 상태라면 탐심과 성냄과 어리석음에 취해서 계속 헤매고 사는 것과 다름없습니다. 그래서 자기를 괴롭히고 남들을 괴롭히며 살아가는 것이지요. 결국 불교 공부의 핵심은 마음을 다스리는 것임을 잊지 말아야 합니다.

5. 바른 행위

계란 자발적으로 스스로를 보호하기 위해서 행하는 실천 규범을 말합니다. 타율적으로 남이 시켜서 지키는 것이 아닙니다. 계라는 말에는 습관이란 의미도 있고 의지라는 의미도 들어 있습니다. 계는 의지가 없으면 지킬 수 없습니다. 계를 지킬 때는 의지를 지닌 채 마음챙김을 갖추고 노력을 해야 합니다. 노력하지 않는다면 계는 지킬 수 없습니다. 계를 잘 지키는 사람은 이미 계를 지키는 일이 거의 습관화되어 있기 때문에 자연스럽게 계를 지킵니다. 하지만 그렇지 못한 사람들은 노력을 해서라도 계를 지켜야 합니다. 그것이 바른 행위입니다.

생명을 죽이지 않는다

부처님께서는 바른 행위에 대해 이렇게 말씀하십니다.

"여기 어떤 사람이 살아있는 생명을 죽이는 일을 피하고 삼간다. 몽둥이를 버리고 칼을 버리며, 부끄러움을 알고, 연민의 마음을 지니고, 살아있는 모든 생명을 위해서 자비심을 지니고 살아간다."

살생이란 말 그대로 다른 생명을 죽이는 짓입니다. 여기서 생명이란 사람을 포함한 생명 있는 모든 존재들을 말합니다. 그중에서도 육도 윤회를 하는 인간이 죽일 수 있는 생명이란 축생이나 곤충 및 같은 인간들입니다. 그러니 여름에 우리를 못살게 구는 모기도, 여기저기 옮겨 다니며 병균을 옮긴다는 바퀴벌레도 포함됩니다.

모기나 바퀴벌레는 인간의 건강을 위협하니 죽여도 된다고 생각하시나요? 하지만 깊이 생각해보면 바퀴벌레 입장에서는 인간들이야말로 생존을 위협하는 무서운 존재들입니다. 그리고 이 세상에서 바퀴벌레를 모두 없앨 수도 없습니다. 모기도 마찬가지지요. 보이는 족족 죽인다 해도 이 지구상의 모기를 모두 박멸하기란 불가능합니다. 살생의 업만 늘어날 뿐입니다. 내 마음에 들지 않고 나를 해롭게 한다고 해서 다 없애버리면 이 세상은 심각한 부작용이 일어납니다. 그러니까 우리가 보기에 해충이라 하더라도 죽이는 일은 삼가야 합니다. 지혜롭게 같이 공존할 수 있는 길을 모색해야 됩니다.

우리나라에서는 간혹 불자들도 "나무관세음보살, 나무아미타불", "발보리심 하라"고 말하면서 모기를 죽이곤 합니다. 심각하게 생각해볼 문제입니다. 진심으로 보리심을 일으킨 보살이라면 미물이라도 함부로 죽일 수 없다고 봅니다. 보살처럼 중생을 제도할 수 있는 힘이 있다면 모기를 죽일 수도 있지 않느냐고요? 보살의 힘으로 미물에서 벗어나 인간으로 태어나면 더 좋은 일 아니냐고요? 참 위험한 발상입니다. 부처님을 한번 생각해보세요. 부처님은 미물이라 하더라도 살생하지 않으셨습니다. 업이라는 것은 남에 의해서 그렇게 빨리 제거되는 것이 아닙니다. 그래서 부처님은 그런 일에 절대 개입하지 않으셨습니다.

미얀마에서는 수행할 때 모기를 잡지 않습니다. 사실은 모기를 잡는 일이 의미가 없습니다. 덥고 눅눅한 그곳에서는 1년 내내 모기가 돌아다니니까요. 저도 처음에는 방에다 모기향을 피우기도 했습니다. 모기를 죽이려던 게 아니라 모기가 다가오지 못하도록 모기향을 사용한 것이지요. 그런데 원두막처럼 뚫려 있는 방에다 모기향을 피워놓은들 무슨 소용이 있겠습니까. 처음엔 방 안에 있던 모기가 줄어들긴 합니다. 하지만 모기향이 다 타고 나면 다시 모여듭니다. 모기향도 소용없다는 말이지요. 그렇다고 죽일 수도 없지 않습니까. 물린 곳이 가려워 긁다가 나도 모르게 모기를 눌러 죽인 경우는 있어도 일부러 모기를 죽인 적은 없습니다.

모기한테 물린 것은 5분만 참으면 됩니다. 딱 5분간만 가만히 둬보세요. 그럼 모기 물린 것은 저절로 가라앉습니다. 그런데 그 짧은 시간을 참지 못해서 긁어버리는 탓에 30분, 1시간씩 가려움에 고통을 받곤 하지요. 요새는 미얀마에 갈 때 바르는 모기약을 가져갑니다. 약을 바르면 모기들이 달려들지 않거든요. 여러분도 만약 모기가 많은 태국이나 미얀마로 여행 가실 일이 있으면 모기향 대신 바르는 모기약을 가져가시길 권합니다. 그러면 모기와 거리를 두고 지낼 수 있습니다.

주지 않은 것을 취하지 않는다

바른 행위의 두 번째는 남이 내게 주지 않은 것을 취하지 않는 것입니다. 부처님께서는 말씀하십니다.

"그는 주지 않은 것을 가지는 일을 피하고 삼간다. 마을이나 숲에 있는 것이라도 다른 사람의 재산이나 소유물이라면 어떤 것이라도 훔치려는 의도를 취하지 않는다."

마을은 물론 멀리 숲속에 떨어져 있는 것이라도 자기 것이 아니라면 갖지 않는다는 뜻입니다. 이 말씀을 접하니 떠오르는 일이 있습니다. 서울 근교에 서울대 수목원이 있는데, 몇 년 전에 일반인에게 공개를 했답니다. 그곳에는 희귀식물들이 참 많았다지요. 공개되기 전까지는 사람들이 들어갈 수 없으니까 식물들이 잘 자랐겠지요. 그런데 공개를 한 후로 사람들이 보통 산에서 하던 양으로 그 식물들을 캐갔답니다. 뽑아서 가져가 자기 집에 심어놨다는 거예요. 이것도 주지 않은 것을 가지는 행위에 속하겠지요.

이처럼 남이 주지 않은 것을 취하지 않는 일도 쉽지만은 않습니다. 하지만 '내가 노력해서 얻은 것 외에는 취하지 않겠다'는 결심을 확고히 해야 합니다. 그렇다고 어떤 곤경에 처했을 때 남에게 도움 받는 일마저 하지 말라는 말은 아닙니다. 내 것이 아니라면 땅에 떨어진 것이라 해도 가져서는 안 된다는 뜻입니다. 만약 비구가 이 덕목을 어긴다면 아주 중대한 죄를 범한 것으로 간주됩니다. 몇 푼 되지도 않는 돈일지라도 남이 주지 않은 것을 취했다면, 승단에서 추방당할 정도의 잘못을 저지른 셈이 됩니다.

우리는 부지불식간에 남의 것을 취하게 되는 경우가 참 많습니다. 저도 그런 적이 있지요. 제가 도쿄에서 공부할 때 학교도서관에서 빌려온 책이 있는데, 어느 날 보니 제 서가에 꽂혀 있더군요. 미처 반납을 하지 못한 채 까맣게 잊고 있었던 게지요. 또 어떤 사람들은 '이 정도야 괜찮겠지'라고 생각하며 남의 것을 취하는 경우가 있습니다. 하지만 이것도 좋지 않은 업임을 명심하고 항상 조심해야 됩니다.

잘못된 성행위를 하지 않는다

바른 행위의 세 번째는 잘못된 성행위를 하지 않는 것입니다. 부처님께서는 말씀하십니다.

"그는 잘못된 성행위를 피하고 삼간다. 아버지, 어머니, 형제, 자매, 친척의 보호 아래 있는 사람, 결혼한 사람이나 범죄자, 다른 사람의 약혼자와의 성적인 접촉을 삼간다.”

잘못된 음행이란 미성년자나 결혼한 사람, 약혼자, 범죄자와 같은 사람들과 성적인 관계를 맺는 것을 뜻합니다. 부처님께서는 배우자와 성관계를 맺는 것은 괜찮지만, 앞서 열거한 잘못된 행위를 해서는 안 된다고 말씀하십니다.

이 규범의 주목적은 어디까지나 다른 사람을 해치는 성적 관계를 예방하는 것입니다. 따라서 독립된 개체로서의 성인 남녀가 비록 결혼은 하지 않았지만 자유로운 합의를 통해 성적 관계를 맺었다면, 이로 인해 의도적으로 다른 사람에게 해가 미치지 않는 한 계를 어긴 것이 아닙니다.[주34]

보통 사람의 바른 행위와 성자의 바른 행위

다른 덕목과 마찬가지로 바른 행위에도 세간의 바른 행위와 출세간의 바른 행위가 있습니다. 부처님께서는 말씀하십니다.

“살생을 삼가는 것, 도둑질을 삼가는 것, 삿된 음행, 즉 잘못된 음행을 삼가는 것, 이를 세간의 바른 행위라고 한다. 세간적인 바른 행위는 아직 번뇌가 남아 있긴 하지만 좋은 결과가 생긴다.”

비록 번뇌가 남아 있을지라도 살생, 도둑질, 잘못된 음행을 하지 않으면 좋은 결과가 생긴다는 말씀입니다. 이어서 부처님께서는 출세간의 바른 행위에 대해 말씀하십니다.

“살생, 도둑질, 삿된 음행을 삼가며 멀리하고 없애버리고 하나하나 제거하면서, 고귀한 성인의 마음을 지니고, 번뇌가 없는 마음을 지니며, 성인의 도와 관련된 바른 행위가 있다. 이것을 출세간의 바른 행위라 한다.”

깨달음을 얻어 성자가 되었는데 살생이나 도둑질, 음행을 할 수는 없습니다. 성자라 불리는 사람이 그런 일을 한다면 성자가 아니라고 해야겠지요. 그 모든 일들이 성자가 되기 전에, 세속적인 차원에서 극복해야 할 번뇌들이기 때문입니다. 따라서 초기불교의 입장에서 볼 때, 깨달았다고 해서 막행막식을 하는 것은 받아들이기 어려운 일입니다. 물론 악한 의도 없이 과거의 습관이 남아서 거친 행동이나 말을 쓸 수는 있습니다. 하지만 그렇다 하더라도 살생하고, 도둑질을 일삼고, 잘못된 음행을 하는 것은 옳지 않습니다.

바른 행위와 다른 덕목들의 관계

잘못된 행위가 잘못된 행위임을 알고, 바른 행위가 바른 행위임을 아는 것을 바른 이해라고 합니다. 또 잘못된 행위를 삼가고, 바른 행위를 행하는 것을 바른 노력이라고 합니다. 그리고 마음챙김을 지니고 잘못된 행위를 삼가고, 마음챙김을 지니고 바른 행위를 행하는 것이 바른 마음챙김입니다. 바른 행위에도 이처럼 3가지 덕목이 동반됩니다. 따라서 우리가 바른 행위를 할 때도 올바른 이해와 올바른 노력, 바른 마음챙김을 갖추어야 함을 알 수 있습니다

6. 바른 생계

일반 재가자들에게 바른 생계란 바른 직업을 뜻합니다. 또 출가자들에

게는 바른 생활수단을 뜻하지요. 부처님께서는 바른 생계에 대해 이처럼 정의하십니다.

"바른 생계란 무엇인가? 고귀한 성문의 제자가 잘못된 생계를 버리고 바른 생계에 의해서 생활하는 것, 이것을 바른 생계라고 한다."

맛지마 니카야에는 바르지 못한 생계에 관한 내용이 나옵니다. 그중 사기 치면서 살아가는 것, 남을 배신하면서 살아가는 것, 점을 치며 살아가는 것이 있습니다. 이 중에서 특히 점치는 것은 스님들이 해서는 안 될 생활수단입니다. 스님이 대중 교화의 방편으로 점을 친다 해도 바른 생계가 아니기 때문에 그런 방편을 쓰면 안 됩니다. 또한 부처님께서는 점치는 일이 업을 더 만든다는 이유에서 그만둬야 한다고 강조하십니다. 디가 니카야를 보면 점성술, 짐승의 점, 관상, 수상 등 점술 종류만 해도 수십 가지나 됩니다. 하지만 부처님께서는 점술에 의해서 살아가는 것을 금지하셨습니다.

어떤 사람은 사주가 인생의 경험적인 통계학이니 그 정도는 봐주어야 하는 것 아니냐고 말하기도 합니다. 하지만 사주를 봐주는 일을 생계의 수단으로 삼는다면 문제가 됩니다. 불교에서 말하는 생계수단 선택의 올바른 기준은 열반에 도움이 되는 것인지, 다른 존재를 해치지 않는 것인지에 있습니다. 이 기준에 비춰보아 현명하게 판단해야 합니다.

또한 속임수를 쓰며 살아가는 것도 불교에서는 용인되지 않습니다. 버스나 지하철을 타면서 차비를 내지 않는 것도 속임수입니다. 이런 행위는 도둑질에 속하기도 합니다. 또 장사하는 사람이 손님의 실수로 물건 값을 더 받게 되었다면 나머지는 거슬러줘야 합니다. 만약 거슬러주지 않고 그

돈을 취하면 남을 속이는 일이 됩니다. 그것이 공돈처럼 생각될 수도 있지만, 공돈이 아니라는 말입니다. 고리대금업 역시 올바르지 못한 생계입니다. 당장에는 돈이 급한 사람들을 구해주어 그들을 이롭게 하는 것 같지만, 결국은 부당한 이익을 취하는 셈이 됩니다. 이처럼 불교에서는 자기가 노력해서 열심히 살아가는 것을 강조하는 직업윤리를 말합니다.

이것들은 대부분 출가자를 상대로 말한 내용이지만 재가자들에게도 적용됩니다. 앙굿타라 니카야에는 재가자들의 잘못된 생계에 대해 이렇게 나와 있습니다. 우선 무기를 사고파는 것이 잘못된 생계입니다. 무기는 자신을 방어하는 데도 쓰이지만, 기본적으로는 생명을 해치는 도구이기 때문에 사고파는 것이 금지됩니다. 또 살아있는 동물을 사고파는 것도 금합니다. 생명을 사고파는 행위이기 때문입니다. 그리고 고기 파는 일도 잘못된 생계입니다. 고기를 먹지 말라는 말은 나오지 않지만, 고기를 사고파는 일은 엄격히 금지대상입니다. 그 다음 술을 팔지 말라는 조항도 있습니다. 또 독극물을 주고 파는 것도 잘못된 생계라고 엄연히 나와 있습니다. 한때 인터넷 자살방조 사이트에서 청산가리를 팔아서 사회적 문제가 되기도 했지요? 이것은 치명적으로 잘못된 생계에 해당합니다. 돈을 받지 않고 거저 남에게 준다 해도 옳지 않습니다. 그리고 직업군인도 올바른 생계가 아니라고 나옵니다. 살생의 업을 길러내는 일이기 때문이지요. 그리고 어부나 사냥꾼도 잘못된 생계에 속합니다.

부처님은 직업군인에게 뭐라고 하셨을까?

부처님을 찾아온 장군이 있었습니다. 장군으로 치자면 직업군인 가운데서도 가장 높은 계급 아닙니까? 하지만 부처님은 당신을 찾아온 재가자들에게 현재의 직업을 버리라고 말씀하시지는 않았습니다. 장군에게도 마찬가지였지요. 이 장군은 자이나교도였는데 부처님께 불교로 개종하고 싶다는 의사를 밝힙니다. 그러자 부처님은 장군에게 세 번 정도 잘 생각해보라고 말씀하십니다. 사회적으로 명망 있는 사람이 그렇게 종교를 쉽게 바꿔서는 안 된다는 이유에서였지요. 하지만 장군이 거듭 숙고한 뒤에도 부처님 제자가 되겠다고 말하자, 그제야 부처님께서는 장군을 받아들이십니다. 덧붙여 이전에 장군이 모셨던 스승들도 존경해야 한다고 말씀하셨지요.

보통 사람의 바른 생계와 성자의 바른 생계

바른 생계 역시 다른 덕목과 마찬가지로 출세간과 세간의 것으로 나뉩니다. 세간의 바른 생계에 대해 부처님께서는 말씀하십니다.

"잘못된 생계를 버리고 바른 생계에 의해서 생활하는 것, 이것을 세간의 바른 생계라 한다. 세간적인 바른 생계에는 아직 번뇌가 남아 있으나 그 다음에 좋은 결과가 생긴다."

다음은 출세간의 바른 생계에 대한 말씀입니다.

"잘못된 생계를 삼가고 멀리하고 없애버리고 하나하나 제거하면서, 고귀한 마음을 지니고 번뇌가 없는 마음을 지니며 성인의 도, 고귀한 도와 관련된 생계가 있다. 이것을 출세간의 바른 생계라고 한다."

출가한 스님은 삼의만을 갖춘 채 탁발에 의해서 청빈한 수도생활을 합니다(三衣一鉢). 이것을 성자들의 바른 생계라고 합니다. 스님들이 부를 축적하고 더 나아가 그 돈으로 세속 사람들도 부끄러워하는 일에 쓰며 산다면 정말로 잘못된 일이겠지요. 하지만 아직도 우리나라에서는 절집에 들어오는 재산을 승가가 투명하게 공유하지 못하는 병폐가 남아 있습니다. 그리고 그 재산을 사유재산처럼 생각하기도 하지요. 이런 풍토는 굉장히 위험합니다. 승가에 들어온 물건은 승가 공동체의 공유재산입니다. 주지 스님의 소임이란 그 재산을 관리하고 잘 사용하는 것이지요.

바른 생계는 출가수행자뿐 아니라 우리 일반인들이 사회생활을 하면서 직업을 선택할 때 아주 중요한 기준으로 삼아야 하는 덕목입니다. 바른 생계를 중요시하고 강조한 종교가 바로 자이나교입니다. 자이나교의 출가자들은 숨을 쉬다 날아다니는 작은 곤충들이 입이나 코로 들어와 죽는 것을 방지하기 위해 마스크를 쓰고 다닐 정도입니다. 길을 걸어갈 때도 땅바닥의 작은 곤충들을 밟지 않으려고 총채 같은 것으로 살살 쓸면서 지나갑니다. 또 자이나교의 출가자들은 대부분 교통수단을 이용하지 않습니다. 어디를 가든 걸어서 다닙니다. 이는 자이나교가 인도 밖으로 뻗어나가지 못한 이유일 수도 있겠지요. 그리고 철저한 자이나교 출가자들은 알몸으로 수행을 합니다. 완전한 무소유를 실천하는 것입니다.

자이나교는 결과주의입니다. 어떤 생명을 죽이려는 동기가 없었어도 결과적으로 살생을 했다면 살생의 업을 지은 것이라고 봅니다. 하지만 불교는 입장이 다릅니다. 불교는 동기주의입니다. 마음에서 일어나지 않은, 고의로 하지 않은 잘못은 큰 잘못이 아니라고 설합니다. 개미를 밟아죽였어도 일부러 개미를 죽인 것과 모른 채 개미를 밟아 죽인 것은 죄의 경중이 다르다는 것입니다.

자이나교는 출가자들뿐만 아니라 재가신도들도 철저하게 살생을 금지하는 계율을 지키려 노력합니다. 마스크를 쓰고 총채를 들고 다니지는 않지만, 적어도 생계를 유지하기 위해서 살생을 하는 직업은 금지되어 있습니다. 우리가 어쩔 수 없이 생계를 유지하기 위해 하는 일 가운데 농사일이 있지요. 농사를 짓기 위해 땅을 한 번 갈아엎을 때마다 그 속에 있던 지렁이나 개미 같은 생명에게 많은 피해를 주지 않습니까. 또 옛날과 다르게 요새는 농작물에 해를 입히는 곤충들을 막기 위해 약을 쓰기도 합니다. 그런 행위들은 결국 살생으로 이어지기 때문에 자이나교도들은 농사를 지을 수 없습니다. 또 상거래를 할 때도 철저하게 신용거래를 합니다. 그래서 인도에는 약 2~2.5%의 자이나교도가 남아 있는데, 그 얼마 되지 않는 사람들이 인도의 큰 상권을 쥐고 있다고 합니다.

이처럼 바른 생계를 잘 교육시킨 자이나교는 불교보다 훨씬 많은 세력으로 인도에 남아 있습니다. 불교는 자이나교에 비해 계율에 있어서는 좀 느슨한 편입니다. 하지만 악업을 짓지 않는 바른 생계에 대해서는 굉장히 강조합니다. 그런데 실제는 어떻습니까? 우리나라 불교도들은 바른 생계에 대한 교육을 철저히 받고 있으며, 그에 따라 살아가고 있나요? 우리 불자들은 바른 생계에 대한 개념이 희박합니다. 어디 가서 배우더라도 '팔정도에 바른 생계란 덕목이 있다'는 정도뿐, 어떤 생계가 올바르며 그렇지 못한지 구체적으로는 배운 적이 없기 때문입니다. 구체적으로 어떤 직업들이 문제가 되고 어떤 직업들이 중생을 이롭게 하는지 들은 바가 별로 없기 때문이지요.

그러니 이 기회에 다시 한 번 깊이 생각해봐야 합니다. 우리의 업을 맑히는 직업이 무엇이고, 그렇지 못한 직업은 무엇인지 성찰해야 합니다. 나와 다른 존재들이 진정으로 행복하기를 원한다면 남에게 피해를 주는 생계수단으로 자기의 삶을 유지해서는 안 되겠지요? 이런 원칙을 세워놓고 그에 합당한 직업들에는 무엇이 있는지 찾아야 합니다.

바른 생계와 다른 덕목들의 관계

바른 이해란 잘못된 생계를 잘못된 생계라고 알고, 바른 생계를 바른 생계로 아는 것입니다. 또 잘못된 생계를 버리고 바른 생계를 행하는 것을 바른 노력이라고 합니다. 그리고 마음챙김을 지니고 잘못된 생계를 삼가고, 마음챙김을 지니고 바른 생계를 행하는 것을 바른 마음챙김이라고 합니다. 이처럼 바른 이해, 바른 노력, 바른 마음챙김의 3가지 바른 덕목이 바른 생계를 실천하는 데 동반됩니다.

바른 생계는 직업의 형태로 나타나기도 하고 우리가 일상을 살아가는 데 필요한 재물을 얻는 수단으로 나타나기도 합니다. 이 일에 올바른 판단 없이 산다면 일상생활에서 끊임없이 좋지 않은 업을 짓고 살게 될 수도 있습니다. 그런데 우리나라 불교에서는 바른 생계가 많이 무시되고 있지요. 불교 교단에서 바른 생계에 관한 내용을 더욱 적극적으로 정리해서 사람들에게 알릴 필요가 있습니다.

오늘날 바른 생계를 잘 실천하면서 사는 몇몇 불교공동체는 우리에게 희망을 보여줍니다. 그중 하나가 인드라망생명공동체이지요. 실상사를 중심으로 귀농학교나 대안학교를 설립하고, 유기농 환경농법으로 재배한 농산물 보급에 앞장서고 있습니다. 이런 운동도 바른 생계를 불교적으로 끌어내기 위한 매우 중요한 시도이자 노력이라고 생각합니다.

또 영국에는 '서양불교 교단의 친구들(The friend of western buddhist

order)'이라는 조직이 있습니다. 인도에서 20년간 티베트불교를 중심으로 승려 생활을 했던 상가락키타라는 법사가 1960년대 말에 영국으로 들어가 조직한 단체입니다. 재가자를 중심으로 바른 생계에 입각해 적극적으로 영리 활동을 추구합니다. 사람들에게 도움이 되는 상업 품목으로 무역업을 하는데, 영국의 100대 기업 안에 들어갈 정도의 규모라고 합니다.

우리는 생명으로 태어난 이상 어쩔 수 없이 생계수단을 유지하며 살아가야 합니다. 관건은 그 안에서도 최대한 부처님 법을 실천하고, 부처님 법에 어긋나지 않으면서 우리 업을 밝힐 수 있는 생계수단을 취하는 일입니다. 이 부분을 거듭거듭 생각하면서 삶을 풍요로우면서도 더 행복하게 끌어나갈 수 있는 직업을 잘 선택하시기 바랍니다.

7. 바른 노력

바른 노력은 팔정도를 닦는 데 가장 중요한 바탕이 되는 것입니다. 바른 노력에는 4가지가 있습니다. 부처님께서는 바른 노력에 대해 이렇게 정의하십니다.

"4가지 바른 노력이 있다. 막으려는 노력, 끊으려는 노력, 계발하려는 노력, 유지하려는 노력이 그 4가지이다."

막으려는 노력

부처님은 막으려는 노력에 대해 이렇게 말씀하십니다.

“막으려는 노력이란 무엇인가? 여기 어떤 비구가 아직 생기지 않은 악하고 온전하지 못한 법들이 생겨나지 않기를 원하는 마음을 일으키며, 그러한 법들이 생기지 않도록 정진을 가하고, 마음을 쏟으며 힘쓴다. 따라서 눈으로 사물을 보고 귀로 소리를 듣고 코로 냄새를 맡고 혀로 맛을 보고 몸으로 촉감을 느끼고 마음으로 마음의 대상들을 알 때, 그 대상의 전체적인 형상에 집착하지 않으며 세밀한 형상에도 집착하지 않는다.”

여기서 전체적인 형상이라는 것은 뚜렷한 윤각을 말하며, 세밀한 형상은 눈, 귀, 코, 혀 등의 특별한 모양을 말합니다. 부처님의 상으로 치자면, 전체적인 형상은 삼십이상(三十二相)이며, 세밀한 형상은 팔십종호(八十種好)가 되겠지요. 바른 노력을 하는 사람은 이와 같은 전체적인 형상과 세밀한 형상 그 어디에도 집착하지 않습니다. 부처님은 계속해서 막으려는 노력에 대해 말씀하십니다.

“눈, 귀, 코, 혀, 몸, 마음의 6가지 감각 기관에서 악하고 온전치 못하며 좋지 못한 탐욕과 싫어함과 같은 법이 생겨나는가 단단히 지켜보려고 애쓰며, 만일 감각 기관이 제대로 제어되지 않고 있다면 그 감각 기관들을 다스릴 행동을 일으키고 감각 기관을 보호하여 잘 막아낸다. 이처럼 감각 기관을 제어하여 그는 마음속으로 즐거움을 경험하며 악한 법, 좋지 않은 법이 마음으로 들어오지 못하게 한다. 이것을 막으려는 노력이라고 한다.”

이것은 악하고 온전하지 못하며 좋지 못한 법들이 마음에서 생겨나는 것을 일단 차단시키는 노력을 말합니다. 우선은 우리의 감각 기관을 잘 보호해서 잘못되고 온전치 못한 탐욕과 싫어함이 일어나는지 단단히 지켜봅니다. 이것은 마음챙김의 기능이지요. 수문장이 문을 잘 지키고 있으면 도둑들이 들어오지 못합니다. 우리 마음으로 치고 들어오는 도둑은 바로 탐욕과 성냄입니다. 어리석음은 너무 미세해서 잘 안 보일 수 있지만, 바르게 노력한다면 탐욕과 성냄은 생겨날 때마다 정확하게 알아차려서 막아낼 있습니다.

끊어내려는 노력

바른 노력의 두 번째는 끊어내는 노력입니다. 부처님께서는 말씀하십니다.

"비구들이여, 끊어내는 노력이란 무엇인가? 여기 어떤 비구가 이미 생겨난 악하고 온전하지 못한 법들을 끊어내려는 마음을 일으키고, 그러한 법들을 끊어내려고 정진을 가하고 마음을 쏟으며 힘쓴다. 그는 이미 생겨난 그 어떠한 감각적 욕망, 악의, 남을 해치려는 마음이나 악하고 온전하지 못한 법들이 있을 경우, 이러한 법들을 더 이상 지니지 않으며 버리고 없애며 깨트리고 사라지게 한다. 이것을 끊어내려는 노력이라고 한다."

막으려는 노력이 아직 생기지 않은 악한 법에 대한 것이라면, 끊어내려는 노력은 이미 생긴 악한 법들에 관한 것입니다. 악하고 온전하지 못한 법들이 생겨났다면 잘라내고 제거하라는 말이지요. 나쁜 법이 이미 생겼다고 해서 낙담하고 움츠러들 것이 아니라, 그것이 나쁘다는 사실을 알았을 때 끊어내려는 노력이 필요합니다.

물론 쉬운 일은 아니지요. 습관화된 나쁜 행위들은 쉽게 끊어지지 않습니다. 하지만 노력을 통해서 그것을 극복할 수 있습니다. 노력하지 않으면 아무 일도 이룰 수 없습니다. 따라서 부단한 노력을 통해 내면에 있는 좋지 않은 습성, 탐심과 진심처럼 악하고 좋지 못한 법들을 부지런히 제거해 나가야 합니다. 경전을 보면, 악한 생각을 없애는 5가지 방법이 나옵니다.

"비구들이여, 마음집중(禪定)을 닦는 비구는 그때그때 5가지 근거로 고찰해야 한다. 5가지란 무엇인가? 비구들이여, 마음에 생겨난 어떤 대상이 욕망, 성냄, 어리석음과 연결되어 있다는 사실이 파악되었을 때, 탐진치 삼독과 연결되어 있는 어떤 대상이 마음속에서 일어났을 때 다음과 같이 5가지 방식으로 고찰해야 된다."

첫째는 마음속에 일어난 대상과 반대되는 온전한 대상을 생각하는 방법입니다. 가령 욕망이 일어나면 부정관을 하고 성냄이 일어나면 자애관을 합니다.

둘째는 그런 생각들 때문에 생기는 우환을 상기하는 방법입니다. 욕망이나 성냄과 같은 생각들은 괴로운 결과를 초래합니다. 그러니 그럴 때마다 '이 생각을 계속 이어나가면 좋지 않은 일을 당할 수도 있다'고 생각합니다.

세 번째는 그런 생각이 일어났을 때 그 자리에서 생각을 딱 끊어버리는 방법입니다. 쉽진 않지만 '아! 내가 잘못된 생각을 하고 있어!' 하고 딱 끊어버리는 노력이 필요합니다.

네 번째는 그러한 생각들이 조건에 의해서 생겨난 것이라고 고찰하는 것입니다. 생각들도 모두 조건 때문에 생겨납니다. 당장 그 생각들이 끊어지지 않더라도 '아! 이것은 어떤 조건에 의해서 생겨났구나' 하고 생각합니다. 물론 그 생각들이 일어난 조건을 금방 알 수 없는 경우도 있지만, 가만 생각해보면 알 수 있는 것들도 있습니다. 그래서 '조건에서 생겨난 탐진치에 근거한 생각이기 때문에, 이러한 생각들도 언젠가는 사라지겠구나' 하고 생각합니다.

다섯째 방법은 이를 악물고 혀를 입천장에 꽉 붙인 채 마음을 억눌러서 그런 생각들을 억제하고 뿌리째 뽑아내는 것입니다. 인내하고 나서 마음속에 담아두지 말고 없애버리라는 말입니다. 인내만 하다 보면 자칫 쌓인 것이 크게 폭발할 수도 있습니다. 그러니 쌓아두지 말고 여러 가지 다른 방법으로 풀어내야 합니다. 분노가 쌓이면 자기에 대한 자비관으로 분노를 중화시키며 스스로 분노에서 벗어나려고 노력해야 합니다.

"이렇게 하면 마음에 생겨난 욕망, 성냄, 어리석음과 연결되어 있는 생각들이 풀어지고 사라져버릴 것이다. 그러면 마음은 내적으로 안정되고 고요해지며 가라앉아 집중될 것이다."

물론 우리 마음속에 생긴 탐진치 삼독심을 한꺼번에 모두 없애기란 쉬운 일이 아닙니다. 하지만 이처럼 5가지 방법을 통한다면 어느 정도 그 생각들을 다스릴 수 있습니다.

계발하려는 노력

바른 노력의 세 번째인 계발하려는 노력에 대해 부처님은 말씀하십니다.

"비구들이여, 계발하려는 노력이란 무엇인가? 여기 어떤 비구가 아직 생기지 않은 온전한 법들이 생겨나기를 원하는 마음을 일으키며, 그러한 법들이 생겨나도록 정진을 가하며 마음을 쏟으며 힘쓴다. 비구들이여, 마음이 번뇌에서 벗어나는 상태로부터 생겨나는, 탐욕을 벗어난 상태로부터 생겨나는, 번뇌의 소멸로부터 생겨나는 7가지 깨달음의 요인인 칠각지, 즉 모든 것을 버린 자유에 이르게 하는 7가지 깨달음의 요인인 칠각지를 계발해야 한다. 즉 마음챙김의 깨달음의 요인, 법에 대한 고찰의 깨달음의 요인, 노력의 깨달음의 요인, 기쁨의 깨달음의 요인, 가뿐한 마음의 깨달음의 요인, 마음집중의 깨달음의 요인, 평온한 마음의 깨달음의 요인이 그 7가지이다."

7가지 깨달음의 요인인 칠각지란 염각지(念覺支), 택법각지(擇法覺支), 정진각지(精進覺支), 희각지(喜覺支), 경안각지(輕安覺支), 정각지(定覺支), 사각지(捨覺支)를 말합니다. 이때 염이란 마음챙김을 말하며, 택법은 법에 대한 고찰을, 정진은 노력, 희란 기쁨, 경안이란 가뿐한 마음, 정이란 마음집중, 사란 마음의 평온을 말합니다.

이 가운데 택법각지, 즉 법에 대한 고찰이란 우리 몸과 마음에서 일어나는 모든 현상들, 그것이 좋은 것이든 좋지 않은 것이든 모든 현상을 놓치지 않고 아는 지혜를 말합니다. 법에 대한 고찰이 있다는 것은 어떠한 현상이 일어나도 그것이 무상, 고, 무아임을 분명하게 이해하고 지혜로써 파악한다는 뜻입니다.

그리고 희각지에서 희란 기쁨을 말하는데, 열심히 수행하다 보면 희열, 즉 법열이라는 기쁨이 생겨난다고 하지요? 이 기쁨에는 5가지가 있습니다. 처음은 약한 기쁨으로써, 몸에 털이 일어나듯 또는 전율이 일어나듯 소름이 돋는 기쁨입니다. 부처님의 좋은 말씀을 듣거나 부처님을 생각할 때 이런 기쁨이 일지요. 두 번째는 순간적이 기쁨입니다. 번갯불의 번쩍임처럼 일어나는 기쁨으로, 몸에서 시원함이 경험되기 때문에 더운 곳에서 이런 순간적인 기쁨이 일어나면 아주 좋은 경험을 할 수 있습니다. 세 번째는 파도와 같은 기쁨으로, 바닷가의 파도처럼 밀려오는 경우입니다. 이런 경험을 하면 기쁨에 겨워서 눈물을 흘리기도 합니다. 네 번째는 몸을 들어 올리는 기쁨입니다. 몸이 공중으로 뛰어오를 만큼 기쁨을 느끼는 것이지요. 다섯 번째는 몸으로 완전히 퍼지는 기쁨입니다. 마치 온몸 속속들이 기쁨이 스며드는 듯한 느낌입니다. 이런 기쁨이 일어날 때 몸에서는 강한 정화 작용이 일어납니다.

경안각지에서 경안이란 쉽게 말해 평안을 뜻합니다. 몸과 마음이 경쾌해져서 심리적인 스트레스도 받지 않고 신체적인 병이나 피곤함 같은 것이 없는 상태를 말하지요.

사각지에서 평온이란 상당히 어려운 말이기도 하고 우리가 쉽게 경험할 수 없는 상태이기도 합니다. 팔리어로는 우페카(upekkhā)라고 하며, 좋은 일이나 나쁜 일이 나에게 닥쳐왔을 때 흔들리지 않는 평정한 마음을 유지하는 상태를 뜻합니다. 이것이 우리 마음상태에서 경험될 때는 평온한 상태로 경험되기 때문에 평온 또는 평정이라고 번역합니다.

마음챙김으로 칠각지가 경험되기 시작하면 몸과 마음이 안정되며 수행에 대한 확신도 강해집니다. 그래서 마음챙김이 더욱 예리해지고 현상에 대한 이해인 택법각지가 심화됩니다. 좋은 현상들을 경험하게 되면서 더욱더 정진에 힘을 가하게 됩니다(정진각지). 그리고 마음에서 기쁨을 맛보기도 합니다(희각지). 마음과 몸은 편안해지고 안정되며(경안각지) 희열을 맛보고 안정된 마음은 더욱더 집중을 이루게 됩니다(정각지). 또 생겨났다 사라지는 현상들에 대해서 집착하지 않는 평온한 마음이 유지됩니다(사각지).

칠각지는 깨달음을 이루는 데 가장 근거가 되는 요소입니다. 칠각지가 생겨나면 우리는 곧바로 깨달음과 해탈을 경험할 수 있습니다. 이처럼 칠각지는 핵심적인 불교 수행의 방법들이 압축되어 있는 것이지요. 따라서 칠각지의 하나하나를 열심히 계발해야 합니다.

유지하려는 노력

바른 노력의 네 번째인 유지하려는 노력에 대해 부처님은 말씀하십니다.

"여기 어떤 비구가 이미 생긴 온전한 법들이 지속되길 원하는 마음을 일으키며, 그러한 법들이 사라지지 않고 더욱 길러지며 성숙해져 수행의 완전한 완성에 이르도록 정진을 가하고 마음을 쏟으며 힘쓴다. 그래서 비구들이여, 예컨대 어떤 비구가 마음집중 수행 도중에 생긴 좋은 마음을 유지시킨다. 즉 백골상이나 시신에 벌레들이 우글거리는 상념, 벌레가 파먹어 구멍이 나 있는 시신에 대한 상념, 부풀어 오른 시신에 대한 상념들이 생겨났을 때, 이러한 상념들을 유지시키려는 노력을 한다."

선정 수행을 하다가 부정(不淨)한 상념들이 떠오를 때가 있습니다. 그럴 때는 그런 상념들을 지속시켜 선정 수행을 깊이 있게 해나가야 합니다. 그것이 유지하려는 노력의 하나입니다. 그리고 칠각지가 생겨났을 때 칠각지를 꾸준히 유지하려고 노력하는 것을 유지하려는 노력이라 할 수 있습니다. 이처럼 좋은 법, 열반과 자유와 해탈에 도움이 되는 법을 유지하고 계발하려고 애쓰는 것이 바른 노력입니다. 부처님은 말씀하십니다.

"비구들이여, 신심이 있고 스승의 가르침을 잘 이해하는 제자들은 다음과 같은 법을 지니고 있다. '비록 피부와 뼈가 말라 비틀어져도, 살과 피가 다 말라 없어져도 불굴의 인내와 정진의 힘과 끈기에 있어서 내가 얻을 바를 얻기 전에는 노력을 버리지 않을 것이다'라고 마음을 먹는다."

부처님께서는 깨달음을 얻기 전까지 보리수 아래서 일어나지 않겠노라 결의를 하신 바 있습니다. 그러고 나서 깨달음을 얻으셨지요. 이것이 바로 바른 노력의 전형임을 알 수 있습니다.

8. 바른 마음챙김

부처님께서는 열반하시기 직전에 "법을 의지처로 삼고 자기 자신을 의지처로 삼으라"고 말씀하셨습니다. 그리고 곧바로 사념처를 말씀하셨지요. 법을 의지처로 삼으라는 것은 사념처, 즉 4가지 마음챙김 수행을 통해서 열심히 자기 자신을 잘 지키고 살아나가라는 뜻으로 이해할 수 있습니다. 부처님께서 마지막으로 남기신 말씀을 통해 우리가 의지처로 삼아야 하는 법이 다름 아닌 사념처임을 알게 됩니다.

지혜와 선정에 이르는 유일한 길

그 내용은 〈대념처경〉에서 확인할 수 있습니다.

"이와 같이 나는 들었다. 한때 세존께서는 캄마사담마라고 하는 쿠루족의 마을에 머무셨다. 그때 세존께서는 다음과 같이 말씀하셨다. 비구들이여, 이것은 모든 중생들의 청정을 위한, 슬픔과 비탄을 극복하기 위한, 괴로움과 싫어하는 마음을 없애기 위한, 올바른 길에 이르기 위한, 열반을 깨닫기 위한 유일한 길이다. 바로 그것은 4가지의 마음챙김이다."

부처님께서 이 법문을 설한 장소는 캄마사담마라고 하는 쿠루족의 마을로, 요즘의 델리 지방이라 합니다. 이곳은 인도 전통문화의 중심지인데, 매우 현명하고 철학적 사유를 깊게 하는 사람들이 살던 곳이라고 하지요. 부처님께서는 바로 그곳에서 〈대념처경〉을 설하셨습니다.

부처님께서는 4가지 마음챙김이 중생들의 마음이 깨끗해지기 위한 길이라고 이르셨습니다. 그리고 슬픔과 비탄을 극복하고 괴로움과 싫어하는 마음을 없애기 위한 길이라고 하셨지요. 이때의 괴로움이란 육체적 괴로움을 말하고, 싫어하는 마음이란 정신적 괴로움이라 할 수 있습니다. 그 다음에 말씀하신 올바른 길이란 바로 팔정도를 말합니다. 팔정도에 이르기 위한, 열반을 깨닫기 위한 유일한 길이 바로 4가지 마음챙김이라는 것입니다.

요즘은 이 '유일한 길'에 대해 '가장 빠른 길'이나 '직접적인 길(direct path)'이라고 번역하는 경우도 있는데, 이 말은 본래 부처님께서 홀로 가신 길, 또 우리들도 혼자서 가야 하는 길이라는 뜻을 지닙니다. 그리고 유일한 목적지인 열반에 이르는 오직 한 갈래의 길이라는 뜻을 내포하지요.

사념처 수행이 유일한 길인 이유는 이 수행을 해야만 마음을 집중시킬 수 있고, 집중된 마음으로 있는 그대로의 대상을 확실하게 통찰할 수 있기 때문입니다. 그래서 염처 수행이 없이는 선정과 지혜가 이뤄지지 않습니다. 염처 수행, 다시 말해 마음챙김 수행을 하지 않고서는 마음의 집중을 이룰 수도, 지혜로 대상을 꿰뚫어볼 수도 없습니다. 이처럼 불교 수행에서 차지하는 마음챙김 수행의 위치가 매우 중요하기 때문에 유일한 길이라고 설명합니다.

염처가 약하면 다른 모든 수행들의 기능이 약해집니다. 예컨대 수행자들이 지녀야 되는 5가지 마음의 기능이 있습니다. 오근(五根)이라고 하는 것으로, 믿음, 정진, 마음챙김, 마음집중, 지혜를 말합니다. 이 오근을 갖추려면 그 바탕에 마음챙김이 튼튼하게 자리 잡아야 합니다. 마음챙김이 확고하게 자리를 잡은 채 믿음과 지혜가 조화를 이루고, 노력과 마음집중이 조화를 이룰 때 수행은 아주 빠르고 효과적으로 진행됩니다.

불교를 제외하고 염처 수행을 말하는 사상은 없습니다. 부처님 이전에도 인도에서 염처 수행을 정확하게 제시하는 수행법들은 없었다고 합니다. 이처럼 염처 수행은 해탈에 이르는 유일한 길이자, 초기불교의 가장 큰 특징 가운데 하나입니다. 실제로 마음챙김 수행은 지혜를 계발하는 수행과 직결되기도 하고 선정 수행의 바탕이 되기도 하기 때문에, 선정을 닦든 지혜를 닦든 마음챙김 수행을 열심히 닦아야 합니다.

마음챙김, 아무리 지나쳐도 부작용이 없어

오근 가운데 믿음이 강한 반면 지혜가 없다면 맹목적으로 되기 쉽습니다. 맹목적인 믿음만 가지고서는 문제가 해결되지 않지요. 또 지혜는 강한데 믿음이 약하면 교활하고 교만해지기 십상입니다. 그래서 믿음과 지혜가 조화를 이루어야 한다고 말합니다. 그리고 정진과 마음집중 또한 조화를 이루어야 합니다. 마음의 초점을 맞추지 않은 채 열심히 노력해봤자 산만해지고 들뜨기 쉽습니다. 반면 마음이 너무 집중돼 있으면 졸음에 빠지게 됩니다. 이처럼 믿음과 지혜, 노력과 마음집중의 조화는 수행의 관건입니다. 하지만 오근 가운데 마음챙김은 아무리 지나쳐도 부작용이 없다고 합니다. 따라서 마음챙김을 굳건히 하고 믿음과 지혜, 노력과 마음집중을 잘 조화시키는 것이 위빠사나 수행이라고 할 수 있습니다.

몸에 대한 마음챙김

4가지 마음챙김, 즉 사념처에는 몸에 대한 마음챙김(身念處), 느낌에 대한 마음챙김(受念處), 마음상태에 대한 마음챙김(心念處), 법에 대한 마음챙김(法念處)이 있습니다. 그중 처음에 나오는 몸에 대한 마음챙김에 대해 부처님께서는 이렇게 설명하십니다.

"비구들이여 여기에서(부처님의 가르침에서), 어떤 비구가 몸에서 몸을 거듭 관찰하는 수행을 하면서 지낸다. 열심히, 분명한 앎을 지니고, 마음챙김을 지니고, 세간에 대한 탐착심과 싫어하는 마음을 제어하면서….."

몸에서 몸을 거듭 관찰한다는 것은 우리 몸에서 일어나는 현상을 지속적으로 관찰하다는 뜻입니다. 또한 세간이란 모든 세상을 말하기도 하고 가깝게는 오온을 뜻하기도 합니다. 다시 말해, 육체와 정신의 여러 가지 현상들을 의미합니다. 따라서 이 말씀은, 세간 및 오온에 대한 탐착심과 싫어하는 마음을 제어하면서 몸에서 몸을 거듭 관찰할 때, 바른 노력과 바른 이해, 마음챙김의 3가지 덕목이 바탕이 되어야 한다는 뜻입니다.

몸을 거듭 관찰할 때는 기본적인 자세가 있습니다. 이것은 느낌이나 마음, 법에 대한 마음챙김에도 똑같이 해당됩니다. 우선 대상에 탐욕을 부리지도 말고, 싫어하지도 말아야 합니다. 하지만 보통 우리는 어떤 대상이 좋으면 탐착을 일으킵니다. 반면 싫거나 괴롭거나 좋지 않은 경험을 할 때는 싫어하는 마음을 일으키지요. 이런 탐심과 진심을 제어하지 못하면 수행 대상을 붙들거나 밀어내게 됩니다. 있는 그대로 수용하질 못합니다. 어떤 대상에 대해서도 집착하지도 거부하지도 않은 채 있는 그대로 몸을 거듭 관찰해야 합니다. 있는 그대로 수용하며 관찰하되, 분명하게 이해하면서 대상을 놓치지 않고 열심히 수행해야 합니다.

몸에 대한 마음챙김은 14가지로 나눕니다. 첫 번째는 호흡에 대한 마음챙김(隨息觀)입니다. 들이마시는 숨과 내쉬는 숨에 마음을 놓치지 않고 있는 그대로 반복해서 관찰하는 수행입니다. 우리는 끊임없이 똑같은 호흡을 계속 반복하고 있다고 생각하지만 호흡은 매순간 한 번밖에 없습니다. 그것이 생겨나고 사라지는 순간을 놓치지 않고 관찰하는 것입니다. 〈입출식념경(入出息念經)〉에 의하면, 이 수행을 잘 닦으면 사념처를 이루게 되고, 사념처를 이루면 칠각지를 이루며, 칠각지를 이루면 깨달음과 지혜를 이룬다고 합니다.

불교 수행에서 호흡을 관찰할 때 가장 핵심적인 것은 자연스런 호흡입니다. 호흡의 길이를 조절하지도 않고 단전호흡을 하지도 않습니다. 일부러 어떤 특별한 호흡법을 하지 않는다는 뜻이지요. 단지 자연스럽게 들이마시고 자연스럽게 내쉬는 호흡을 따라서 관찰할 뿐입니다.

우선 다리는 결가부좌를 틉니다. 결가부좌를 못하더라도 상관은 없습니다. 결가부좌가 몸을 안정시켜주는 좋은 자세이기는 하지만, 초보자에게는 무리가 가는 자세이기 때문에 다리는 편한 자세를 취해도 괜찮습니다. 중요한 것은 상체를 곧바로 세우는 일입니다. 상체가 곧바로 서있지 않으면 몸에 여러 가지 문제가 생깁니다. 내장기관에 문제가 생길 수도 있고 등이 아프기도 하지요. 그래서 허리를 쭉 편 채 똑바로 앉아야 합니다. 그때 마음자세는 수행 대상에 마음챙김을 놓치지 않고 분명하게 알아차려야 합니다. 마음을 챙겨서 숨을 들이쉬고, 마음을 챙겨서 숨을 내쉽니다. 들이마실 때는 들이마시는 줄 알고, 내쉴 때는 내쉬는 줄 압니다. 숨이 길 때는 길다고 분명히 알며, 짧을 때는 짧다고 분명히 압니다. 이렇듯 마음을 챙겨 매순간의 호흡을 분명하게 놓치지 않고 파악합니다.

호흡에 대한 마음챙김은 가장 중요한 수행 방법 가운데 하나입니다. 이 방법은 위빠사나와 선정 수행 양쪽을 닦기 위한 방법으로 사용될 수 있습니다.

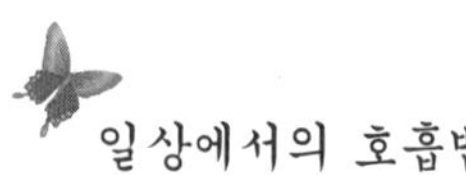

일상에서의 호흡법

수식관의 한 가지 방법을 알려드리겠습니다. 편안하게 앉아 숨을 들이마시고 내쉬면서 '하나' 하고 셉니다. 그리고 다시 호흡을 하며 '둘' 하고 마음속으로 셉니다. 그런 식으로 호흡을 하며 여덟까지 갔으면 다시 호흡을 하며 하나부터 세기 시작합니다. 《청정도론》에 의하면 수식관을 하며 숫자를 셀 때는 다섯보다 적어도 안 되고 열보다 많아도 안 된답니다. 지금 여기서 여덟까지 수를 세라고 말씀드리는 것은 우리가 지금 팔정도를 걷고 있기 때문입니다. 이는 수식관을 기반으로 수행을 지도하는 파욱 센터의 방법이기도 합니다. 이런 수식관법은 어른은 물론 어린이도 하기 좋은 수행법입니다. 아이들로서는 '길게 내쉰다, 짧게 내쉰다'를 아는 것보다 호흡을 세는 편이 훨씬 집중하기에 좋고 마음을 안정시키기에도 효과적입니다. 그렇듯 마음이 호흡에 고정되면 그 마음에서 좋지 않은 법들이 생겨나는 것을 차단할 수 있습니다.

두 번째는 행주좌와(行住座臥), 즉 가고 서고 앉고 눕는 동작에 대한 마음챙김입니다. 우리 몸동작 중에서 제일 두드러지는 동작들을 관찰하는 수행이지요. 행주좌와 등의 동작을 알아차리는 법은 아주 간단합니다. 가령 걷고 있을 때는 '걸음, 걸음, 걸음…' 하며 알아차리면 됩니다. 마찬가지로 서있을 때는 '서있음, 서있음, 서있음', 앉아있을 때는 '앉음, 앉음, 앉음', 누워있을 때는 '누워있음, 누워있음(또는 누움, 누움)'이라고 알아차리면 됩니다. 이처럼 말을 되뇌는 것은 대상을 정확하게 포착하는 데 도움을 줍니다. 그리고 집중력을 생기게 하고 마음이 대상을 놓쳐버리는 것을 방지해 줍니다.

4가지 동작은 분명히 우리 몸에서 일어나는 현상입니다. 따라서 이 동작들을 놓치지 않는 것은 자기 몸을 있는 그대로 이해하고 파악하는 일이기 때문에 아주 중요한 수행의 대상이 됩니다. 그러니 아무 생각 없이, 혹은 온갖 망상에 잠긴 채 걷지 마십시오. 그냥 서있지 말고, 그냥 앉아있지 말고, 그냥 누워있지 마십시오. 걷고 서고 앉고 누워있을 때, 분명히 마음을 챙겨 알아차려야 합니다.

미얀마의 큰스님인 마하시 스님께서 가르쳐주신 수행법에서는 걷는 동작에 대한 수행을 굉장히 중시합니다. 걷는 동작은 좌선할 때 앉아있는 동작보다 더 크고 거친 동작이기 때문에 알아차리기가 훨씬 쉽습니다. 그래서 걷기 수행을 먼저 한 후 좌선 수행에 들어갈 것을 권합니다. 걸을 때는 '듦, 나아감, 놓음'의 3단계로 알아차려도 되고, '왼발, 오른발' 하며 알아차려도 좋습니다. 이런 식으로 최소한 45분~1시간쯤 걷기 수행을 한 후에 좌선에 들어가게 됩니다. 걷기 수행을 잘하면 강한 집중력을 얻을 수가 있어서 좌선에 많은 보탬이 됩니다. 또 육체적인 건강을 유지하는 데도 많은 도움이 되지요.

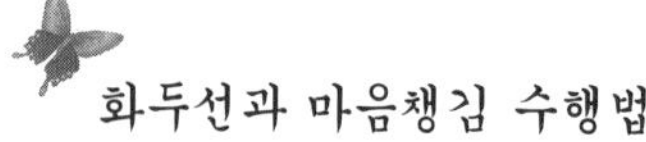

화두선과 마음챙김 수행법

우리나라 불교에서도 좌선을 한 후에는 포행(布行)을 합니다. 50분간 좌선을 한 후에, 좌선을 하느라 피곤해진 다리를 이완해주기 위해 한 10분간 포행을 합니다. 하지만 우리나라 참선은 화두선이어서 걸으면서도 걷는 동작을 관찰하는 것이 아니라 화두를 듭니다. 행주좌와 어묵동정(行住座臥 語默動靜), 즉 가고, 서고, 앉고, 눕고, 말하고, 침묵하고, 움직이고, 고요히 있는 모든 일상 동작 속에서 오직 화두를 드는 것이 화두의 수행법이라고 한다면, 사념처에 제시된 행주좌와에 대한 마음챙김은 모든 동작들이 일어날 때 바로 그 동작을 관찰한다는 데 특징이 있습니다.

세 번째는 행주좌와보다 더 세세한 몸동작을 관찰하는 수행입니다. 앞으로 나아가거나 뒤로 돌아갈 때, 주위를 돌아보거나 팔다리를 구부릴 때, 말하거나 침묵하고 있을 때도 세세하게 알아차리는 수행입니다. 우리가 잠에서 깨어나 다시 잠들 때까지 행하는 모든 동작들을 세세하게 관찰하는 것이지요.

예컨대 가다가 서는 동작이나 가는 것도 아니고 서있는 것도 아닌 동작, 서있다가 앉는 동작, 또 앉아있다 누우려는 동작 등 행주좌와의 중간 단계 동작들이 있습니다. 그 밖에도 먹고 삼키는 등 식사할 때나 옷을 입고 벗을 때, 대소변을 볼 때, 잠자리에 들고 일어날 때 등 여러 가지 세세한 몸동작이 있지요. 한마디로 일상의 모든 육체적인 동작과 행위를 할 때 분명한 앎을 갖춘 채 마음챙김을 하는 것입니다.

세밀한 몸동작을 관찰하다 보면 우리 몸에서 생겨나는 갖가지 현상들을 놓치지 않고 하나하나 정확하게 알아차릴 수 있게 됩니다. 그래서 마음챙김을 지니고 분명한 앎을 얻게 되고, 현상에 대해서 놓침이 없는 알아차림을 얻게 됩니다. 그리하여 마음이 무엇에도 기울지 않고, 그 어떤 세간적인 것에도 집착하지 않게 됩니다.

분명한 앎과 마음챙김은 서로 분리될 수 없는 수레의 두 바퀴와 같습니다. 마음챙김이 있으면 분명한 앎이 있고, 분명한 앎이 있으면 반드시 마음챙김이 동반됩니다. 마음챙김이 대상에 마음을 보내서 그 대상에 대해 순간순간 잊지 않고 놓치지 않는 마음의 작용이라고 한다면, 분명한 앎은 마음챙김과 동반되는 대상에 대한 분명한 인식, 파악을 의미합니다. 따라서 아침에 눈을 뜨는 순간부터 저녁에 잠드는 순간까지 의식이 깨어있는 순간이라면, 자신의 육체적인 모든 행위와 동작에 마음을 챙기고 분명한 앎을 지녀야 합니다. 한순간의 방심도 없이 마음챙김이 이어질 때, 비로소 마음집중인 선정과 지혜인 위빠사나가 성숙하기 시작합니다.

마음챙김, 노이로제와 스트레스의 처방전

하루 종일 마음을 챙기고 있으라니, 굉장히 피곤한 일 같나요? 수행을 해보지 않았다면 그렇게 생각할 수도 있습니다. 하지만 잠에서 깨어나서 다시 잠들 때까지 우리의 모든 동작을 놓치지 않고 알아차리면 오히려 마음은 더욱 섬세해지며 평온해집니다. 섬세함과 평온함이 함께한다는 것이지요. 마음챙김 수행은 노이로제 증상을 만드는 것이 아니라, 노이로제나 온갖 스트레스를 없애버리기에 아주 효과적인 수행법입니다.

네 번째는 우리 몸에 대해 싫어하는 마음을 일으키는 수행입니다. 우리

신체를 구성하는 요소들을 부분적으로 관찰하는 것으로, 자기 몸을 관찰하면서 부정관을 닦는 한 방법이라 할 수 있습니다. 마치 몸을 해부하듯이 우리 몸을 구성하는 머리카락, 손발톱, 피부, 골수, 심장, 내장의 내용물, 가래, 고름, 혈액, 소변 등을 관찰하는 것이지요.

하지만 지금 열거한 몸의 구성요소를 우리 눈으로 직접 보는 것에는 한계가 있습니다. 물론 수행이 깊어지면 실제로 보이기도 한다지만, 보통은 불가능한 일이기에 우리 몸을 구성하고 있는 요소들을 마음속으로 생각합니다. 그렇게 자신의 몸이 부정한 요소로 구성되었음을 관찰함으로써 몸에 대한 집착심을 떨쳐내게 됩니다.

부정관은 상당히 중요합니다. 우리는 욕망의 세계에 태어났기 때문에 감각적인 욕망에서 자유로울 수 없습니다. 감각적인 욕망을 완전히 제거한 아나함이 되기 전까진 늘 감각적인 욕망에 휩쓸리게 되어 있습니다. 그래서 우리는 죽고 나면 썩어 없어질 육신에 그토록 집착하지요. 따라서 부처님께서는 부정관을 통해 무상하고 괴로운 몸에 너무 집착하지 말라는 가르침을 보여주셨습니다. 부정관의 원래 목적은 우리 마음속에 있는 탐욕을 극복하는 데 있습니다. 특히 부정관은 나 자신의 몸과 다른 사람의 몸에 대한 집착을 동시에 극복하는 효과를 줍니다.

문제는 몸이 아니라 몸에 대한 집착이다

어떤 분은 우리 몸에 있는 기관들 하나하나가 모두 중요한데 왜 그것을 더럽게 생각하느냐고 반문하시더군요. 물론 우리 몸은 소중합니다. 피부나 살, 뼈, 골수, 콩팥 가운데 필요하지 않은 요소란 없습니다. 문제는 그런 것들로 이루어진 우리 육신에 대한 지나친 집착입니다. 이 몸의 구성요소들은 모두 죽음과 함께 파손되어버리지요. 따라서 우리가 몸에 지나치게 집착하는 것은 언젠가 버려야 될 쓰레기더미를 끌어안고 자기 것이라며 애착하는 것과 같습니다.

다섯 번째는 4가지 요소에 대한 관찰입니다. 4가지 요소란 지, 수, 화, 풍의 사대를 말합니다(1권, pp. 188~195). 우리 몸에서 땅의 요소란 딱딱함이나 부드러운 성질을 말합니다. 물의 요소는 응집성이나 유동성을, 불의 요소는 뜨거움과 차가움을 말하지요. 또 우리가 몸에서 경험할 수 있는 바람의 요소는 움직임, 동작, 떨림, 지탱하는 힘 등이 있습니다. 이런 4가지 요소를 끊임없이 있는 그대로 관찰하는 것입니다.

그렇다고 머릿속으로 무엇이 땅이고 무엇이 물이며 무엇이 불이고 무엇이 바람이라는 식으로 생각하라는 말이 아닙니다. 실제로 숨을 쉴 때 나타나는 배의 움직임, 걸을 때 팔다리의 움직임을 관찰하며 '이것은 바람의 요소다'라는 식으로 그 동작들을 있는 그대로 관찰하는 것입니다. 마찬가지로 땀이 나거나 소변을 볼 때는 열기나 차가움을 있는 그대로 관찰하고, 물의 흐름이나 적시는 성질을 보며 있는 그대로 관찰합니다.

중풍, 풍대의 장애로 생기는 현상

사대 가운데서 가장 두드러진 것은 바람의 요소, 풍대입니다. 풍대는 우리 몸이 일상생활을 하는 데 있어서 가장 두드러지게 나타나는 현상이지요. 우리 사지의 동작, 몸에서 일어나는 떨리는 현상, 똑바로 서있거나 앉아있게끔 지탱하는 힘 등이 모두 풍대입니다. 보통 신경조직이 마비되어 반신불수가 된 경우에 중풍이라거나 풍을 맞았다고 말하지요? 이것이 바로 풍대가 고장 나서 육체의 동작에 큰 타격을 받은 경우랍니다.

여섯~열네 번째는 묘지에서 시체를 관찰하는 9가지 수행입니다. 묘지에 시체가 버려졌을 때부터 그 시체가 점점 썩어가 백골이 되어가는 과정을 관찰하는 것이지요. 앞서 설명한 우리 육신에 대한 부정관은 자기 몸의 구성요소를 관찰하는 것인 데 비해, 지금 설명하는 부정관은 시체를 관찰하는 수행입니다.

묘지에서 시체를 관찰하는 것은 오늘날 하기 힘든 수행이긴 합니다. 하지만 태국이나 스리랑카 등지에서는 수행처에 진열된 백골들을 보며 부정관을 하는 수행법들이 많이 행해지고 있습니다. 부처님 당시에도 버려진 시체와 적당한 거리를 두고 앉아 부정관을 하던 스님들이 있었다고 합니다. 시체가 썩어가는 모습을 관찰하면서 '나도 곧 저렇게 될 것이다'라며 몸에 대한 욕망을 다스렸다고 하지요.

이처럼 묘지에서 시체를 관찰하는 수행을 통해, 내 몸은 물론 내가 그렇게 사랑하는 사람들의 몸도 모두 그 시체처럼 될 것이라고 생각하면서 몸에 대한 집착심, 욕망을 다스릴 수 있습니다. 또 죽음에 대한 경각심을 불러일으켜 인생의 방향을 잡는 데도 도움이 됩니다.

지금까지 몸에 대한 마음챙김을 살펴봤습니다. 몸에 대한 마음챙김을 이처럼 길고도 자세하게 설명한 이유는 우리가 가장 쉽게 관찰할 수 있는 대상이 몸이기 때문입니다. 몸에 대한 마음챙김을 하다 보면 수행이 향상됨에 따라 실제로 존재하는 것은 나라는 실체가 아니라, 정신적·육체적 또는 물질적 현상뿐이라는 것을 알게 됩니다. 즉 명(名)과 색(色)뿐이라는 것을 알게 됩니다. 우리가 경험할 수 있는 현상은 정신적인 명과 육체적인 색일 뿐, 어디에도 실체적인 자아란 발견할 수 없음을 알게 됩니다.

느낌에 대한 마음챙김

부처님께서는 느낌에 대한 마음챙김에 대해 이렇듯 설명하십니다.

"느낌을 거듭 관찰하는 수행을 하면서 지낸다. 열심히, 분명한 앎을 지니고, 마음챙김을 지니고, 세간에 대한 탐착심과 싫어하는 마음을 제어하고, 그는 마음에서 마음을 거듭 관찰하는 수행을 하면서 지낸다."

우리 몸에서는 항상 감각이 일어나고 마음에서도 여러 가지 느낌들이 일어납니다. 느낌에 대한 마음챙김은 우리에게 느낌이 일어날 때 그 순간 알아차리는 수행입니다. 즐거운 느낌과 괴로운 느낌, 즐겁지도 괴롭지도 않은 느낌의 3가지 느낌을 있는 그대로 알아차리는 것입니다.

하지만 우리는 즐거운 느낌이 있을 때 그 느낌에 집착합니다. 더 즐거워지기를 바라고 그 느낌이 지속되기를 바랍니다. 탐욕이 일어나는 것이지요. 하지만 그 느낌이 일어났을 때 그 순간 알아차리면 탐욕을 조절하고 극복할 수 있습니다.

괴로운 느낌도 마찬가지입니다. 우리 마음속에 괴로운 느낌이 일어나면 우리는 그에 대해 싫어하고 미워하는 생각을 일으킵니다. 괴로운 느낌을 거부하는 것이지요. 그래서 괴로운 느낌에는 성내는 마음이라는 번뇌가 따라붙게 되어 있습니다. 가령 몸에서 통증이 일어났을 때 그것을 있는 그대로 통증으로만 관찰하면 마음의 괴로움은 일어나지 않습니다. 마음의 괴로움은 성냄이라는 번뇌에 의해서 일어나기 때문입니다.

괴롭지도 즐겁지도 않은 느낌은 우리 마음을 어리석음에 빠지게 합니다. 강한 자극이 없는 밋밋한 상태의 느낌이 편안하다고 생각하며 안주하려고 합니다. 이것은 그 느낌도 변한다는 사실을 이해하지 못하는 무지 때문입니다.

이처럼 즐거운 느낌에는 탐심, 괴로운 느낌에는 진심, 즐겁지도 괴롭지도 않은 느낌에는 치심이 전제가 됩니다. 즐거운 느낌을 알아차리지 못하고, 괴로운 느낌을 알아차리지 못하고, 즐겁지도 괴롭지도 못하는 느낌을 알아차리지 못하면 곧바로 탐진치로 이어진다는 말이지요.

느낌에 대한 마음챙김을 몸에 대한 마음챙김 다음에 제시하는 데는 중요한 이유가 있습니다. 우선 집중 수행을 하게 되면 일정 기간 동안 수행처에 들어가게 됩니다. 그렇게 집중 수행을 하게 되면 몸과 마음에서 생겨나는 감각적인 느낌을 생생하게 파악하게 됩니다. 수행을 처음 시작할 때는 육체적인 괴로운 감각을 경험하게 될 것입니다. 특히 초보자라면 좌선을 할 때 다리나 등에 통증을 느낍니다. 이때 통증이 느껴지는 과정을 놓치지 않고 관찰하는 것이 중요합니다.

일상적으로 생활하는 도중에 몸에서 통증을 느끼면 우린 보통 그 통증을 제거하기 위해 조건반사적인 행동을 취하게 됩니다. 그러나 수행 도중에 그처럼 조건반사적인 행동을 취한다면 감각적인 느낌의 본질을 알지 못하게 됩니다. 수행은 자극에 대해서 반사적인 행동을 하는 것이 아니라 자극 자체를 알아차리는 작업입니다. 다리나 등에 통증이 있을 때 견뎌낼 수 있을 때까지 견디면서 마음의 평정심을 유지하며 느낌의 본질을 알아차려야 합니다.

그처럼 자신의 몸에서 일어나는 느낌을 반사적인 반응 없이 알아차릴 때 그 느낌들의 본질을 직접 이해하게 됩니다. 즉 모든 느낌은 조건에 의해서 생겨나 조건이 없어지면 사라지는 것임을 관찰을 통해서 직접적으로 이해하게 됩니다. 이러한 이해가 생기면 고통을 견뎌내는 힘도 강해지고, 즐거운 느낌에 집착하는 마음도 점차 사라지게 됩니다. 또한 수행이 향상되다 보면 강한 기쁨이나 희열, 행복감 등이 일어나기도 합니다. 이때 경험하는 기쁨도 그 즉시 관찰해야 하는 대상일 뿐, 붙들고 집착할 대상이 아닙니다. 좋은 경험도 결국은 사라지는 것이라는 사실을 잊어서는 안 됩니다. 느낌은 지혜를 계발하는 재료일 뿐입니다.

우리의 일상생활은 갖가지 감각적인 자극들로 가득 차 있습니다. 5가지 감각 기관이 무방비 상태로 개방되어 있어서 수많은 자극들을 소화시키지도 못한 채 받아들이고 있습니다. 그리하여 마음속에서 우리를 불행하게 하는 탐욕과 성냄이 생겨나는 것입니다. 탐욕과 성냄이라는 마음의 번뇌는 즐거운 느낌과 괴로운 느낌에서 생겨납니다. 즉 번뇌의 원인은 느낌에 있습니다. 하지만 우리는 느낌을 없앨 수 없습니다. 느낌은 감각 기관과 대상과의 접촉에서 생기기 때문입니다.

문제는 느낌 자체가 아니라 느낌에 대한 집착이나 거부감입니다. 예를 들어, 여름철의 무더위 때문에 육체의 불쾌한 느낌이 생기는데, 이 불쾌한 느낌 때문에 심리적인 짜증이 생기고 불쾌지수가 높아지는 것입니다. 조금이라도 자신의 마음을 살피려 하고 탐욕과 성냄이라는 마음의 번뇌를 덜어내려면 그런 번뇌들이 느낌에 의해서 일어나는 과정임을 잘 이해해야 합니다. 그래서 느낌 뒤에 번뇌가 생겨나는 것을 방지하는 힘을 키워야 합니다.

늘 알아차리십시오. 지금 내 마음의 느낌은 어떤가? 나는 지금 즐거운가? 아니면 불쾌한가, 불편한가? 아니면 즐겁지도 괴롭지도 않은가? 이렇듯 자기 마음의 느낌을 계속 되돌아보는 작업이 필요합니다. 이렇게 되돌아보는 힘을 가지고서 마음을 챙긴다면 어떤 자극이 들어오더라도 그다지 큰 영향을 못 미칩니다. 스스로 자기 느낌을 알아차리기 때문에 일어나는 번뇌들이 별 영향을 못 미치고 슬그머니 사라져버립니다. 그것이 마음챙김 수행의 힘입니다.

마음챙김에서 명칭을 붙이는 이유는?

마음챙김의 대상을 분명히 포착하고 마음챙김을 끊어지지 않게 하기 위해서입니다. 그래서 수행을 시작하는 단계에서는 '걸음, 걸음', '성냄, 성냄' 하는 식으로 명칭을 사용하면서 마음속으로 그 명칭을 대상에 정확하게 일치시키길 권합니다. 하지만 언어에는 한계가 있습니다. 가령 자신이 지금 마음을 챙기고 있는 대상보다 앞서서 명칭을 붙이면 안 됩니다. 반드시 대상이 나타난 후에 명칭을 붙여 알아차려야 합니다. 그렇지 않으면 실제로 일어나고 사라지는 대상은 느끼지 못한 채 단순히 구령을 붙이는 일에 그치고 맙니다.

마음에 대한 마음챙김

마음에 대한 마음챙김에 대해 부처님께서는 이처럼 말씀하십니다.

"비구들이여, 그러면 어떻게 비구가 마음에서 마음을 관찰하는 수행을 하면서 지내는가? 비구들이여, 여기에 어떤 수행자가 탐욕이 있는 마음을 탐욕이 있는 마음이라고 알며, 탐욕이 없는 마음을 탐욕이 없는 마음이라고 안다. 또는 성냄이 있는 마음을 성냄이 있는 마음이라고 알며, 성냄이 없는 마음을 성냄이 없는 마음이라고 안다. 또는 어리석음이 있는 마음을 어리석음이 있는 마음이라고 알며, 어리석음이 없는 마음을 어리석음이 없는 마음이라고 안다. 또는 침체된 마음을 침체된 마음이라고 알며, 산만한 마음을 산만한 마음이라고 안다. (선정에 의해) 고양된 마음을 고양된 마음이라고 알며, (선정을 닦지 않아) 고양되지 않은 마음을 고양되지 않은 마음이라고 안다. 또는 (아직 닦아야 할) 위가 있는(sauttaram) 마음을 위가 남아 있는 마음이라고 알며, (무색계 선정까지 닦아서) 더 이상 위가 없는 (anuttaram) 마음을 더 이상 위가 없는 마음이라고 안다. 잘 집중된 마음을 잘 집중된 마음이라고 알며, 집중이 안 된 마음을 집중이 안 된 마음이라고 안다. 자유로워진 마음을 자유로워진 마음이라고 알며, 자유로워지지 않은 마음을 자유로워지지 않은 마음이라고 안다.”

이처럼 마음에 대한 마음챙김에서는 8쌍의 마음이 제시됩니다. 탐욕이 있는 마음(有貪心)과 탐욕이 없는 마음(無貪心), 성냄이 있는 마음(有瞋心)과 성냄이 없는 마음(無瞋心), 어리석음이 있는 마음(有癡心)과 없는 마음(無癡心), 침체된 마음과 그렇지 않은 마음, 산만한 마음과 그렇지 않은 마음, 선정 수행으로 고양된 마음과 선정 수행을 닦지 않아 고양되지 않은 마음, 아직 닦아야 할 위가 남아 있는 마음과 더 이상 위가 없는 마음, 선정 수행에 의해 잘 집중된 마음과 그렇지 않은 마음, 선정 수행에 의해 일시적으로 번뇌에서 자유로워진 마음(解脫心)과 그렇지 않은 마음(非解脫心)이 그것입니다.

사실 마음이라는 것은 항상 여러 가지 마음의 작용들과 함께 일어납니다. 아비달마 논서에 의하면, 마음만 따로 분리해 마음을 논한다는 것은 불가능한 일입니다. 우리 마음만 보더라도 그렇지요. 항상 뭔가가 연결되어 있습니다. 이처럼 마음은 늘 다른 정신적 요소들과 결합되어 있기 때문에, 마음 자체가 문제라기보다 그것과 결합되어 있는 다른 정신적인 요소들이 문제입니다.

지금 여기서 언급하는 탐심, 진심, 치심 등도 마음 자체라기보다 마음과 함께 일어나는 정신적인 요소들, 마음의 요소들이라고 할 수 있습니다. 한문으로 심소(心所)라고 하는 데서도 알 수 있듯이 마음에 속해 있는 것들입니다. 따라서 마음에 대한 마음챙김에서 제시하는 8쌍의 16가지 마음이란 마음에 속한 심리적인 요소들이며, 마음에 대한 마음챙김이란 이 심리적인 요소들을 관찰하는 일이라고 할 수 있습니다.

예컨대 탐욕이 있는 마음은 탐욕이라는 정신적 요소가 결합되어 있는 마음이라고 이해할 수 있습니다. 다시 말해 탐욕이라는 심소법(心所法)과 관련되어 있는 마음이지요. 탐욕이 마음속에 생겨나면 '아! 욕망이 일어났구나' 또는 '욕망, 욕망, 탐욕, 탐욕' 하는 식으로 알아차려야 합니다. 탐욕이 일어났을 때 탐욕이 일어난 마음상태를 있는 그대로 관찰하면 탐욕이라는 심리적 현상은 변하게 됩니다. 탐욕을 알아차리는 힘이 강하면 강할수록 탐욕이 사라지는 속도도 빨라집니다.

알아차리는 마음도 마음의 작용 가운데 하나입니다. 어떤 실체가 있어서 알아차리는 것이 아니라, 알아차림이라는 심소법에 의해서 탐욕이라는 심소법을 알아차려 탐욕을 제어하고 없애버리는 것이 마음챙김 수행의 핵심입니다. 하지만 탐욕이 한 번 없어졌다고 해서 완전히 사라졌다고 볼 수는 없습니다. 탐욕이 완전히 없어지는 것은 아라한의 경지에서나 가능한 일입니다. 또 다른 계기가 있으면 또 다시 탐욕은 일어납니다. 성냄이나 어리석음도 마찬가지지요. 그때마다 바르게 놓치지 않고 마음을 챙김으로써 그 번뇌들의 힘이 점점 약화되어가는 과정을 밟습니다.

괴로운 느낌을 주는 대상을 만나면 성냄이 일어납니다. 탐욕과 성냄이라는 2가지 번뇌는 우리 마음속에서 거칠게 일어나는 마음의 요소이자, 항상 동전의 앞뒷면처럼 붙어 있는 것입니다. 이 사실을 잘 헤아리면 '아, 탐욕이 채워지지 않아 분노가 일어났구나' 하고 바르게 알아차릴 수 있습니다. 그럴 때 성내는 마음은 가라앉게 됩니다. 탐욕과 성냄의 2가지 번뇌만 정확하게 관찰해도 우리는 상당히 편안하고 평화롭게 지낼 수 있습니다.

반면 어리석음이 있는 마음은 쉽게 알아차리기 힘듭니다. 내가 어리석다는 것을 어떻게 압니까? 실제로 탐진치 삼독 가운데 가장 알아차리기 어려운 것이 어리석음입니다. 우리 자신을 한번 돌아보세요. 우리가 정말 알고 있는 것이 무엇입니까? 깊이 생각해보면 자신이 알고 있는 것이 얼마나 불확실한 것인지 알 수 있습니다. 그처럼 자신이 잘 모른다는 것을 발견하는 일은 어리석음에 대한 앎이라고도 할 수 있습니다. 지속적인 자기 관찰, 자기 마음에 대한 관찰을 하지 않으면 어리석음을 알아차리는 일은 불가능합니다. 그 다음 관찰 대상은 산만해진 마음과 침체된 마음입니다. 우리는 종종 이것저것을 생각하고 판단하느라 마음이 산만해집니다. 또 그렇지 않을 때는 마음이 가라앉아 졸음에 빠지거나 둔해집니다. 마음이 침체되는 것이지요. 이러한 상황을 있는 그대로 알아차리기란 처음에는 상당히 어렵습니다. 마음챙김의 힘이 그만큼 강하지 않기 때문입니다. 알아차리는 마음이 강하면 강할수록 마음은 분산되거나 피곤해지지 않고 더 맑아지며 안정되고 더 행복해집니다. 산만할 때는 산만한 마음을, 졸릴 때는 졸린 마음을 관찰 대상으로 삼아야만 그러한 마음들이 점점 가라앉고 극복되기 시작합니다. 그러니 자신의 마음이 산만할 때는 '산만함' 또는 '망상', '헤맴' 하면서 알아차려야 합니다. 또 침체되거나 졸릴 때는 '졸음! 졸음!' 하면서 알아차려야 합니다.

마음에 대한 마음챙김의 마지막 4가지는 선정과 관련된 것입니다. 초기 경전에서 마음이라는 말은 선정과 관련된 말로 많이 쓰입니다. "마음을 닦으라"는 말은 "선정을 닦으라"는 말과 같은 의미로 쓰일 때가 많습니다.

4가지 선정과 관련된 것 가운데 첫째는 선정 수행으로 고양된 마음을 고양된 마음이라고 알며, 선정 수행을 닦지 않아 고양되지 않은 마음을 고양되지 않은 마음이라고 아는 것입니다. 선정 수행을 하면 마음이 안정되고 넓어집니다. 선정 수행을 잘 닦으면 행복해지고 기쁨이 일어나고 고요해집니다. 기뻐지고 행복해지고 고요해지면 마음에 어떤 것을 담아도 여유가 있습니다. 그런데 마음에 기쁨도 없고, 행복도 없고, 고요함도 없고, 욕망과 성냄과 어리석음으로 가득 차 있으면 마음에 바늘 하나 꽂을 자리도 없이 옹졸해집니다. 그런데 선정 수행만 닦다 보면 선정의 힘이 약해질 때 마음이 도로 옹졸해지고 좁아지는 경우가 있습니다. 따라서 마음이 잘 닦여 커졌으면 커진 줄 알고, 마음이 옹졸해졌다면 마음이 옹졸해지고 좁아졌다는 것을 알아야 합니다.

그 다음으로, 색계 선정을 닦아서 아직 닦아야 할 선정이 남아 있다면,

이때도 더 좋아질 수 있는 마음이 남아 있음을 있는 그대로 알아야 합니다. 즉 '나는 지금 색계 선정만 경험했다. 무색계 선정이 아직도 남았다' 하면서 앞으로 닦아야 할 마음이 더 있다는 것을 알아야 합니다. 마찬가지로 무색계 선정을 모두 닦아서 더 이상 향상될 마음이 없다면 그 마음을 있는 그대로 알아야 합니다. 이처럼 선정을 경험할 때도 마음을 챙기면서 순간순간의 상태를 알아차려야 합니다. 또 선정에 의해 잘 집중되어 있을 때는 '아, 내가 잘 집중되어 있구나'라고 압니다. 반면 집중되어 있다가 다른 생각으로 집중이 깨지면 '아, 집중이 잘 안 되어 있구나'라고 알아차립니다.

심념처의 마지막 관찰 대상은 해탈심과 비해탈심입니다. 여기서 해탈심이란 궁극적인 해탈을 말하는 것이라기보다 선정 수행에 의해 마음이 일시적으로 번뇌에서 벗어난 것을 말합니다. 마치 자라는 풀 위에 돌을 얹어 놓아 일시적으로 풀을 자라지 못하게 하는 것과 같습니다. 번뇌는 끊어지지 않았으나 그 활동을 억눌렀기 때문에 자유로움을 경험합니다. 그래서 선정 수행이 약화되거나 선정에서 나오면 또 다시 자유롭지 못한 마음을 경험하게 됩니다.

따라서 선정 수행을 닦을 때 경험하는 모든 것들에 대해 집착하거나 내칠 필요가 없습니다. 선정 수행이 잘된다고 기뻐해서도, 선정 수행이 깨졌다고 해서 분노를 일으켜서도 안 됩니다. 있는 그대로 알아차려야 합니다. 선정 수행이 잘 진행되어 좋은 결과가 나타나면 그대로 알고, 선정이 깨져서 마음이 흐트러지거나 자유롭지 못하면 또 그대로 알아야 합니다.

심념처에서 무엇보다 중요한 것은 마음과 마음의 작용들은 있지만 나라고 할 만한 것은 없다는 사실입니다. 모든 마음들은 끊임없이 생겨나서 머물다 사라지는 것이기 때문에, 변하지 않는 '나'가 될 수 없습니다. 그처럼 마음의 흐름을 놓치지 않고 바르게 파악할 수 있는 힘이 바로 마음에 대한 마음챙김의 힘입니다. 부정적인 마음도 긍정적인 마음도 거부하거나 집착하지 않고, 다만 마음챙김, 알아차림의 대상으로 삼을 때 수행은 제대로 진행될 수 있습니다.

순간순간의 마음을 잘 살피고 마음챙김을 굳게 지닐 때, 부정적인 마음은 사라지고 마음은 청정해지며 더욱더 지혜로워집니다. 마음챙김 수행의 이로움은 어떤 바람에도 흔들리지 않는 지혜를 갖추게 해주는 것이며, 궁극적으로는 그렇게 얻은 지혜의 힘으로 최상의 행복인 열반을 얻는 데 있습니다.

번뇌를 이겨내는 다른 방법

마음챙김에서는 탐욕이나 성냄, 어리석음 등이 일어날 때 있는 그대로 알아차리라고 말합니다. 또 그것들이 사라지면 사라지는 것을 알아차리라고 하지요. 하지만 이와는 달리 각각의 문제 상황을 다스릴 수 있는 방법이 또 있습니다. 우선 탐욕에 대해서는 부정관을 합니다. 감각적인 쾌락을 즐기려는 마음이 생기면 우리 몸의 구성요소들을 관찰하거나 버려진 시체가 썩어가는 과정을 관찰함으로써 탐욕을 극복할 수 있습니다. 성내는 마음은 자애 수행으로 이겨낼 수 있고, 어리석음은 연기관을 통해 다스릴 수 있습니다. 또 산만한 마음은 수식관으로 제어할 수 있으며, 침체된 마음은 정진함으로써 다스립니다.

법에 대한 마음챙김

법에 대한 마음챙김에서는 수행의 대상과 방해물 및 수행 도중에 경험하는 현상을 전체적으로 이해하는 것이 중요합니다. 그래서 앞서 설명한 몸에 대한 마음챙김, 느낌에 대한 마음챙김, 마음에 대한 마음챙김 등 수행의 전 과정을 제시하면서, 초기불교의 핵심적인 가르침인 오개, 오온, 십이처, 칠각지, 사성제를 설합니다. 여기서 주의해야 할 점은 이런 가르침에 대해서 이론적으로 생각하는 것이 아니라, 실제적인 수행을 통해 알아차림의 대상으로 삼아야 한다는 것입니다.

먼저 법념처에서 마음챙김의 대상으로 삼는 주제는 인간의 정신적 · 육체적 현상인 오온입니다. 간단히 말하면 몸과 마음이겠지요. 오온에 대한 관찰은 위빠사나 수행, 마음챙김 수행의 가장 핵심적인 주제입니다. 우리 자신의 정신적 · 육체적인 현상을 관찰하고 알아차리는 수행을 시작할 때 처음 부딪히는 것이 바로 5가지 덮개, 즉 오개입니다. 오개(五蓋)란 욕망, 악의 또는 분노, 혼침(昏沈)과 졸음, 들뜸과 회한, 회의적인 의심을 말합니다.

우리는 일상생활에서도 이 덮개들에 덮여 살고 있지만 잘 드러나진 않습니다. 보고 듣고 생각하는 데 정신이 팔려서 자기 마음이 덮개들로 덮여 있다는 사실을 놓치기 쉽습니다. 하지만 수행을 시작하면 이 덮개들이 수행자의 마음을 뒤덮어 지혜를 둔화시키는 장애물로 작용합니다. 따라서 마음을 챙겨서 대상을 알아차리다가 5가지 장애가 생기면 그 즉시 알아차려야 합니다. 그런 후 장애들이 사라지면 또 다시 사라졌다고 바로 알아차려야 합니다.

5가지 덮개 가운데 혼침이란 잠이 든 것도 아니면서 마음이 침체되어 정신이 몽롱하고 희미한 상태를 말합니다. 수행하려고 앉아있으면 이런 상태에 곧잘 빠져들곤 합니다. 그 상태가 깊어지면 졸음에 빠져들지요. 좌선을 할 때, 깜빡 졸다가 화들짝 놀라며 깨는 사람들도 많습니다. 허리를 바로세우고 수행을 하다가 망상이 일거나 졸음에 빠지게 되면 척추의 각도가 휩니다. 바로 정진의 힘이 빠졌기 때문입니다. 이렇듯 알아차리는 마음이 약화되면 척추의 한부분에 힘이 빠져 허리가 굽어지게 되어 깜짝 놀라는 것입니다. 이것은 졸음에 빠졌다가 알아차린 경우입니다.

하지만 점점 수행력이 강화되면 그 상태까지 가지 않고도 졸음이나 혼침, 즉 마음이 둔화된 상태를 알아차릴 수 있게 됩니다. 혼침과 졸음이 보이기 시작하면 참 재미있는 현상이 일어납니다. 혼침과 졸음이 다가올 때 눈꺼풀이 무거워지고 뻑뻑함을 알아차리면 그것이 풀어지게 되지요. 알아차리는 마음의 힘이 졸음과 혼침이라는 장애물을 정확하게 포착해서 극복하게 해줍니다.

들뜸이란 가라앉지 않은 상태를 말합니다. 들뜸에 대해 '흥분 상태'라고 해석하는 경우도 있습니다만, 흥분이란 것은 어떤 상태가 왔을 때 고조되는 느낌인 데 비해 들뜸은 산만한 것을 뜻합니다. 마음이 안정되지 못하고 이 생각 저 생각을 하는 것이지요. 이럴 때는 그저 '마음이 들뜨는구나' 하고 알아차려야 합니다.

회한이란 주로 과거의 잘못한 일에 대해 후회하는 마음에 젖어드는 것입니다. 특히 수행자들은 '이 수행을 좀 더 일찍 만났더라면 좋았을 걸' 하며 회한에 젖을 때가 있지요. 이런 마음이 일어나면 '왜 이런 생각을 일으키지'라며 판단하지 말고 그냥 그대로 '내가 또 회한에 잠기는구나', '회한, 회한', '후회, 후회' 하며 알아차려야 합니다.

들뜸과 회한은 앞의 혼침 및 졸음과 마찬가지로 오르락내리락하는 마음의 상태이기 때문에 며칠간 수행을 지속해야만 가라앉습니다. 그 가운데서도 들뜨는 마음은 상당히 가라앉히기가 어렵습니다. 마음이 산만해졌다 다시 알아차리면 조금 가라앉았다 또 흩어지는 식이지요. 하지만 그때조차 들뜨는 마음에 대해서 싫어하는 마음이나 짜증내는 마음을 일으켜서는 안 됩니다. 또 마음이 산만해진 것을 알아차리고 '생각, 생각', '산만함, 산만함' 이렇게 알아차리고 수행을 해나가야 합니다.

5가지 덮개 가운데 회의적 의심이라는 것은 좀 더 주의해서 이해할 필요가 있습니다. 이것은 단순한 의심이 아닙니다. 회의적 의심이란 마음챙김이나 알아차림을 방해하는 덮개로 작용하는 의심입니다. 가령 수행을 열심히 했는데도 잘 안 될 때가 있지 않습니까? 그럴 때 욕심을 내면서 '왜 이렇게 안 되는 거야?' 하고 의심을 하기 시작합니다. 그러다가 '저 사람이 잘못 가르치는 거 아니야?', '이런 수행을 한다고 과연 내가 행복해질 수 있겠어?' 따위의 의심을 하지요. 이것이 바로 회의적인 의심입니다. 하지만 이런 회의적 의심이 일어난다 하더라도 '회의적인 의심이 일어났구나' 하고 알아차려야 합니다. 그런 후 수행을 계속 해나가야 합니다. 의심도 관찰의 대상일 뿐이라는 소리지요.

앞서 심념처에서 수행과 관련되지 않은 4가지 마음을 말씀드렸지요? 탐욕과 성냄, 어리석음과 산만하거나 침체된 마음이었습니다. 이 4가지는 지금 법념처에서 말하는 5가지 덮개와 연결되어 있습니다. 법념처의 감각적 욕망은 심념처의 탐욕이 있는 마음과 같습니다. 또 법념처의 악의는 심념처의 성내는 마음과 연결되며, 어리석은 마음은 회의적인 의심과 연결됩니다. 그리고 심념처의 산만하거나 침체된 마음은 법념처에서 말하는 혼침과 졸음, 들뜸 및 우울한 마음과 연결되어 있지요.

이처럼 평온하고 깨어있는 마음을 방해하는 덮개들은 모두 수행의 대상이 됩니다. 그러므로 우리 마음속에서 부정적인 요소들이 일어나는 순간이 바로 수행하는 순간이자 깨닫는 순간임을 알 수 있습니다. 이것이 바로 대승불교의 "번뇌 즉 보리", 번뇌를 떠나 따로 보리를 구할 수 있는 길은 없다는 가르침이겠지요.

그러니 5가지 덮개가 일어났다고 겁내지 마십시오. 덮개가 일어났다고 해서 그 덮개에 묻혀버리면 안 됩니다. 그저 '알아차릴 대상이 왔구나'라는 마음가짐으로 그 상태를 알아차리세요. '아, 덮개가 일어났구나. 또 산만해지는구나' 하고 알아차리는 힘을 더 강화시켜나가면 그 덮개들이 점점 제 역할을 못하게 됩니다. 그러다 그 덮개들이 벗겨질 때 비로소 수행을 제대로 할 수 있습니다.

사실 수행의 초보단계는 덮개를 벗기는 단계라고 볼 수 있습니다. 그런데 처음에는 덮개들이 너무 강하고 두꺼워 잘 벗겨지지 않습니다. 그 힘이 엄청나기 때문에 마음을 온통 덮어버립니다. 한 번 걷어낸다고 해도 또 덮이고 다시 한 번 걷어내면 또 덮이는 과정이 반복됩니다. 그러나 자꾸 걷어내면 이것도 사라질 때가 옵니다.

5가지 덮개가 사라지면 우리 몸과 마음이라는 5가지 무더기를 정확하게 관찰할 수 있습니다. 5가지 무더기가 있을 때 그것을 그대로 관찰하며 알아차리고, 그것의 발생 원인을 알아차리고, 또 그것이 사라지면 사라졌다는 것을 그냥 알아차립니다. 5가지 무더기에 대한 관찰이라고 해서 오온을 머릿속으로 생각하라는 말이 아닙니다.

가령 우리 몸에서 어떤 현상이 일어날 때 일어나는 그대로를 관찰하는 것입니다. 팔을 움직일 때면 팔의 동작을 관찰합니다. 팔의 동작이 멈추면 다시 그 상태를 관찰합니다. 이렇게 해서 육체를 관찰합니다. 육체의 동작을 관찰하는 것은 오온 가운데 몸을 관찰하는 것에 해당하지요. 이처럼 순간순간 가장 주된 상태를 하나씩 관찰해나가면 나중에는 종합적으로 오온 전체를 관찰할 수 있게 됩니다. 부분을 알지 못하면 전체를 알 수 없습니다.

오온을 관찰할 때 핵심은 있는 그대로를 관찰하는 것입니다. 몸을 있는 그대로 관찰하고, 마음의 여러 가지 현상들을 있는 그대로 관찰하는 것입니다. 이렇듯 있는 그대로의 관찰을 통해서 대상의 본질을 그대로 알게 되면, 그곳에 '나'란 실체는 없다는 사실을 점점 이해할 수 있습니다. 존재하는 것은 오직 관찰된 대상과 관찰하는 마음뿐임을 알게 되지요. 그래서 마음이 세간적인 어떠한 것에도 집착하지 않게 됩니다. 이것이 바로 수행이 본격적으로 진행되는 모습입니다.

여기서 주의할 점은 오온을 하나하나 분석해서 알아차리기는 하지만 오온은 덩어리째 함께 움직인다는 사실입니다(1권, pp. 206~208). 몸 따로 있고, 느낌이 따로 있는 것이 아닙니다. 몸과 마음, 색(色)과 식(識)이 항상 함께 있으면서 느낌(受), 지각(想), 의지(行)의 3가지도 마음과 항상 붙어 있습니다. 따라서 수행이 진전되면 이 5가지가 조건과 결과의 역할을 하며 서로 붙어 있다는 사실을 이해하게 됩니다.

수행자가 마음을 놓치지 않고 알아차려야 하는 소재, 즉 수행의 대상은 자신의 육체와 마음 그리고 마음에서 일어나는 갖가지 현상들입니다. 5가지 무더기에 대한 이해는 결국 우리 자신의 몸과 마음에 대한 이해입니다. 이것을 있는 그대로 이해할 때 바로 마음챙김에 의한 지혜가 성숙되기 시작합니다.

이 지혜가 성숙되면, 가장 먼저 육체(물질적 현상)와 정신이 서로 다른 현상이라는 것을 이해하게 됩니다. 이 책과 이 책을 읽는 여러분의 시각기관은 하나의 물질적 현상입니다. 그리고 그것을 알아차리는 의식으로서의 마음이 있습니다. 의식이 없는 사람은 아무리 책을 읽어도 알지 못합니다. 이처럼 아는 마음과 그 앎의 대상이 된 책, 그리고 그것을 알게끔 이끈 시각기관은 물질 현상과 마음으로서 서로 다른 작용을 합니다. 이처럼 물질적 현상과 정신이 서로 다르다는 것을 이해하게 될 때, 우리는 '나'라는 존재가 서로 다른 육체적 현상과 정신적 현상의 결합으로 되어 있다는 사실을 이해하게 됩니다. 하지만 육체적 현상과 정신적 현상이 다른 것이라고 해서 분리되어 있다는 뜻은 아닙니다. 그것들은 서로 결합되어 영향을 주고받습니다.

이렇듯 오온을 알아차리다 보면 감각 기관과 감각 대상에 대한 알아차림을 할 수 있습니다. 눈, 귀, 코, 혀, 몸, 마음이라는 6가지 감각 기관이 색, 성, 향, 미, 촉, 법이라는 대상들을 만날 때, 우리는 그 현상들을 바로 알아차리게 됩니다. 그래서 12가지 감각 대상과 감각 기능에 대해서 있는 그대로 관찰하게 됩니다. 그리고 이 2가지를 조건으로 해서 생겨난 족쇄, 번뇌의 족쇄를 알게 되지요. 여기서 족쇄란 감각 기관과 감각 대상을 조건으로 해서 생겨나는 감각적 욕망에 대한 탐착과 성냄, 아만심, 잘못된 견해, 회의적인 의심, 계금취견, 존재에 대한 탐착, 질투심, 인색, 어리석음입니다. 이 번뇌들은 신념처, 수념처, 심념처와 모두 연관되는 매우 중요한 내용입니다. 또 감각 기관이 활동하는 동안 우리가 늘 깨어있어야만 되는 이유가 여기에 있습니다.

우리의 감각 기관이 좋고 아름다운 대상, 즐길 만한 대상을 만나면 감각적 욕망에 대한 탐착심이 일어납니다. 감각적 쾌락이 달콤한 것은 사실이나 그 쾌락은 결국 자신을 속박한다는 뜻입니다. 이 쾌락과 반대되는 것이 분노, 성냄입니다. 분노는 자기가 원하는 것을 얻지 못했을 때 생기는 현상이지요. 그 다음이 아만심입니다. 아만심은 '나'라는 생각 때문에 나타나는 것으로 크게 3가지로 말할 수 있습니다. '내가 잘났다'는 아만심과 '내가 저 사람보다 못났다'는 아만심, '저 정도는 되겠지' 하는 아만심입니다. 이 3가지 모두 우리 마음을 불편하게 합니다. 잘못된 견해란 어리석음과 연결된 잘못된 사고방식을 말하지요. 회의적 의심이나 계금취견 또한 우리의 감각 기관이 감각 대상을 만나 일으키는 번뇌 가운데 하나입니다. 존재에 대한 탐착이란 자기보다 나은 상태의 존재에 대한 탐착을 말합니다. 가령 아름다운 사람이나 굉장한 부자를 보면서 그런 존재가 되길 집착하는 것이지요. 또 수행을 해서 마음이 안정되었을 때, 그처럼 안정된 상태에 탐착하는 것도 이에 해당합니다. 나머지 질투와 인색, 어리석음도 말할 필요 없이 우리 감각 기관이 감각 대상을 만나 일으키는 번뇌이지요.

이와 같은 10가지 족쇄가 일어나거나 사라질 때도 마음챙김을 통해 그것들이 고정되어 있지 않고 흘러간다는 사실을 확인합니다. 모든 것은 생겨났다 사라지는 현상이라는 것을 알아차리면서, 생겨날 때도 붙잡거나 거부하지 않고 사라질 때도 붙잡거나 거부하지 않습니다. 족쇄들의 생멸을 그때그때 바로 알아차리면 그 족쇄들은 끊어지게 되어 있습니다. 족쇄가 끊어지면 또 족쇄가 끊어졌다고 알아차리고 다시 일차적인 마음챙김의 대상(번뇌가 생기기 전까지 원래 마음챙김을 하고 있던 대상)으로 돌아와야 합니다. 그렇게 해서 마음챙김에 틈이 없도록 해야 합니다. 이처럼 우리 감각 기관이 감각 대상을 알아차리고 속박이 일어나거나 사라지는 것을 볼 때도 머릿속으로 하는 것이 아닙니다. 실제 우리의 수행을 통해서 구체적으로 하나하나 직접 이해해야 합니다.

몸과 마음 또는 의식의 세계를 알아차리다 보면 수행이 깊어져서 7가지 깨달음의 요소, 즉 칠각지를 경험하게 됩니다. 칠각지는 마음챙김 수행이 성숙한 단계로 진행되었을 때 경험하는 법입니다. 다시 한 번 간추리자면, 칠각지는 마음챙김(염각지), 법에 대한 고찰(택법각지), 노력(정진각지), 기쁨(희각지), 평안(경안각지), 마음집중(정각지), 평정 또는 평온(사각지)이라는 7가지 깨달음의 요소를 말합니다.

수행을 하며 이 요소들을 경험하게 되더라도 있는 그대로 알아차려야 합니다. 깨달음의 요소가 있을 때는 있다고 알고, 깨달음의 요소가 일시적인 방심이나 게으름으로 없어졌을 때는 자기 마음속에 깨달음의 요소가 없다는 사실을 알아차립니다. 그러다 다시 생겨나면 다시 생겨난 줄 알고, 생겨난 것이 지속되고 강화되고 완성되면 완성된 줄 알아야 합니다.

이처럼 7가지 깨달음의 요소가 확고하게 자리 잡으면 사성제를 직접 체험하게 되어 지혜와 해탈의 길이 열립니다. 모든 것은 괴롭다는 사실을 직접 이해함으로써 고집멸도의 사성제가 완성되어 수행이 완성되는 것입니다.

지금까지 살펴본 신수심법, 즉 몸에 대한 마음챙김과 느낌에 대한 마음 챙김, 마음에 대한 마음챙김과 법에 대한 마음챙김은 따로 분리되는 것이 아니라 서로서로 연결되어 있습니다. 이해를 돕기 위해 하나하나 분리해 서 설명했지만, 실제로 우리 몸과 마음속에서는 이러한 4가지 현상들이 서 로 긴밀하게 연관된 채 일어납니다. 따라서 사념처 수행에서 어느 하나만 닦고 나머지를 안 닦는다는 것은 있을 수 없는 일입니다. 다시 말해, 몸을 다 관찰한 다음에 느낌을 관찰하는 것이 아니라는 뜻입니다.

가령 몸을 계속 관찰하다가 생각이 일어나면 생각을 관찰합니다. 그 생각 이 사라지면 다시 자기가 관찰하던 몸으로 돌아옵니다. 그러다 느낌이 일어 나면 또 다시 느낌을 관찰하고 느낌이 사라지면 다시 원래 관찰하던 몸으로 대상을 옮깁니다. 신, 수, 심, 법은 분리되어 있는 것이 아닙니다. 몸과 마음 은 분리된 것이 아니라 서로 조건지어가면서 생겨났다가 사라지지요. 따라 서 그때그때 가장 두드러진 현상을 있는 그대로 관찰해야 합니다.

마음챙김의 4가지 조건

첫째, 분명한 앎을 지니고 마음을 챙겨야 합니다. 일상적인 동작들을 하나하나 세세하 게 놓치지 않고 알아차리는 것을 말합니다. 둘째, 마음챙김이 없는 혼란한 사람들을 피해야 합니다. 셋째, 마음챙김을 지니는 사람과 가까이 해야 합니다. 마음이 혼란스 러운 사람과 가까이 하면 우리 자신도 혼란스러워지고 마음챙김을 잃어버릴 수 있으 므로, 마음챙김을 지닌 사람과 가까이 해야 합니다. 넷째, 마음챙김을 지니려고 노력해야 합니다. 마음챙김은 저절로 지속되지 않습니다. 끊어지지 않도록 부단히 노력을 기울여야만 마음챙김은 계속 이어집니다.

마음챙김, 열반의 보증수표

마음챙김의 핵심은 신, 수, 심, 법의 모든 현상들이 끊임없이 생겨났다 사라지는 것임을 있는 그대로 보는 데 있습니다. 신, 수, 심, 법은 있습니다. 우리가 경험하는 법들은 있습니다. 그런데 거기에 불변하는 실체란 없다는 말입니다. 수행을 열심히 하려는 마음이 일어나면 그 마음을 편의상 '나'라고 말해도 괜찮습니다. 그런데 '내가 수행을 한다', '내가 법을 얻었다'는 식으로 '나'가 따라다니면 큰 짐이 됩니다. '내가 괴롭다', '내가 수행력이 약해져서 괴롭다'는 마음을 자꾸 덧붙이면 실제로는 그 어디에서도 찾을 수 없는 '나' 때문에 문제가 생기기 마련입니다.

따라서 마음챙김 수행은 끊임없이 '나'라고 집착하는 잘못된 생각들을 덜어내는 작업입니다. 몸도 내가 아니고, 고통스런 느낌도 내가 아니고, 번뇌에 사로잡힌 마음 또한 내가 아니라는 사실을 바로 보는 것이지요. 모든 현상을 있는 그대로, 싫어하거나 좋아하는 마음 없이 그대로 보는 것입니다.

마음챙김 수행을 함으로써 얻을 수 있는 이익이란 궁극적으로 열반입니다. 아라한이 되는 것이지요. 아라한이 되면 10가지 번뇌가 없어집니다. 그중에서 마지막으로 없어지는 번뇌가 바로 무명, 어리석음입니다. 어리석음도 없어지고 아만심이란 번뇌도 없어지기 때문에 아라한이 되면 '나'라는 생각이 없습니다. 단지 아라한이 된 상태에서 얻을 수 있는 열반의 기뻠과 행복을 경험하면서 살아갈 뿐입니다. 또한 아라한은 번뇌를 모두 없애버렸기 때문에 다른 존재만을 위해 살아갑니다. 그렇기 때문에 다른 존재로부터 존경받고 공양을 받게 되지요.

부처님께서는 7년 혹은 7일 만에도 아라한이 될 수 있다고 말씀하셨습니다. 물론 7년 아니라 70년을 정진해도 아라한이 되지 못하는 경우가 많습니다. 그것은 자기가 닦았던 수행의 강도나 방법들과 연관이 있습니다. 또 전생부터 이어온 수행의 힘이 어느 정도인가에 따라 달라지기도 합니다.

우리가 아는 부처님의 큰 제자 가운데서도 짧은 기간 내에 아라한이 된 분들이 많습니다. 목갈라나 존자는 7일 만에, 사리풋타 존자는 보름 만에 아라한이 되었지요. 라훌라 존자는 9살에 출가해서 만 19세가 되었을 때 비구계를 받는데, 그 즈음에 아라한이 됩니다. 10년 동안 수행해서 아라한을 이룬 것입니다. 또 부처님의 마지막 제자로서, 부처님께서 입적하시는 날 출가한 수밧타라는 분이 있습니다. 이분은 고령에도 불구하고 오전에 부처님 법을 듣고 그 법대로 수행해서 그날로 아라한이 됩니다. 제대로 수행한다면 하루 만에라도 아라한이 될 수 있음을 알 수 있지요.

그래서 부처님께서는 7일간이라도 정말로 열심히 사념처를 닦는다면 2가지 결실 가운데 하나는 기대해도 좋다고 하셨습니다. 즉 이 생에서 아라한을 이루거나, 집착이 남아 있는 경우에는 불환의 아나함을 이루게 된다고 말씀하셨습니다. 일주일이라도 열심히 수행한다면, 자기가 쌓아온 공덕이 있을 때 아라한의 완전한 깨달음에 이를 수 있다는 것이지요.

따라서 진지한 태도로 열심히 수행하면 이러한 결과들이 있다는 것을 일단 믿어야 합니다. 그리고 일상생활에서나 집중 수행을 통해서나 지속적으로 마음을 챙겨야 합니다. 그래야만 아라한의 깨달음에 가까워질 수 있습니다.

9. 바른 마음집중

마음집중의 대상과 조건

부처님께서는 바른 마음집중에 대해 이렇게 말씀하십니다.

"바른 마음집중이란 무엇인가? 마음이 하나의 대상에 집중되어 있는 상태, 이것이 바른 마음집중이다."

보통 심일경성(心一境性)이라고 하지요. 마음이 하나의 대상에 몰입되어 있는 상태입니다. 이 대상에는 여러 가지가 있을 수 있습니다. 호흡도 그 대상이 될 수 있고 죽음도 하나의 대상이 될 수 있습니다.

하지만 마음집중이 모두 다 바른 것만은 아닙니다. 바르지 못한 마음집중도 있다는 말이지요. 잘못된 마음집중은 남을 해치거나 자기에게 도움이 안 되고, 열반에 도움이 되지 않는 의식 상태에 내재합니다. 이와 같은 잘못된 마음집중은 오직 감각적 욕망의 세계인 욕계에서만 있을 뿐, 더 높은 영역인 색계나 무색계에서는 존재하지 않습니다.

그러나 보통 경전에서 마음집중이라는 말이 단독으로 쓰이면 이는 바른 마음집중을 의미합니다. 바른 마음집중이란 열반에 도움이 되는 의식 상태에 내재한 정신적인 집중 상태를 뜻합니다. 마음집중의 근거로 4가지 마음챙김을 제시하는 경전이 있습니다.

"4가지 마음챙김, 이것이 마음집중의 근거(nimittā)이다. 4가지 바른 노력, 이것이 마음집중의 조건이다. 이러한 법들을 실행하고, 닦으며, 계발하는 것, 이것이 마음집중의 향상(bhāvanā)이다."[주35]

어떤 대상에 대한 마음챙김이 없다면 그 대상에 대한 마음집중은 일어나지 않습니다. 따라서 마음챙김의 대상인 몸, 느낌, 마음, 법이 바로 마음집중의 대상이 됩니다.

원래 사념처 수행은 지혜의 계발과 직결되기 때문에 위빠사나 수행의 바탕을 이룹니다. 그런데 여기서는 사념처가 마음집중, 즉 선정 수행의 대상으로 제시되었습니다. 이처럼 선정(사마타)과 지혜(위빠사나)로 대표되는 두 수행법의 대상이 동일하게 사념처로 제시되었음을 볼 때, 우리는 선정 수행과 지혜 수행의 공통 기반을 확인할 수 있습니다. 즉 4가지 마음챙김의 대상이 선정 수행의 대상이 되는 동시에 지혜 수행을 위한 대상이 된다는 점에서 이 2가지 수행법이 서로 깊은 관계가 있음을 알 수 있지요.

마음집중은 사마타 수행으로, 지(止) 수행이라고도 합니다. 이 수행을 하면 마음이 외적 대상이나 내적으로 일어나는 여러 가지 생각들에 의해서 산만해지지 않고 한곳에 집중되어 고요히 가라앉게 됩니다. 그처럼 고요하게 가라앉은 상태에서 본격적으로 우리의 몸과 마음을 대상으로 하는 관찰 수행, 즉 마음챙김에 바탕을 둔 관찰 수행을 하게 되는데 이것을 위빠사나 수행이라고 합니다. 위빠사나 수행은 지혜를 일궈내는 수행인 데 비해 사마타 수행은 마음을 집중시켜서 안정시키는 수행입니다.

사마타 수행의 목적은 하나의 대상에 깊은 마음집중을 하는 것, 즉 삼매(三昧)를 얻는 데 있습니다. 마음이 명상의 대상에 깊게 집중되어 있을 때 감각적인 욕망이나 탐욕, 분노나 아만심, 어리석음과 같은 번뇌들은 그 마음에서 멀리 떨어져나가게 됩니다. 일시적으로 멀어지게 됩니다. 그래서 마음은 일시적으로 모든 번뇌에서 벗어나 평온함과 고요함, 행복을 느낍니다.

하지만 이 마음집중 수행만으론 우리 마음과 몸의 진정한 본질을 깨달을 수 없습니다. 오직 마음챙김 수행, 위빠사나 수행을 통해서만 우리 몸과 마음이 끊임없이 변하고 괴로우며 무아라는 진정한 본질을 깨달을 수 있습니다. 마음챙김 수행으로써만 번뇌를 뿌리째 뽑아버릴 수 있습니다.

마음집중은 바른 사유와 바른 노력, 바른 마음챙김의 3가지 덕목을 동반합니다. 이 3가지가 마음집중의 조건이란 뜻이지요. 다시 말씀드리자면, 바른 사유란 감각적 욕망을 극복하는 생각, 남에게 해를 끼치지 않으려는 생각, 악의가 없는 생각입니다. 따라서 바른 마음집중을 이루기 위해서는 그와 같은 바른 사유를 해야 합니다. 또한 바른 마음집중은 노력 없이 일어나지 않습니다. 열심히 노력하는 수행자만이 마음집중을 이루게 됩니다. 노력하는 것은 물론 욕심을 일으키는 일입니다. 하지만 이 욕심은 좋지 않은 법들을 제거하는 욕심이기 때문에, 우리가 반드시 일으켜야 하는 법입니다.

지혜 수행과 선정 수행은 불가분의 관계

바른 마음집중은 근접삼매(近接三昧)와 본삼매(本三昧)의 2단계로 나뉩니다. 근접삼매는 초선에서 제8선까지 본삼매에 가까이 다가가는 삼매를 말하며, 본삼매는 색계사선과 무색계사선[주36] 자체를 말합니다. 다시 말해,

근접삼매란 초선 등의 본삼매에 접근해가는 마음집중을 말하며, 본삼매란 색계사선과 무색계사선의 선정으로 대표되는 마음집중을 말합니다.

이러한 선정은 욕계를 넘어서 있는 마음의 상태로, 감각적 세계에서 멀리 떨어져 마음집중 상태에 꾸준히 전념할 때만 경험할 수 있습니다. 이런 선정의 상태에서는 다섯 감각 기관의 활동이 모두 정지됩니다. 눈으로 보거나 귀로 들어서 생기는 그 어떤 느낌들도 선정의 상태에서는 생기지 않으며, 어떠한 육체적인 느낌도 생겨나지 않습니다. 하지만 이처럼 외적인 모든 감각적인 느낌이 없어졌다 하더라도 마음은 활동적이고 기민한 상태이며 충분히 깨어있습니다.

하지만 이런 선정에 도달하는 것이 수타원에서 아라한에 이르는 성인의 깨달음을 얻는 데 필수적인 요건은 아닙니다. 근접삼매와 본삼매는 성인의 깨달음에 이르도록 하는 힘이 결여되어 있습니다. 다시 말해, 삼매만 얻어서는 깨달음을 이룰 수 없다는 뜻입니다. 삼매를 바탕으로 지혜를 계발해야 합니다. 선정에는 번뇌나 괴로움에서 영원히 벗어나게 해주는 힘이 없습니다. 무상, 고, 무아를 통찰하는 깊은 지혜, 즉 위빠사나의 지혜가 있어야만 성인의 깨달음을 실현할 수 있습니다.

이런 통찰의 지혜는 근접삼매를 통해서만 얻을 수 있습니다. 본삼매에 완전히 들어서는 통찰의 지혜가 일어나지 않습니다. 본삼매로부터 나와서 본삼매에서 경험했던 내용을 무상, 고, 무아의 관점에서 통찰할 때, 깨달음이 실현될 수 있습니다.

본삼매를 경험하지 않고서 네 부류의 성인 가운데 하나라도 얻은 사람을 일컬어 건관행자(乾觀行者) 또는 순관행자(純觀行者)라고 합니다. 자신의 수행법으로 위빠사나만을 행한 사람이라는 뜻이지요. 이에 반해서, 선정 수행을 닦은 후에 네 부류의 성인 가운데 하나를 얻은 사람을 일러 지행자(止行者)라고 합니다. 선정을 의미하는 고요함, 즉 사마타를 행하는 자라는 의미입니다. 이처럼 수행의 길은 2가지로 나뉩니다. 법구경에는 다음과 같은 구절이 있습니다.

"지혜가 없는 자에게 선정은 없고, 선정이 없는 자에게 지혜란 없다. 선정과 지혜를 갖춘 자, 그에게 열반은 가까이 있다."(법구경 372게)

선정과 지혜의 두 수행법이 상호보완적인 작용을 하고 있다는 뜻입니다. 이렇게 볼 때, 선정 수행을 위주로 하는 수행법과 지혜 수행을 위주로 하는 수행법은 서로 뗄 수 없는 관계임을 알 수 있습니다.

위빠사나 수행을 하는 자에게는 사선으로 대표되는 본삼매가 아닌 초선에 가까이 접근하는 근접삼매가 지혜의 직접적인 조건으로서 선정의 역할을 합니다. 즉 색계의 사선을 경험하지 않더라도 근접삼매라는 선정이 지혜의 조건으로 작용한다는 의미입니다. 이처럼 위빠사나 수행에도 선정이 필요하며, 그 바탕이 되는 수행은 근접삼매입니다.

이때의 근접삼매는 찰나삼매라는 속성을 지닙니다. 찰나삼매란 순간적으로 마음이 집중되는 삼매입니다. 다시 말해, 우리가 마음챙김의 대상에 대해 순간순간 깨어있어서, 그 대상을 포착하고 대상에 집중할 수 있는 삼매를 뜻하지요. 찰나삼매가 중요한 이유는 그 힘에 의해서 5가지 덮개가 일시적으로 가라앉기 때문입니다. 찰나선정을 닦는 것을 바탕으로 마음챙김을 닦아나가고, 찰나선정이 이루어지는 것을 바탕으로 위빠사나가 진행됩니다.

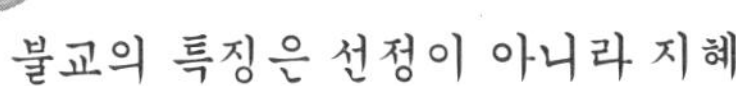

불교의 특징은 선정이 아니라 지혜

부처님께서 처음 출가한 후 만나게 된 두 스승은 무소유처와 비상비비상처를 완성하고는 그것이 최상의 경지라고 여겼습니다. 이처럼 색계선정이나 무색계선정에 대한 가르침과 수행법은 부처님 이전부터 있었습니다. 그것이 불교 안으로 들어와 오늘날과 같은 선정 수행법으로 자리 잡은 것이지요. 불교의 특징은 선정이 아니라 지혜입니다. 즉 마음챙김 수행을 통해 마음집중을 이루어 지혜를 일궈내는 것이지요. 그 지혜의 힘에 의해서 우리는 해탈을 얻게 됩니다.

첫 번째 선정

부처님께서는 초선에 대해 이렇게 말씀하십니다.

"비구들이여, 비구는 모든 감각적인 욕망을 떨어버리고, 모든 온전치 못한 법들을 떨쳐버리고 향하는 생각(尋, 일으킨 생각)과 머무는 생각(伺, 지속적 고찰)이 있고 (감각적인 욕망 등에서) 멀리 떠남으로써 생겨난 희열과 행복이 있는 첫 번째 마음집중을 성취하여 거기에 머문다."

미세한 물질의 세계에 속하는 마음집중의 첫 단계인 초선은 마음집중의 힘과 5가지 감각 기관의 일시적인 정지, 5가지 덮개의 일시적인 소멸에 의해서 얻어집니다. 선정에 들어가면 눈, 귀, 코, 혀, 몸이라는 5가지 감각 기관의 작용이 일시적으로 정지됩니다.

"벗들이여, 첫 번째 마음집중에는 (좋지 않은) 5가지 요소가 끊어지고, (좋은) 5가지 요소가 갖추어진다. 벗들이여, 여기에 첫 번째 마음집중에 도달한 비구에게는 감각적 욕망에의 희구가 끊어진다. 악의가 끊어진다. 혼침과 졸음이 끊어진다. 들뜨는 마음과 회한에 잠기는 마음이 끊어진다. 회의적인 의심이 끊어진다. 첫 번째 마음집중에 도달한 비구에게는 향하는 생각, 머무는 생각, 희열, 행복, 하나의 대상에 집중된 마음이 작용한다.”

초선에서는 5가지 덮개가 일시적으로 가라앉습니다. 그 다음에 5가지 선정의 구성요소가 갖추어지지요. 바로 대상에 향하는 생각, 대상에 머무는 생각,[주37] 희열, 행복, 하나의 대상에 집중된 마음입니다.

이 가운데 향하는 생각과 머무는 생각은 마음의 언어적인 작용으로 불립니다. 《청정도론》에 의하면, 향하는 생각은 꽃병을 잡는 행위에 비유되고, 머무는 생각은 잡은 꽃병을 닦는 행위에 비유됩니다. 또 꿀벌이 꽃을 향해 날아가는 것은 향하는 생각에 해당하고, 꽃 주위를 맴돌거나 꿀을 빨아먹는 행위는 머무는 생각에 해당합니다. 종을 치는 행위가 향하는 생각이라면, 종소리가 퍼져나가는 것은 머무는 생각이라 할 수 있겠지요.

이것은 실제 수행에서 언어의 도움을 받아 마음집중의 대상에 접근해가는 시도로, 위빠사나 수행을 할 때도 적극적으로 활용됩니다. 예컨대 배가 일어나면 ‘일어남’, 꺼질 때는 ‘사라짐’ 하는 식으로 명칭을 붙여가면서 마음을 챙긴다면 이는 향하는 생각의 작용이라고 할 수 있습니다. 향하는 생각이 잘 향상되면 머무는 생각만 남아 있는 상태가 됩니다. 언어로 일어나지 않더라도 대상에 마음이 머물러 있게 되는 상태가 이루어지는 것이지요. 수행의 대상에 마음이 완전히 몰입되면, 머무는 생각은 산만함이 없어지고 탐색하는 성질을 지니게 됩니다. 향하는 생각과 머무는 생각은 제2선이후로 완전히 없어집니다. 제2선에서는 더 이상 대상을 향하지 않고 대상에 머물지 않아도 선정의 대상이 저절로 떠오른다는 뜻입니다.

두 번째 선정

부처님께서는 말씀하십니다.

"비구들이여, 향하는 생각과 머무는 생각이 가라앉고, 마음의 청결함과 하나 된 상태인 향하는 생각이 없고 머무는 생각도 없는, 마음집중에서 생긴 희열과 행복이 있는 제2선을 성취하여 머문다."

제2선을 구성하는 요소는 희열과 행복 그리고 심일경성, 즉 하나의 대상에 잘 집중된 마음입니다. 초선에서 제2선으로 가게 되면 마음집중의 대상이 확고하게 자리 잡습니다. 더 이상 향하는 생각, 머무는 생각의 도움 없이도 확고하게 대상에 몰두하게 되지요.

초선에서 나타난 희열, 즉 기쁨은 오개가 끊어지고 감각적 욕망 등이 가라앉아 나타나는 기쁨이라고 한다면, 제2선에서 나타나는 희열은 초선을 바탕으로 일어나기 때문에 더 섬세하고 차원이 깊습니다. 행복도 초선에서 일어난 거친 행복에 비해 제2선에서 나타나는 행복은 섬세하고 안정된 것입니다.

세 번째 선정

부처님께서는 말씀하십니다.

"비구들이여, 희열을 버리고 평온에 머문다. 마음챙김과 분명한 앎을 지니고 몸으로 행복을 경험하면서, 성자들이 '평온함과 마음챙김을 지니고 행복에 머문다'고 한 제3선을 성취하여 머문다."

제3선에서는 우선 희열이 가라앉고 평온해집니다. 그리고 마음챙김과 분명한 앎이 드러납니다. 몸으로 행복을 경험합니다. 초선과 제2선을 거치며 심리적인 문제가 가라앉아 심리적인 행복을 느끼게 됨으로써, 제3선에서는 그 영향으로 육체적인 행복을 경험하게 되는 것이지요. 사실 초선에서부터 몸의 불편한 느낌이나 통증은 거의 느끼지 못합니다. 그러다 제3선에 이르러서는 몸에서 행복감이 느껴지는 상태로 발전하는 겁니다.

제3선의 단계에서 주의할 점은 몸으로 행복을 경험한다는 것과 평온 및 마음챙김을 지닌 채 행복에 머문다는 것입니다. 선정 수행을 닦기 전부터 마음챙김과 분명한 앎, 노력이 겸비되는데, 3선에서 그것이 분명히 드러나고 있습니다.

그리고 3선에서는 2선에서 경험했던 거친 기쁨이 가라앉습니다. 몸과 마음에서 일어나는 강한 희열은 거칠기 때문에 3선에서는 그런 느낌이 가라앉고 아주 깊은 잔잔한 행복감이 깃들게 됩니다. 3선에서의 행복감은 4선에서 가라앉게 됩니다. 행복감도 평온함보다는 거칠기 때문입니다.

네 번째 선정

부처님께서는 말씀하십니다.

"비구들이여, 비구는 행복을 떠나고 괴로움을 떠나고 그 이전에 이미 기쁨과 슬픔을 없애버린 불고불락인 그리고 평온에 의한 마음챙김의 청정함이 있는 (또는 평온과 마음챙김이 청정하게 된 : 捨念淸淨) 제4선을 성취하여 머문다."

제4선을 구성하는 요소는 평온과 심일경성입니다. 행복도 가라앉고, 정신적인 기쁨이나 괴로움, 슬픔도 가라앉고, 육체적인 괴로움이나 즐거움도 없어진 상태입니다. 그리고 평온에 의해서 마음챙김의 청정함이 있는 상태입니다. 행복이 가라앉으면 우리 마음은 평온함, 고요함, 평정심이 유지됩니다. 이 평정심에 의해서 마음챙김의 힘은 정화됩니다. 따라서 마음챙김이 가장 예민하고 바르게 정립되어 있는 상태가 제4선이라고 할 수 있습니다. 물론 마음챙김은 선정 체험이 있기 전부터 우리가 바탕에 두고 수행해왔던 덕목이지만, 제4선에 이르러 평온함을 경험하게 되면서 마음챙김이 완전히 청정하게 됩니다.

평온에 의한 마음챙김이 청정한 상태란 지극한 고요함과 평온함이 확립되어서 마음챙김이 청정해진 상태를 뜻하지요. 이때 마음챙김은 여러 가지 기능을 할 수 있는 요소를 갖추게 됩니다. 예컨대 이때의 마음챙김으로 자신의 전생에 대한 기억을 떠올린다면 숙명통이 열릴 수도 있고, 천안통으로 쓰면 천안통이 열릴 수도 있습니다. 또한 이때의 마음챙김을 바탕으로 위빠사나 수행을 하게 되면 무상, 고, 무아를 체험적으로 이해하는 위빠사나의 지혜가 생겨나기도 합니다.

제4선은 색계에서 경험할 수 있는 선정의 마지막 단계입니다. 색계, 즉 섬세한 물질로 이루어진 세계, 빛과 소리로 이루어진 세계에 속한 이 선정을 닦게 되면, 감각적인 욕망에 휘둘리지 않은 채 마음속에서 희열과 행복과 평온함을 충분히 경험하면서 현실에서 수행을 이어나갈 수 있게 됩니다.

초선부터 제4선까지 보았듯이, 수행을 하면 할수록 점점 깊어지고 더 행복해지며, 나중에는 행복조차 가라앉아 지극한 고요함과 평온함만 남습니다. 그러면서도 마음은 완전히 깨어있는 상태를 유지하지요. 선정만 닦는다 하더라도 그 선정 속에는 마음챙김과 분명한 앎을 갖추고 있고, 제4선에서는 마음챙김의 작용이 완전히 청정해진 상태가 됩니다. 따라서 선정에 들어 있는 상태란 고요히 가라앉은 것뿐만 아니라, 마음이 분명히 깨어 있는 상태를 포함하는 것이라고 이해할 수 있습니다.

마음집중 수행의 주제

《청정도론》에는 마음집중 수행의 주제를 40가지로 제시하며, 이 주제들을 제대로 닦으면 선정의 결과를 기대할 수 있다고 합니다. 그중 색계의 사선을 얻을 수 있는 수행법으로는 호흡에 대한 마음챙김, 10가지 카시나 수행, 사무량심 가운데 평온의 마음을 닦는 것 등이 있습니다. 카시나란 원판 같은 것을 만들어놓고 청, 황, 적, 백색의 4가지 색깔을 칠하거나, 지, 수, 화, 풍의 4가지 대상을 선정하거나, 허공이나 빛 같은 것을 통해 우리 마음을 가득 채우는 선정 방법을 말합니다. 또 4가지 거룩한 마음가짐, 즉 사무량심 가운데 평온의 마음을 닦으면 제4선까지 이를 수 있다고 합니다.

초선과 제2선, 제3선까지 도달할 수 있는 선정은 사무량심 가운데 자, 비, 희를 닦는 것입니다. 즉 자애 명상, 연민 명상, 더불어 기뻐함 명상을 닦으면 제3선까지 도달할 수 있다고 합니다.

초선까지 이르는 선정에는 10가지 부정관이 있습니다. 시체가 썩어가는 과정을 관찰하거나, 자기 몸의 32가지 부분에 대한 마음챙김을 닦는 것입니다. 자기 몸을 구성하는 머리카락, 피부, 골수, 소장, 대장 등의 구성요소를 생각하며 몸의 부정함을 닦는 수행을 하면 첫 번째 선정까지 도달할 수 있다고 합니다.

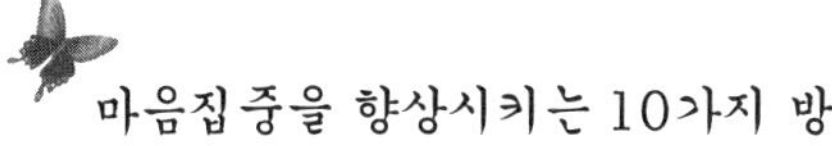

마음집중을 향상시키는 10가지 방법

첫째, 자신의 몸과 주위환경을 깨끗이 할 것. 둘째, 마음챙김을 바탕으로 정진과 마음집중이 조화를 이루고, 믿음과 지혜가 조화를 이룰 것. 셋째, 마음집중의 대상, 가령 마음속에 대상으로 자리 잡은 카시나를 익숙하게 할 것. 넷째, 침체된 마음을 택법과 정진과 기쁨으로 고무시켜서 깨워낼 것. 다섯째, 들뜬 마음은 평안과 마음집중과 평온으로 가라앉힐 것. 여섯째, 의기소침해진 마음은 부처님의 덕을 생각하며 밝힐 것. 일곱째, 수행이 균형을 유지하며 잘 지속될 때는 평온함을 생각하며 수행을 지속할 것. 여덟째, 마음이 집중되지 않는 이들을 멀리할 것. 아홉째, 마음이 잘 집중된 이들과 가까이 지내 마음집중을 이룰 것. 열째, 열심히 노력할 것.

선정을 통한 지혜의 완성

선정 수행은 더욱 행복해지고 평온해지는 방향으로 진행됩니다. 수행을 하면서 몸소 체험하게 되면 수행의 단계에서 경험하는 행복이란 무엇인지, 기쁨이란 무엇인지, 평온함이란 무엇인지 이해하게 됩니다.

그러나 선정을 통해 기쁨과 행복과 마음의 평온함을 얻었다 하더라도 그것에 머물면 안 됩니다. 선정 체험은 우리의 번뇌를 일시적으로 눌러놓습니다. 번뇌를 끊어버리는 힘이 선정에는 없습니다. 선정의 힘에 의해서 우리 마음속에서 일어나는 탐욕이나 번뇌나 어리석음이 일시적으로 가라앉는 것뿐입니다. 선정의 힘이 약해지면 번뇌들이 다시 들고 일어나서 우리마음을 정복해버리기 때문에, 선정으로 잘 닦여진 마음을 가지고 지혜를 일궈내야만 합니다. 그러니 실제로 수행을 하다 기쁨이나 행복, 평온함을 맛보았다 하더라도, 마음이 하나에 잘 집중되었다 하더라도 그것은 단지 선정 체험의 결과라고 이해한 후 계속해서 나아가야 합니다.

선정에서 얻는 희열, 행복, 평온함은 우리의 삶을 안정시켜주고 편안하게 해주는 일종의 오아시스와 같은 경험입니다. 오아시스는 거쳐서 지나가야 할 곳이지 머물러 있을 곳은 못 됩니다. 부처님 당시에도 사선이 최선의 행복이자 열반이라고 주장하는 사람들이 있었습니다. 하지만 부처님께서는 선정의 즐거움에 집착하지 말라고 하셨습니다. 즐거움을 느끼되 즐거움을 놓고 계속 수행해나가라고 하셨습니다.

마음집중과 관련해 또 하나 중요한 점은 선정과 지혜, 즉 사마타와 위빠사나는 대치되는 수행법이 아니라는 것입니다. 서로 상보적인 수행법으로, 하나를 갖추기 위해서는 다른 하나도 갖추어야 한다는 점을 다시 한 번 말씀드립니다. 선정 수행을 바탕으로 해서 안정된 마음을 가지고 지혜 수행으로 나아간다고 생각해야 합니다. 그렇다면 더욱이 선정에서 얻게 되는 기쁨이나 행복감, 평온에 안주할 수 없겠지요. 선정에서 체험된 심리적 상태들이 끊임없이 변하고 불안정하며 나라고 할 만한 것이 없다는 3가지 특징을 관찰하는 위빠사나 수행으로 전개해야 합니다.

마음이 잘 집중되어야만 우리 몸과 마음을 구성하는 오온의 생멸을 있는 그대로 알 수 있습니다. 실제로 오온을 관찰하는 수행은 마지막 종착지에 이를 때까지 계속 진행됩니다. 종착지란 다름 아닌 아라한의 깨달음을 말하지요. 여러 경전들은, 아라한의 깨달음에 이를 때까지 궁극적인 관찰의 대상은 오온을 떠나 있지 않다는 것을 말합니다.

불교 수행은 자기를 알아가는 과정입니다. 이때 자기란 고정된 실체가 아니라 '나'라고 생각하는 몸과 마음입니다. 불교를 배우는 것은 자기를 배우는 것이라는 말이 있습니다. 부처님의 가르침을 배우는 것 역시 내 몸과 마음이 지금 어떤 상태에 있는가, 내 몸과 마음이 어떻게 일어나고 사라지는가를 있는 그대로 보는 것입니다. 이것이 바로 수행입니다. 수행의 다른 주제란 없습니다.

따라서 사선을 성취하든 무색계정을 성취하든, 그 선정의 힘에 의해서 마음이 안정되면 우리의 몸과 마음을 관찰하는 수행, 있는 그대로 보는 수행, 있는 그대로 무상, 고, 무아임을 보는 수행을 할 수 있습니다. 이것이 바로 선정을 통한 지혜의 완성입니다.

10. 팔정도를 닦는 방법

바른 사유

이제까지 살펴본 팔정도를 경전을 통해 정리해보겠습니다. 그 과정을 통해 팔정도를 어떻게 닦아야 하는지도 살펴보겠습니다. 부처님께서는 말씀하십니다.

"비구들이여, 부처님의 삶을 본 부자나 그 아들이나 다른 가계 출신의 여러 사람들이 부처님의 이 법을 듣는다. 그들은 여기 이 법을 듣고 부처님께 신심을 가지게 된다. 그들이 이런 신심을 가졌을 때 다음과 같이 생각한다. '세속에서의 삶은 번잡하며 번뇌의 먼지투성이이다. 하지만 출가는 탁 트인 공간이다. 세속에 살면서 완전하게 갖추어진 완전하게 청정한 고귀한 삶을 산다는 것은 쉽지 않다. 이제 나는 머리와 수염을 깎고 가사를 걸치고 집에서 나와서 집 없는 출가를 하자'라고."

사람들은 부처님을 보고 부처님의 법을 듣게 되어 출가를 결심하는 좋은 생각을 일으킵니다. 바른 출가를 통해서만 불교의 길을 온전하게 나아갈 수 있다는 뜻이지요. 그렇다고 재가자들은 불교의 길을 나아갈 수 없다는 말은 아닙니다. 물론 세속에서 청정한 삶을 살기란 쉽지 않습니다. 인연이 되어 출가를 하면 가장 좋겠지만, 그럴 수 없다면 재가자로 부처님의 말씀에 따라 살아갈 수 있도록 여건을 만들면 됩니다.

부처님의 가르침을 직접 듣고 부처님에 대한 믿음을 일으켜 출가를 결심한 제자들이 많이 있습니다. 그런 후 자신의 재산을 버리고 친척을 떠나서, 머리와 수염을 깎고 가사를 걸친 후 집을 나섭니다. 이것이 출가이지요. 신심을 내어 바른 사유를 지니고서 욕망을 멀리하는 생활, 그리고 궁극적으로 청정한 삶을 완성하기 위해 출가생활에 들어갑니다.

바른 행위

그런 다음에는 계를 지킵니다. 계를 지키는 것은 바른 언어, 바른 행위, 바른 생계를 갖추는 생활을 하는 것입니다. 출가수행자들이 익혀야 하는 생활 규정을 잘 지키고, 살생을 하지 않으며, 폭력을 쓰지 않습니다. 부끄러워하는 마음을 지니고, 괴로워하는 중생에게 연민의 마음을 품으며, 모든 생명 있는 존재에 대해서 자비의 마음을 지닙니다. 이것이 바로 불살생의 진정한 의미입니다. 단지 죽이지 않는 것뿐 아니라 생명 있는 존재에 대해서 자애와 연민의 마음을 품는 것입니다.

그 다음에 주지 않은 것을 취하지 않고, 주어질 때까지 기다려 주는 것만 받으며, 청정한 마음으로 보시한 시주물에 의지해 살아갑니다. 또한 음욕을 버리고, 멀리 떨어져 금욕적인 생활을 합니다. 재가자라면 잘못된 음행을 하지 않습니다.

바른 언어

출가수행자는 바른 언어를 실천합니다. 거짓말을 하지 않고, 진실을 말하며, 신뢰를 지녀 세상 사람들을 속이지 않습니다. 이간질하기 위해 이 사람에게서 들은 말을 저 사람에게 옮기지 않으며, 저 사람에게서 들은 말을 이 사람에게 옮기지 않습니다. 서로 사이가 벌어진 사람들을 다시 화해시키며 화합을 도모하는 말을 합니다. 그리고 거친 욕설을 버리고, 부드럽고 즐거우며 마음에 와 닿는 사랑스러운 말, 예의 바른 말을 합니다. 많은 사람들이 원하며 많은 사람들이 공감하는 말을 합니다. 그리고 꾸미는 말을 하지 않고, 사실을 말하며, 의미 있는 말을 합니다. 법(法)을 말하며 율(律)을 말합니다. 기억할 가치가 있는 말, 근거가 있는 말, 적절하고 유익한 말을 합니다.

사실 일상에서 늘 바른 언어를 쓴다는 것은 쉬운 일이 아닙니다. 하지만 부처님에 대한 신심으로 출가한 제자들은 이런 계율을 충실히 지키고 살아야 합니다. 물론 재가자들도 부처님의 제자이므로 바른 언어를 쓰도록 노력해야 하지요. 비록 모두 다 지키지는 못하더라도, 자기가 잘못됐다는 점을 잘 인식하고 바른 언어를 쓰려고 노력하면 나날이 향상될 수 있습니다.

 괴로움의 소멸에 이르는 길에 대한 고귀한 진리, 고멸도성제

바른 생계

바른 행위와 바른 언어 다음에 출가자가 지켜야 할 것이 바른 생계입니다. 부처님의 제자들은 나무를 자르거나 풀을 뽑는 일을 하지 않습니다. 하루 한 번이나 두 번 오전에 식사를 하며, 정오를 지나서는 식사를 삼갑니다. 노래하고 춤추고 음악을 듣고 연극 등을 보는 일을 하지 않습니다. 꽃다발을 지니고 향수를 바르고 연분을 사용하여 꾸미는 등 몸을 장식하는 일을 하지 않습니다. 높고 큰 침상을 사용하지 않으며, 금과 은을 받아 지니지 않습니다. 익히지 않은 곡식이나 익히지 않은 육류를 받지 않습니다. 여인이나 소녀, 남자 노예나 여자 노예를 받지 않습니다. 염소나 양, 닭이나 돼지, 코끼리, 소, 말을 받지 않습니다. 논밭이나 토지를 받지 않습니다. 정치적인 목적으로 다른 나라에 파견되는 임무를 맡지 않습니다. 사거나 파는 상거래를 하지 않습니다. 사기나 속임수, 횡령이나 농간 등을 하지 않습니다. 상처를 입히고 때리고 묶고 약탈하고 빼앗고 폭행하는 일을 하지 않습니다. 삼의(하의, 상의, 대가사)로 몸을 가리는 것에 만족하고, 집집마다 밥을 비는 것으로 허기를 채웁니다.

바른 노력

출가수행자는 감각 기관을 제어해야 합니다. 이것은 팔정도의 바른 노력에 해당하지요. 출가수행자는 어떤 사람, 특히 이성을 볼 때 전체적인 윤곽이나 세부적인 모습에 집착하지 않습니다. 전체적인 윤곽으로 '저 사람은 남자다', '저 사람은 여자다'라며 분별해서 보지 않습니다. 또 하나하나 뜯어보면서 '입술이 예쁘게 생겼네', '화장을 잘했군' 하며 분별하지 않습니다. 그렇기에 대상에 대한 탐욕이나 싫어하는 마음이 일어나지 않습니다. 만일 눈을 제어하지 않은 상태로 대상을 본다면 그 대상에 탐착하거나 싫어하는 등의 좋지 않은 마음상태가 생겨나게 됩니다. 하지만 출가수행자에게는 감각 기관을 제어하는 마음챙김이 있으므로 눈의 감각 기관을 잘 보호하며 제어합니다.

마음챙김의 핵심적인 기능은 감각 기관을 잘 보호해준다는 것입니다. 마음에 탐욕과 분노라는 번뇌가 일어나는 것을 차단시켜줍니다. 출가수행자는 마찬가지로 귀로 소리를 들을 때나 코로 냄새를 맡을 때, 혀로 맛을 볼 때, 몸으로 감촉을 느낄 때, 마음으로 마음의 현상에 대해서 인식할 때도 전체적인 윤곽이나 세부적인 모습에 집착해서 대상을 파악하는 일이 없습니다. 감각 기관을 잘 제어하면 마음이 안정되고 행복을 느낄 수 있습니다.

바른 마음챙김

출가수행자가 감각 기관을 잘 제어하면 올바른 마음챙김과 분명한 앎을 갖추게 됩니다. 바로 팔정도의 일곱 번째 덕목인 바른 마음챙김을 갖추게 된다는 뜻입니다. 앞으로 나아갈 때나 돌아설 때도 분명한 앎을 지니며, 앞을 볼 때나 뒤를 볼 때도 분명한 앎을 지닙니다. 팔다리를 굽히거나 펼때도 분명한 앎을 지니며, 탁발을 하기 위해서 승복을 입고 발우를 들 때도 분명한 앎을 지닙니다. 먹고 마시고 씻고 맛볼 때도 분명한 앎을 지니며, 대소변을 볼 때도 분명한 앎을 지닙니다. 가고 서고 앉아있을 때도, 잠자리에 들고 잠에서 깨어날 때도, 말하거나 침묵을 지킬 때도 분명한 앎을 지님니다. 분명한 앎을 지니기 위해서는 마음챙김이 필수적입니다. 마음챙김과 분명한 앎은 함께 쌍을 이루어서 갖추어야 하는 덕목입니다. 이처럼 제대로 된 마음챙김을 하게 되면 올바른 마음집중이 이루어지게 됩니다.

바른 마음집중

출가수행자는 감각 기관의 제어와 올바른 마음챙김과 분명한 앎을 잘 갖추고 인적이 드문 조용한 곳, 다시 말해 나무 아래나 산속의 협곡, 산속의 바위굴, 묘지, 나무가 울창한 숲, 노지, 짚단을 쌓아놓은 곳처럼 사람들의 왕래가 드문 곳에서 지냅니다. 수행하기에 좋은 환경을 찾아가서 지낸다는 뜻이지요. 탁발을 한 후 돌아와서는 오전 중에 음식을 먹고, 가부좌를 튼 채 자신의 마음챙김을 단단히 하고 앉습니다. 수행 주제에 대해 분명히 파악하고 나서 선정 수행에 들어간다는 말입니다.

그런 후 출가수행자는 세간사에 대한 탐욕을 극복하게 됩니다. 또 세간사에 대해서 성냄을 버리고, 생명 있는 존재들에 대하여 사랑과 자애와 연민의 마음을 지니며, 성냄으로부터 자신의 마음을 맑게 합니다. 그리고 5가지 덮개 가운데 혼침과 졸음을 극복합니다.

5가지 덮개를 극복하는 과정은 다음과 같습니다. 광명상(光明想) 수행, 즉 빛을 생각하면서 마음이 혼미해지고 잠에 빠지는 것을 극복하는 수행을 합니다. 눈을 감은 채 빛을 떠올리면서 마음속에 불을 밝히는 수행법이라고 이해하시면 됩니다. 그처럼 광명상을 지니고, 마음챙김과 분명한 앎을 지니고, 혼침과 졸음으로부터 자신의 마음을 맑게 합니다. 마음챙김이 강해지면 졸음도 알아차릴 수 있게 되고, 졸음을 알아차리게 되면 아무리 밥을 많이 먹고 피곤해도 졸음에 떨어지지 않습니다. 그런 다음에 들뜸과 우울함을 극복합니다. 여기서 들뜸이란 마음이 들떠서 산만하고 망상에 휘말리는 것을 말합니다. 그런 들뜸 및 우울함으로부터 자신의 마음을 맑게 합니다. 그 다음에 오개의 다섯 번째인 회의적인 의심을 극복합니다. 열반에 이르게 하는 좋은 법에 대해서 의심하는 마음 없이 지낸다는 뜻이지요. 불법승 삼보에 대해서, 계율에 대해서, 열반에 이르는 수행법에 대해서 의심하는 마음이 없이 지냅니다. 회의적인 의심은 수행이 잘되지 않거나 잘못된 견해를 갖고 있을 때, 부처님과 부처님의 법과 스님들, 그리고 자기가 지켜야 하는 계율과 선정과 수행법에 대해서 의혹을 품는 것입니다. 처음에는 어느 정도 의심이 있을 수 있습니다. 하지만 수행이 제대로 진척되면 이런 회의는 사라집니다. 회의적인 의심으로부터 자신의 마음을 맑게 해서 5가지 덮개를 가라앉히게 됩니다.

이렇게 해서 첫 번째 마음집중에 이르게 됩니다. 그런 후 향하는 생각과 머무는 생각이 없는 마음집중에서 생긴 희열과 행복이 있는 두 번째 선정을 성취합니다. 그런 후 마음챙김과 분명한 앎을 지닌 채 몸으로 행복을 경험하면서 평온함에 머뭅니다. 제3선을 성취한 것이지요. 그런 후 행복도 괴로움도 떠나 평온에 의해 마음챙김이 청정한 제4선을 성취하여 머뭅니다.

졸음을 물리치는 방법

다음은 졸음(침체된 마음)을 극복하는 방법에 대해 부처님께서 설하신 내용입니다.

"졸리면 눈을 떠라. 눈을 떠서 빛을 봐라. 눈을 뜰 수 없거나 어두우면 광명상을 하라

(환한 태양빛을 생각하거나 달빛을 생각하거나 촛불을 보며 마음속에 불을 켜라). 그래도 졸리면 귓불을 잡아당겨라. 그래도 졸리면 사지를 주물러라. 그래도 졸리면 일어나 걸어라. 그래도 졸리면 밖에 나가서 걸어라. 그래도 졸리면 세수를 하라. 그래도 졸리면 시간을 정해놓고 조금 자라." 목갈라나 존자는 수행을 하다 일주일 만에 아라한이 되시지요. 그런데 6일째 되던 날 선정 수행을 하다가 깜빡 졸고 말았습니다. 그러자 부처님께서 목갈라나 존자에게 위와 같은 말씀을 해주셨다고 합니다.

바른 이해

마지막으로 바른 이해가 생겨납니다. 바른 이해인 정견은 위빠사나라고 이해할 수 있습니다. 있는 그대로 무상, 고, 무아를 보는 지혜를 말하지요. 그처럼 모든 것을 무상, 고, 무아라고 봄으로써 모든 번뇌의 소멸을 이루게 됩니다. 바른 이해가 생겨서 우리의 몸과 마음이 무상, 고, 무아라는 사실을 깨닫게 되면 열반을 향하게 되고 열반을 통해서 바른 이해가 생긴다는 의미입니다.

이처럼 마음은 감각적인 욕망의 번뇌로부터 자유로워지고, 존재하고자 하는 번뇌로부터 자유로워지고, 어리석음의 번뇌로부터 자유로워집니다. 그래서 흔들리지 않는 마음의 자유(해탈)를 체험하지요. 바로 아라한의 체험입니다. 이처럼 팔정도의 궁극적 목적은 열반을 이루는 것입니다.

아라한이 되면 두려움이 없고 욕망이 없습니다. 우리는 보통 무언가에 집착하거나 집착한 것이 이루어지지 않아서, 혹은 죽은 후에 어떻게 될지 몰라서 두려워합니다. 그러나 아라한이 되면 무지를 모두 제거했기 때문에 생로병사의 두려움에서 완전히 벗어나게 됩니다. 아라한이나 부처님께는 '죽음'이라는 표현이 적절하지 않습니다. 부처님께서는 죽음 후의 상태에 대한 질문에 침묵을 지키셨지요. 죽음은 번뇌가 있는 존재들에게, 아직 열반을 체험하지 못한 존재들에게만 해당되는 현상입니다. 이처럼 아라한이 되면 보통 사람과 같은 의미의 죽음은 경험하지 않습니다. 단지 과거의 업에 의해 생겨난 마지막 오온이 다하면 불이 꺼지듯 사라지고 말 뿐입니다.

11. 흔들리지 않는 마음의 자유를 위해

부처님께서는 말씀하십니다.

"비구들이여, 청정한 범행의 목적은 재물, 명예, 명성을 얻는 것이 아니며, 계와 정과 혜를 얻는 것도 아니다. 비구들이여, 흔들림 없는 마음의 자유가 청정한 범행의 목적이며 핵심이며 궁극의 도달점이다."

이 말씀을 잘 이해해야 합니다. 수행을 하고 불교를 배우는 목표가 재물이나 명예, 명성을 얻기 위한 것이어서는 당연히 안 되겠지요. 그렇다고 계정혜 삼학을 목표로 하는 것도 아닙니다. 삼학마저도 모두 수단일 뿐입니다. 완전한 마음의 자유, 흔들림 없는 마음의 자유를 얻기 위한 중간 지점일 뿐 목적지가 아닙니다.

흔들림이 없는 마음의 자유는 궁극적인 열반에 도달한 상태이자, 부처님 가르침의 궁극적인 목적입니다. 석가모니 부처님께서는, 과거의 부처님도 미래의 부처님도 그 가르침의 목적은 바로 흔들림 없는 마음의 자유,

부동의 심해탈이라고 말씀하셨습니다. 그래서 선정 체험을 하든 위빠사나 수행을 하든, 그 과정에서 어느 정도 행복을 맛보더라도 부동의 심해탈을 얻을 때까지 열심히 정진해야 합니다.

이제 우리에게 남은 일은 분명해졌습니다. 부처님께서 제시하신 법과 율을 스승 삼아 부동의 심해탈을 얻을 때까지 부단히 노력하는 것입니다. 부처님께서 마지막으로 남긴 말씀을 통해서도 알 수 있듯이 법과 우리 자신을 피난처로 삼아 꾸준히 실천해야 합니다. 법에 의해서 잘 길들여지고 극복된 자기 자신이야말로 진정한 의지처이자 피난처임을 잊지 마십시오. 모두들 열심히 부처님 법을 배워 실천함으로써 법의 맛, 자유의 맛, 해탈의 맛을 느껴보시기 바랍니다.

주석

1) 자세한 내용은 《精選 지눌》, 해주 스님 역, 한국전통사상서 간행위원회, 2009, p. 77의
   각주3 참조.

2) '지혜(智慧, 般若)는 유익한 마음(善心)과 연결된 위빠사나의 앎이다(kusalacitta-
   sampayuttam vipassanā-ñaṇaṃ paññā).' 대림 스님 역, 《청정도론》 2권, p. 402 참조.

3) 열반(고요함)에 대한 반복적인 마음챙김(寂止隨念, upasamānussati)에 대해서는 대림
   스님 역, 《청정도론》 2권, pp. 131~134 참조.

4) 작은 수레, 열등한 수레라는 의미의 히나야나(hinayāna)의 번역어로, 대승(大乘, ma-
   hāyāna)불교 운동가들이 전통적인 부파 승단을 폄하해 부른 용어. 역사적으로 보자면
   '설일체유부, 경량부, 독자부, 남방상좌부' 등으로 표현해야 옳다. 인도에서 12세기경 이
   슬람의 침입으로 불교가 사라질 때까지 인도불교의 주류를 형성한 승단은 부파불교였
   다. 이는 7세기에 인도에서 18년간 유학한 현장삼장의 《대당서역기》 등의 기록을 통해
   서도 확인할 수 있다.

5) 화두를 통해 삼매에 이르고 그것을 타파하여 조작과 시비, 분별 작용을 송두리째 뽑아
   내어 청정한 나의 본래모습을 확인하는 수행. 조계종 포교연구실 편, 《간화선 입문》, 조
   계종출판사, 2006, p. 48 참조.

6) '이 마음은 빛났으나, 외부에서 온 더러움으로 더럽혀졌다(pabhassaram idaṃ
   bhikkhave cittaṃ tañ ca kho āgantukehi upakkilesehi vippamuttaṃ), AN I, 10.

7) U Silananda Sayadaw, 《걷기 수행의 이익(The Benefits of Walking Meditation)》,
   http://web.ukonline.co.uk/buddhism/silanan3.htm 참조. 우리말 번역으로는 《행선
   의 효험》(우철환 역, 고요한소리, 1995)이라고 출간되었다. http://calmvoice.org '보리
   수잎 시리즈 마흔' 참조.

8) 《구도의 마음, 자유―칼라마경―(부처님께서 자유로운 탐구를 권하신 헌장)》, 고요한소

리, 법륜시리즈 둘 참조. http://calmvoice.org.

9) AN I, 135; 《앙굿따라 니까야》 3.33(대림 스님 역, 1권, p. 361).

10) AN IV, 183; 《앙굿따라 니까야》 8.12(대림 스님 역, 5권, pp. 106~107).

11) MN I, 433~434; 맛지마 니까야 64경 〈말룽키야뿟따대경〉.

12) MN I, 7; 맛지마 니까야 2경 〈일체번뇌경〉.

13) 베살리의 욱가 장자 이야기는 앙굿따라 니까야 8법품 21경(AN iv, pp. 208ff)에 실려 있다(번역은 대림 스님 역, 《앙굿따라 니까야》(초기불전연구원, 2007) 5권, p. 141 참조). 욱가 장자는 마음에 흡족한 공양을 올리는 자 가운데 제일이며, 베풀고 보시에 대한 대가를 바라지 않고, 임종 후 마음(선정)으로 이루어진 몸을 받아 정거천상에서 아라한이 된 후 천자의 모습으로 붓다에게 나타나 대화를 나누기도 하였다. AN 1법; 14경, 5법 44경(대림 스님 역, 《앙굿따라 니까야》 3권, p. 135) 참조.

14) 'yaṃ kiñci samudayadhammaṃ sabban taṃ nirodhadhamman.' AN iv, 210; SN v, 423.

15) 연기법송을 이해한 법의 눈은 예류과를 얻었음을 의미하는데, 일체 성행위를 하지 않는 계(戒)인 청정 범행(brahmacarin)계가 확고해지는 것은 불환과에서 가능한 일이다. 불환과의 특징인 오하분결을 끊었다는 이야기는 8번째 항목으로 제시되므로, 욱가 장자는 불환과를 얻었다고 할 수 있다.

16) 잭 콘필드 저, 《위빠사나 열두 선사》, 불광출판사 참조(영문 전기는 www.scribd.com/ Biography-of-Sunlun-Sayadaw-1/d/25619807 참조).

17) MN I, 138; 맛지마 니까야 22경 〈뱀의 비유경〉.

18) DN II, 66~67; 디가 니까야 15경 〈대인연경〉(각묵 스님 역, 《디가 니까야》 2권, pp. 145~146).

19) 크리스토퍼 거머 등 편저, 김재성 역, 《마음챙김과 심리치료》, 무우수, 2009, p. 36.

20) MN III, 282~283.

21) DN I, 201; 디가 니카야 9경 〈포타파다경〉.

22) SN II, 96; 상윳타 니카야 12.62(각묵 스님 역, 《상윳따 니까야》 2권, p. 296).

23) 전재성 역, 《숫타니파타》, 한국빠알리성전협회, 2004, p. 507.

24) SN III, 68; 상윳타 니카야 22.59. 이 경전은 〈무아상경(無我相經)〉이라고도 한다(각묵 스님 역, 《상윳따 니까야》 3권, p. 238).

25) Vism, 513; 대림 스님 역, 《청정도론》 2권, p. 576.

26) DN II, 55; 대림 스님 역, 《디가 니까야》 2권, p. 115.

27) Vism, 603.

28) SN II, 82; 상윳타 니까야 7.51(각묵 스님 역, 2권, p. 271).

29) SN II, 1~2; 상윳타 니카야 12.1(각묵 스님역, 2권 pp. 87~91).

30) 《Discourse on PAṬICCASAMUPPĀDA By Mahasi Sayadaw》.

31) MN III, 71; 맛지마 니카야 117경 〈사십대경〉.

32) SN V, 168; 상윳타 니카야 47.19(각묵 스님 역, 5권, pp. 495~498).

33) 벤슨 박사의 이 실험은 《과학명상법》(허버트 벤슨 · 윌리엄 프록터 공저, 장현갑 외 역, 학지사, 2003)에 자세히 소개되어 있다.

34) 비구 보디 저, 전병제 역, 《팔정도》, 고요한소리, 2009, p. 128.

35) MN I, 301; 맛지마 니카야 44경 〈유명소경(有明小經)〉.

36) 색계사선과 무색계사선에 대해서는 이 책 1권, p. 21 참조.

37) 대상에 향하는 생각과 머무는 생각에 대해서는 이 책 1권, pp. 256~258 참조.

찾아보기

가리 왕 186

간화선 41

갈망 12, 18, 88, 94, 97, 104, 134, 148, 174

갈애를 없애기 위한 갈애 48

감각적 욕망에 대한 탐착심 241

감각적 쾌락에 대한 욕망 99, 102, 106

감각적인 욕망의 번뇌 266

감흥어 20

거친 번뇌 94, 157, 165, 168

건강이 가장 큰 이익이고 만족은 가장 큰
재산이다 38

건관행자 249

걷기 수행(徑行) 55, 219

결과주의 202

경안각지 211, 242

계 62

계금취견 101, 112, 116, 241

계율 101, 164, 202

계정혜 삼학 42, 62, 168

계학 182

〈고경〉 18

고리대금업 200

고멸도성제 47

고멸성제 12

고정불변의 실체 108, 163

고행주의 12, 49, 83

공덕 23, 31, 113, 117, 156, 166, 190

공자 93

과거칠불 58

과정(果定) 120

관자재보살 163

광명상 264

괴로움으로부터의 해탈 15

괴로움의 끝 20

괴로움의 무더기 17

괴로움의 소멸에 대한 고귀한 진리 12

괴로움의 최초 원인 95

구마라집 법사 179

궁극의 행복 118

궁극적인 마음의 자유와 해탈 167

권수정혜결사문 13

귀신굴 64

그물 44

근본번뇌 39, 85, 89, 95, 165, 171

근접삼매 248

《금강경》 179, 186

금기사항 102

금연 92

기독교와 불교의 차이 96

깨달음의 흐름에 들어선 사람 58

남방불교 43, 76, 115

남을 보호 173

냐나틸로카 스님 21

너 자신을 알라 93

노력 48

노력과 마음집중의 조화 215

느낌 14, 17, 34, 127, 134, 153

느낌에 대한 마음챙김 225

다섯 비구 125

5가지 덮개 52, 235, 264

5가지 마음의 기능 215

5가지 무더기 19, 78, 238

5가지 무더기가 완전히 소멸한 열반 22

다음 생의 행복 118

단두 98

단멸론 19, 83

단멸론자 98

달마 스님 79

대나무 곡예사 172

〈대념처경〉 12, 132, 161, 170, 213

대승경전 40, 84, 179

대승불교 13, 39, 175, 238

《대지도론》 179

델리 214

독화살의 비유 85

동기주의 202

두 번째 선정 253

들뜸 52, 104, 106, 118, 236

들뜸과 우울함 265

디가 니카야 34, 136, 161, 199

디파 마 116

땅에서 넘어진 자 땅을 짚고 일어난다. 땅을
여의고 일어나기를 구하는 것은 옳지 않다 13

뗏목 44

뚜모 수행 187

마르틴 하이데거 139

마음에 대한 마음챙김 228

마음에 속해 있는 것 230

마음이 도달할 수도 없고(心行處滅) 언어로
도 접근할 수 없는(言語道斷) 상태 21

마음집중 63, 166, 208, 212, 221, 246

마음집중 수행의 주제 256

마음집중을 향상시키는 10가지 방법 257

마음집중의 근거 247

마음챙김 161, 173, 211

마음챙김 수행 132

마음챙김 수행의 세 요소 132

마음챙김에서 명칭을 붙이는 이유 228

마음챙김의 4가지 조건 243

마하시 스님 154, 219

막행막식 198

말 한마디에 천 냥 빚을 갚는다 192

말룽키야풋타 80

맛지마 니카야 52, 94, 110, 134, 144, 156, 158, 186, 199

머무는 생각(지속적 고찰) 14, 251

먼 시간을 기다리지 않는 것 32

메다카타리카 172

명칭 252

모든 윤회의 뿌리 27

몸에 대한 마음챙김 216

몸에 대해 싫어하는 마음을 일으키는 수행 221

묘지에서 시체를 관찰하는 9가지 수행 224

무루 158

무명 94

무상 124

무상, 고, 무아 15, 74, 77, 163

무상, 고, 무아라는 보편적인 특징 16

무색계 104, 149, 166

무색계에 대한 욕망 104, 118

《무소유》 89

무소유처 166

무아 108, 140, 143

무여의열반 22

무외시 91

무위법 32, 75

무지 93

무지의 소진 38

물질이 없는 순수 정신의 세계(無色界) 17

미세한 번뇌 165

미얀마 40, 58, 116, 119, 155, 194

믿음과 지혜의 조화 215

믿음으로 수타원이 되는 길(隨信行) 113

바라밀행 23, 31

바라이죄 98

《바로 이번 생에》 115

바르지 못한 생계 199

바른 노력 62, 161, 205, 262

바른 마음집중 63, 246, 264

바른 마음챙김 62, 161, 263

바른 사유 61, 170, 259

바른 생계 62, 198, 262

바른 언어 62, 182, 261

바른 이해 61, 161, 266

바른 행위 62, 260

《반야심경》 163, 180

배 관찰 154

백골상 212

번뇌 22, 68, 85, 94, 99, 106, 135, 165

번뇌가 바로 깨달음(煩惱卽菩提) 13, 238

번뇌가 완전히 소멸한 열반 22

〈범망경〉 34

법구경 29, 38, 55, 87, 91, 180

법에 대한 마음챙김 235

법을 의지처로 삼고 자기 자신을 의지처로
삼으라 213

법의 맛 268

법정 스님 89

《법화경》 84, 179

별해탈 164

〈보배경〉 114

보살 45, 194

보시 30, 121, 157

보시, 지계, 수행 91

보조국사 지눌 13

복전 121, 150

본삼매 248

부동심해탈 31, 268

부정(不淨)한 상념 212

부정관 44, 222, 256

부파불교 40, 175, 179

분노 26, 70, 86, 102, 115, 174, 186, 231, 241

분명한 앎과 마음챙김 221

불교공동체 204

불교공동체운동 57

불교의 목적 11

불사 84

불사의 문 170

불선 68

불선법의 뿌리(不善根) 69

불성 110

불성사상 48

불확정성원리 133

불환 116, 245

붓다관 40

《붓다의 러브레터》 186

《붓다의 말씀》 21

비난 26, 29, 45, 179

비상비비상처 166

비심 60, 171

비존재에 대한 갈망 19, 104

사각지 211, 242

사념처 173, 213

사념청정 254

사다리 44

사다함 115, 168

사대 141, 223

사람은 저마다 입에 도끼를 가지고 나온다 192

사리풋타 존자 34, 38, 113

사마타 43

사마타 수행 247

사마타와 위빠사나 258

사무량심 60, 256

사문 고타마 98

사불괴정 112

사성제 65, 152, 242

〈사십대경〉 158

사쌍팔배 119

사주 199

사향사과 119

삼매 247

삼법상 74

삼법인 74

삼세양중인과 152

삼십이상 206

삼의일발 201

상가락키타 205

상수멸정 130

상좌불교 국가 41

상주론 83, 123

상카라 76

색계 89, 104, 143, 149, 166

색계 사선정 35

색계에 대한 욕망 104, 118

생천 157

샤론 살스버그 116

서양불교 교단의 친구들 204

선(善) 68

선불교 41, 43, 100

선서 44

선의 완성 31

선인낙과 악인고과 159

선정 35, 62, 104, 120, 130, 157, 165, 229, 232, 247

선정과 지혜 214, 221, 250, 258

선하지 않은 업의 형성 작용 149

선한 업의 형성 작용 149

설일체유부 40, 76, 179

섬세한 물질의 세계(色界) 17

성냄의 소진 28

세 번째 선정 253

3가지 번뇌 94, 113

3가지 번뇌의 뿌리(根本煩惱) 32

세간의 바른 견해 156

세간의 바른 언어 190

세간의 바른 행위 197

세간의 팔정도 158

세간의 바른 사유 176

세계 73

세속적인 진리 138

소승 39

소크라테스 68, 93

속제 157

손가락 43

수가타 44

수식관 44, 218

수용 132

수타원 58, 112, 168

숙명통 109

순관행자 249

순룬 사야도 119

《숫타니파타》 56, 85, 142, 144, 154

스리랑카 40, 224

시무외인 92

《신화엄경론》 14

실상사 57

심소 230

심인성 질병 54

심일경성 246, 253

십바라밀 23

십이연기 14, 134, 146, 151, 163

십이처 125

십팔계 125

아나함 116, 168, 222, 245

아난다 존자 141, 145

아라한 24, 39, 118, 150, 168

아만 104, 106

아만심 118, 241

아싸지 114

아쿠살라 68

아트만 110

악마의 속박 57

악의 61, 70, 102, 177

앙굿타라 니카야 48, 189, 200

양자역학 133

양자적 진동 상태 133

어리석음 32, 97, 104

어리석음의 번뇌 266

어리석음의 화살 92

언어 43

언어는 존재의 집 139

업의 의지적인 작용 11

8가지 경이롭고 놀랄 만한 법 117

8가지 세간법 45

여덟 번째 생존 114

여래장사상 48

여실지견 73

연기 83, 134, 144

연기를 보는 자는 법을 본다. 법을 보는 자
는 연기를 본다 144

연민 171

10가지 반복적인 마음챙김 수행(十隨念) 17

10가지 번뇌 244

10가지 불선법 68

10가지 선법 68

10가지 속박 168

10가지 족쇄 98, 112, 241

10가지 질문 80

열반 17, 21

열반은 최상의 즐거움 34

열반을 거듭거듭 생각하는 수행(寂止隨念) 17

열반의 덕 17

열반의 즐거움 33

염불 44

염불선 42

〈염처경〉 161

영원주의 83, 123

오개 52, 89, 235

오근 215

오분향 예불 42

〈오비구경〉 142

오상분결 99, 106, 118

오온 19, 26, 56, 73, 125, 235

오하분결 99, 106, 116

온갖 번뇌(客塵煩惱) 48

온전함의 뿌리 71

와서 보라고 할 수 있는 것 32

욕계 98, 106, 148, 166

욕망의 극대화 38

욕망의 세계(欲界) 17, 222

우 판디타 사야도 115

《우다나》 20

우다히 34

우페카 211

욱가 장자 117

원력 45

원한은 원한에 의해서 사라지지 않는다 180

위빠사나 16, 36, 41, 43, 135, 154, 162

위빠사나 수행 16, 36, 41, 52, 116, 119, 135, 154, 162, 235, 247

유루 158

〈유명대경〉 94, 97

유신견 99, 112, 122

유여의열반 22

유위법 47, 75, 158

유전연기 148

육도 윤회 193

〈육육경〉 134

육육법 13

윤회의 뿌리 27

응공 118, 150

'이 뭣고?' 110

이치에 맞는 사유 111

이치에 맞지 않은 사유 107

이타행 31, 175

이통현 장자 14

인과응보 159

인내 173, 209, 212

인내심 86

인도불교의 주류 40

인드라망생명공동체 57, 204

7가지 깨달음의 요인 209

일체개고 75

〈일체번뇌경〉 110

일체지자 80

〈입출식념경〉 217

있는 그대로를 관찰하는 것 239

자기를 보호 173

자기를 알아가는 과정 258

자리이타 172, 175

자리행 175

자본주의 38

자비 25, 61, 186, 260

자비심 171, 181, 193

자성청정심 48

자심 60, 171

자아 30, 76, 99, 108, 122, 140, 225

자애 60, 171

자애 명상 87, 256

〈자애경〉 159

자애심 86, 180

자연스런 호흡 217

자이나교 12, 202

잘못된 견해 28, 77, 111, 122, 241

잘못된 성행위를 하지 않는 것 196

재가자들의 잘못된 생계 200

재보시 91

잭 콘필드 116

정견 61, 266

정념 62

정명 62

정사유 61

정서적 번뇌 95

정신장애 진단편람 87

정어 62

정업 62

정정 63

정정진 62

제2선 253

제3선 253

제3수행법 41

제4선 254

제법무아 75

제행무상 75

조건에 의한 발생 147

족쇄 98, 112, 240

존재하고자 하는 번뇌 266

존재하는 현상의 3가지 특징 74

죠셉 골드스틴 116

죽음 15, 22, 56, 82, 148, 224, 267

중관 180

중도 49, 57, 147

지(止) 수행 247

지계 91, 157

지극한 평온 32

지덕일치 68

지적 번뇌 95

지혜 14, 33, 42, 62, 78, 97, 113, 167, 172, 181, 210, 234, 247, 257

지혜에 의해서 수타원이 되는 길(隨法行) 113

진아 111

진정한 휴식 18

진제 138, 157

첫 번째 선정 251

《청정도론》 143, 149, 218, 252, 256

초기불교 91, 110, 172, 198, 215, 235

초선 35, 251

《초전법륜경》 49

최상의 행복 32, 234

최상의 행복에 잘 도달하신 분 44

출세간의 바른 견해 157

출세간의 바른 언어 190

출세간의 바른 행위 197

출세간의 바른 사유 176

칠각지 209, 242

칫타 비구 136

칭찬 29, 45, 70, 185

카시나 256

《칼라마경》 59

캄마사담마 213

캄보디아 40

캐시미르 179

코끼리 환영 28

콘단냐 121

쾌락주의 49, 83

쿠루족 213

쿠살라 68

쿠차국 179

탐욕의 소진 38

탐진치 삼독 39, 84, 98, 155, 192, 231

태국 40

택법각지 210, 242

티베트불교 43, 205

파스칼 158

파욱 센터 218

《파티삼비다막가》 153

팔계 89

팔리 아비담마 120

팔십종호 206

팔리어 43

팔정도 52

팔풍 45

평온에 의한 마음챙김의 청정함 254

풍대의 장애 223

피난처 140, 268

한 번 되돌아오는 성인(一來) 115

해치지 않으려는 마음, 자심, 비심 173

해탈 16, 42, 101, 168, 233

해탈의 맛 268

행주좌와 218

향하는 생각(일으킨 생각) 251

허무주의 19, 83, 141

현세의 행복 118

현자들이 경험할 수 있는 것 32

현장 스님 180

현재 경험에 대한 수용적인 알아차림 132

현재 열반을 즐기고 있다고 주장하던 사람들(現法涅槃論者) 34

형성 작용 25, 31, 73, 147

형성하는 힘 11

혜가 스님 79

호흡에 대한 마음챙김(隨息觀) 217

호흡을 관찰하는 수행 119

혼침 52, 236, 264

화두 100, 110

화병 87

화살 85

화생 109

환멸연기 17, 151

회의적 의심 100, 112, 237, 241, 265

회한 52, 236, 251

흐름에 들어선 사람 112

흔들리지 않는 마음의 자유(해탈) 31, 266, 267

흔들림 없는 업의 형성 작용 149

희각지 210, 242

힌두교 110

나오며

2005년 10월 24일부터 2006년 6월 30일까지 250일 동안 BBS 불교방송에서 아침 6시에 〈불교 강좌, 초기경전에 나타난 부처님의 삶과 가르침〉이란 제목으로 방송을 했습니다. 방송에서 사용한 기본 교재는 《붓다의 말씀》(냐나틸로카 엮음, 김재성 옮김, 서울 : 고요한소리, 2003)과 《불교의 이해》(김재성·안성두 등 공저, 무우수, 2006), 《붓다의 러브레터》(샤론 살스버그, 김재성 옮김, 정신세계사, 2005) 등입니다.

2006년 7월 방송이 끝난 후, 방송 내용을 책으로 엮으면 좋겠다고 청취자 몇 분이 제안해오셨습니다. 이러한 취지를 위빠사나 수행가이드 카페와 대원불교대학의 강의 시간에 알리자, 30분이 넘는 분들이 자원봉사로 녹취를 해주셨지요. 이 자리를 통해 녹취해주신 분들께 깊은 감사의 인사를 드립니다. 그분들이 녹취 봉사를 해주지 않으셨다면 이 책을 출판할 엄두를 내기 어려웠을 것입니다.

돌이켜보면, 난생 처음 해보는 라디오 방송에서 혼자 마이크 앞에 앉아 강의를 한다는 것이 처음에는 무척이나 어색했습니다. 몇 차례 방송이 나가자 불교방송 홈페이지 게시판에 방송에 대한 격려, 소감, 질문 등이 실렸고, 개인적으로 전화도 받으면서 많은 분들이 방송을 관심 있게 듣고 계시다는 사실을 알게 되었습니다. 열흘 정도 지나고 나니 혼자서 녹음하는 방송실에 앉으면 마이크 건너편에서 아침 방송을 듣고 계신 청취자들이 떠올랐고, 청취자들에게 직접 이야기를 한다는 느낌이 들었지요. 이때부터 녹음실에서 원맨쇼를 하는 것이 부담스럽지 않았고 녹음이 즐거웠습니다.

당시에 일주일 분량을 하루 만에 녹음하곤 했는데, 교재 이외에 방송을 위한 사전 원고는 없었습니다. 게으른 탓에 별도로 강의안을 만들지 못했던 것이지요. 따라서 교재를 앞에 두고 해당 부분을 보면서 그 자리에서 떠오르는 내용을 중심으로 설명해나갔습니다. 교재를 읽는 것은 최소한으로 줄였고, 제가 이해하고 경험한 내용을 중심으로 편안한 마음으로 자연스럽게 이야기를 풀어갔습니다. 초기경전을 근거로 하여 불교 교리, 수행, 사회 문제에 대한 불교적 설명을 했던 것이지요. 따라서 제가 말한 내용에 실수나 잘못이 있을 수 있습니다. 이 글을 읽으시는 분들께서 그러한 잘못을 보시게 되면 연민의 마음으로 지도편달해주시길 부탁드립니다.

그리고 감사의 마음을 전하고 싶습니다. 먼저 이 방송을 계기로 인연이 닿은 LG인화원의 이병남 사장님께 감사드립니다. 녹취된 원고를 읽으면서 많은 조언을 해주셨지요. 녹취원고를 편집해주신 한언출판사의 한재희 씨와 출판을 결정해주신 김철종 사장님께도 감사드립니다. 편집된 원고를 읽으면서 수정을 해준 제 아내 천련화에게도 고마움을 표합니다. 그리고 예정보다 길어진 8개월간의 방송 인연을 주신 불교방송 담당

자 여러분과 청취자 여러분께 무엇보다 깊은 감사 드립니다. 다음은 방송을 문자로 녹취해주시고 교정을 도와주신 분들입니다. 존칭은 생략하지만 수희(隨喜)하는 마음으로 깊이 고마움을 전합니다.

고담, 구교영, 김명섭, 김지영, 김태화, 김혜진, 남병희, 박경희, 박현수, 박호준, 뻬망까라, 서주희, 송춘애, 신현진, 안성진, 양승호, 엄미선, 유월금, 윤성구, 윤정분, 윤종예, 이병남, 이병석, 이순주, 이임숙, 정연욱, 정지훈, 천련화, 허행선, 허효정(가나다 순).

이 방송을 하면서 누구보다 행복했던 사람은 저 자신이었을 것입니다. 순간순간 부처님의 말씀을 되돌아보는 소중한 계기가 되었기 때문입니다. 이 책을 엮어내는 공덕을 모든 존재들의 행복을 위해 회향합니다.

2010년 2월 正圓 김재성

삽베 삿타 바반투 수키타타

(sabbe satta bhavantu sukhitatta : 모든 존재들이 행복하기를 기원합니다).

한언의 사명선언문

Since 3rd day of January, 1998

Our Mission – 우리는 새로운 지식을 창출, 전파하여 전 인류가 이를 공유케 함으로써 인류 문화의 발전과 행복에 이바지한다.

– 우리는 끊임없이 학습하는 조직으로서 자신과 조직의 발전을 위해 쉼 없이 노력하며, 궁극적으로는 세계적 콘텐츠 그룹을 지향한다.

– 우리는 정신적·물질적으로 최고 수준의 복지를 실현하기 위해 노력하며, 명실공히 초일류 사원들의 집합체로서 부끄럼 없이 행동한다.

Our Vision 한언은 콘텐츠 기업의 선도적 성공 모델이 된다.

저희 한언인들은 위와 같은 사명을 항상 가슴속에 간직하고
좋은 책을 만들기 위해 최선을 다하고 있습니다.
독자 여러분의 아낌없는 충고와 격려를 부탁 드립니다.

· 한언 가족 ·

HanEon´s Mission statement

Our Mission – We create and broadcast new knowledge for the advancement and happiness of the whole human race.

– We do our best to improve ourselves and the organization, with the ultimate goal of striving to be the best content group in the world.

– We try to realize the highest quality of welfare system in both mental and physical ways and we behave in a manner that reflects our mission as proud members of HanEon Community.

Our Vision HanEon will be the leading Success Model of the content group.